ARIELLA PAPA

Au secours, ma meilleure amie est enceinte !

RED
DRESS
INK®

Cet ouvrage a été publié en langue anglaise
sous le titre :
BUNDLE OF JOY ?

Traduction française de
NADINE GINAPE-MERCIER

Illustration et réalisation graphique couverture :
V. JACQUIOT

HARLEQUIN®
et Red Dress Ink® sont des marques déposées du Groupe Harlequin

83-85, boulevard Vincent-Auriol, 75013 PARIS — Tél. : 01 42 16 63 63
Service Lectrices — Tél. : 01 45 82 47 47
www.harlequin.fr
ISBN 978-2-2808-0901-6 — ISSN 1761-4007

Pour Michael William Greaney
Graveur hors pair

A contre-courant

1

J'ai appris la nouvelle un jour où je me tournais les pouces dans mon appartement. Pourtant j'avais mille choses à faire. Comme appeler divers responsables de la compagnie aérienne pour laquelle j'écrivais un article destiné à leur magazine gratuit. Mais je ne me sentais pas d'attaque à discuter des statistiques avec l'enthousiasme nécessaire. J'aurais dû régler des factures ou relancer les magazines qui confondaient travailleur indépendant et travailleur bénévole – et semblaient découvrir leur obligation de me payer en temps et en heure. Mais j'ai repoussé ces tâches à plus tard. Ce qui m'arrivait souvent.

J'ai préféré m'adonner à l'occupation qui en temps normal me réjouit le plus et m'arrache à mon existence volontairement solitaire : j'ai appelé ma meilleure amie, Jamie.

Elle a répondu dès la seconde sonnerie.

— Jamie Jacobs-Sarakanti.

Rien dans sa voix ne trahissait la bombe qu'elle allait lâcher.

— C'est moi. Tu es occupée ?

— Salut. Pas vraiment. Que se passe-t-il ?

— Je me demandais ce que tu faisais ce soir.

— Toi, tu flemmardes au lieu de travailler, c'est ça ?

— Oui, et je suis entre deux livraisons de DVD par Netflix. C'est affreux, j'ai renvoyé le dernier film et le prochain n'arrivera pas avant demain.

— L'horreur.

— Alors j'ai pensé que tu aurais peut-être envie d'aller prendre une bière, une seule.

C'était notre code pour sortir le soir. Nous retrouver pour boire « une bière, une seule » signifiait en boire beaucoup et passer une longue soirée à psychanalyser tous les membres de notre cercle familial et social. Nous étions capables d'avoir la même conversation un millier de fois, où nous disséquions la psychose de ma mère ou les raisons pour lesquelles sa sœur était toujours attirée par des femmes réclamant énormément d'attention.

— Ce soir, je ne peux pas.

— Vrai-ai-ment ? Raj et toi passez la soirée ensemble ? Je croyais que c'était le mercredi ?

Que ma meilleure amie, autrefois si dévergondée qu'elle cédait à l'impulsion d'aventures avec des hommes rencontrés dans le métro, soit maintenant rangée au point d'avoir établi un rendez-vous hebdomadaire fixe avec son mari, producteur de télévision débordé, m'épatait.

— J'aimerais bien.

Elle parlait d'une drôle de voix.

— Alors que se passe-t-il ?

— Eh bien…

Rien dans le silence qui a suivi ne m'a avertie que j'allais entendre deux des mots les plus grossiers de la langue anglaise.

— *On essaie…*

— Quoi ?

J'étais alors innocente. Je ne croyais pas ma meilleure amie capable, en temps *normal,* de proférer des paroles telles que « faire l'amour » ou toute autre expression qui me flanquait la frousse, comme « amant » pour parler de votre petit ami. Donc, je n'avais aucune idée de ce que Raj et elle *essayaient* de faire.

— Tu sais bien…

Elle avait baissé la voix.

— … On essaie… de faire un…

Quand elle prononça enfin le mot, sa voix n'était plus qu'un souffle.

— … un bébé.

— Quoi ?

J'ai eu peur que mon cri ne réveille mon coloc, Armando, bien que l'après-midi soit déjà assez avancé.

Un silence (fécond ?) a suivi.

— Oui. Je voulais te le dire la semaine dernière, mais tu as annulé notre rendez-vous.

Maudite soit la rupture du couple le plus en vue de Hollywood ! J'avais dû renoncer à notre dîner et rédiger un reportage express pour *Who!,* un torchon hebdomadaire truffé de ragots.

— Depuis quand ?

— Officieusement, depuis environ six mois. Nous n'osions pas nous avouer que nous en avions envie, mais les accidents se succédaient sans cesse… Tu sais, on « oubliait ». Nous avions pensé juste laisser faire la nature, mais… je ne sais pas, je m'angoisse.

Elle s'angoisse ?

— C'est, euh, c'est une grande décision.

— Je sais. C'est pourquoi je voulais t'en parler la semaine dernière.

Les impératifs de mon boulot tombaient toujours aux pires moments.

— Je suis désolée d'avoir été obligée d'annuler. Mais… je crois que c'est une sacrée bonne raison d'aller boire une bière, une seule.

— Absolument. Mais ce soir je ne peux pas, c'est le bon jour.

— Hein ?

Je n'y connaissais vraiment rien, à l'époque.

— J'ovule.

— Comment le sais-tu ?

Pour la première fois de ma vie, j'avais entendu le fameux rire. Le rire signifiant : « Comment peux-tu être aussi ignorante des aspects menant au miracle de la vie ? » Ce ne serait pas la dernière fois que j'y aurais droit.

— J'ai pris ma température.

— Comment ça marche ?

Je l'imaginais un thermomètre sous la langue.

— J'ai un thermomètre vaginal.

— Quoi ?

— Et je l'utilise tous les matins, afin de déterminer les bons jours.

Heureusement, elle ne pouvait pas me voir grimacer pour retenir mon rire.

— Bienvenue dans l'univers de la fécondité.

— Et alors… aujourd'hui est le jour magique ?

— Sûr et certain. C'est un peu flippant.

Et comment.

— Justement, pourquoi ne pas te détendre en allant prendre un verre avant de passer à l'acte ?

— Je vais devoir freiner sur l'alcool. Ce n'est plus seulement mon corps qui est en jeu.

— Hum. Et quand cette période… magique de fécondité s'achève-t-elle ?

J'avais dû me montrer trop cynique. Je m'en suis rendu compte à son temps d'hésitation avant de reprendre la parole.

— Le sperme peut survivre quelques jours, mais on ne sait jamais. J'ai l'impression que je calcule mal. Nous devrions avoir des rapports les deux jours qui viennent.

— Comme des lapins.

— Voula, je suis certaine que tu vas m'encourager, et non te comporter comme la sauvage typique, nihiliste et pessimiste que je connais et que j'aime.

Elle n'avait pas l'air convaincue.

— Appelle-moi tatie Voula, je suis prête. Pour de bon.

Mensonge. Le temps des mensonges était venu.

— Tu veux prendre un café demain chez Murray ? Tu me raconteras comment s'est passé l'acte sacré.

— Bon, je ferai l'impasse sur le café et prendrai un bagel.

Cette fille vivait de caféine. La tasse de café était une extension naturelle de sa main. Incroyable comme les gens peuvent changer aussi rapidement.

— Super, ai-je menti.

Comme ça, je n'ai pas eu à subir son rire une fois de plus.

— Alors à demain 9 heures chez Murray.

— D'accord tatie Voula... Je te laisse, j'ai un autre appel.

— Bon tac-tac ! ai-je crié dans le téléphone, d'un ton aussi encourageant que possible.

— Merci.

Et elle a raccroché.

J'ai fixé le curseur qui clignotait sur l'écran de mon portable. On aurait dit qu'il se moquait de moi et de mes trompes de Fallope. Un bébé ? Incroyable. Les bébés étaient tellement loin de mes pensées. Je n'avais même jamais eu de petit ami. Je ne considère pas mes deux amants (beurk, moi aussi je dis des gros mots) et demi comme des petits amis. Mais Jamie ? La fille qui dansait sur les tables et me demandait de faire le guet au lycée quand elle emballait un mec dans une classe vide ? Elle allait devenir mère ? Peut-être qu'une bière (une seule !) en solitaire s'imposait.

J'ai toujours éprouvé la sensation d'être la seule à ignorer un truc que tout le monde savait. Comme si tout le monde avait lu un guide que je ne possédais pas. Peut-être parce que l'anglais n'est que ma seconde langue. Une langue que j'ai comprise très vite, mais que je n'ai pas vraiment apprise avant ma première année d'école. L'un de mes tout premiers souvenirs consiste en cette série de sons incompréhensibles s'échappant des lèvres de mon entourage. Plus que ça encore, je me méfie des autres. Je ne leur fais pas confiance, voilà. C'est peut-être pour cela que le métier d'écrivain me plaît tant. Il s'agit d'un métier très solitaire, une conversation avec soi-même. Je ne suis pas obligée de subir le regard d'un interlocuteur me fixant comme si j'avais les cheveux dressés sur la tête. Je suis plus douée pour communiquer par l'écrit que pour me faire clairement comprendre dans un tête-à-tête. Mais avec Jamie, j'avais toujours fonctionné différemment.

Jamie et moi nous sommes rencontrées au lycée Stuyvesant il y a presque quinze ans. J'ignore pourquoi elle s'était intéressée à moi, mais je me suis toujours félicitée de cette rencontre. Jamie m'a ouvert un monde totalement nouveau. J'étais une bûcheuse, et dans un sens je le suis encore. Avant que je ne fréquente cette école, mon univers se limitait à Astoria, dans le Queens et, un an sur deux, au voyage familial à Chypre.

La famille de Jamie est américaine pure souche, alors que mes parents nous parlaient en grec. Dans sa famille n'existaient aucun des secrets que mes sœurs et moi entretenions envers nos parents, très stricts. Les parents de Jamie trouvaient normal qu'elle sorte avec des garçons. Pour nous, c'était au compte-goutte, et le garçon avait intérêt à être chypriote, grec à la rigueur. Quand j'ai commencé à m'interroger sur mon corps en pleine métamorphose, c'est à la mère de Jamie que je me suis adressée. Ma mère était persuadée que tant que nous éviterions le sujet, je ne comprendrais pas à quoi pouvaient servir des seins.

Dès le début, la famille de Jamie m'a subjuguée. La première fois que je me suis rendue chez eux, à Park Slope, le téléphone a sonné et personne ne s'est soucié de répondre. Ils s'amusaient tellement tous ensemble ! Ils me traitaient comme l'une des leurs. Ils avaient effectué des recherches sur Chypre et me demandaient de parler grec. Ils s'intéressaient à moi, pas parce qu'ils me trouvaient bizarre mais parce que j'étais une personne digne d'intérêt. Jamais auparavant je ne m'étais sentie aussi détendue. Chez nous, il y avait toujours quelqu'un au bord de la crise de nerfs.

Dès notre rencontre, Jamie et moi sommes devenues inséparables. Enfin, sauf quand elle rejoignait l'un ou l'autre des garçons avec qui elle sortait. Après l'école nous allions chez elle regarder *Donahue* à la télé et manger des toasts Melba et du fromage à la crème.

Nous échangions nos vêtements et parlions des garçons. Avec Jamie, ma vie semblait presque normale.

Nous nous sommes connues quand j'avais quatorze ans, juste après l'été où l'aînée de mes sœurs, Cristina, s'est tuée dans un accident de mobylette à Chypre. Je ne peux pas dire que ma famille ait jamais ressemblé, de près ou de loin, à une famille classique, mais après, plus rien n'a jamais été pareil. On aurait dit que mes parents avaient échangé leurs personnalités. Ma mère, habituée des hurlements hystériques, s'est tue, tout simplement. Et mon père qui prononçait rarement un mot s'est mis à claquer les portes et nous crier dessus dès que qu'il nous croisait. Grâce aux nullités télévisées et aux livres, deux univers que je fréquente toujours, je me suis réfugiée dans un monde fantasmagorique. Mon autre grande sœur, Helen, a fini par rejoindre les mauvaises fréquentations dont Cristina l'avait toujours préservée. Sans Cristina, nous tombions en miettes.

Grâce à Jamie, je me suis accrochée à la réalité. C'est elle que j'observais pour comprendre comment se comportaient les gens normaux. Elle semblait toujours savoir ce qu'il fallait faire. Tout le monde voulait devenir son amie, mais elle, elle voulait devenir la mienne. Il y avait tant de choses que les autres ne remarquaient même pas et qui m'effrayaient. J'imaginais toujours le pire. Dès que je baissais ma garde, la tragédie me frappait. Jamie me comprenait et ne me tenait jamais rigueur de ma morosité ou de mes sarcasmes. Elle m'avait forcée à me lever de ma chaise et à danser.

Elle était mariée depuis deux ans, mais là, elle se rangeait pour de bon. Qu'allais-je devenir ? Mon cercle social était plutôt réduit. Travailler chez soi ne vous poussait pas à vous lier aux autres. D'ailleurs, je n'étais pas douée pour ça.

Peut-être l'article que j'avais écrit pour le magazine *On the verge* était-il responsable de la situation. Il tendait à rétablir la vérité sur ce que j'appelais le « contrecoup bébé » – le matraquage des médias concernant la chute de fécondité passé l'âge critique de vingt-sept ans. Passé vingt-sept ans, la fécondité diminue, je vous l'accorde, mais ce n'est pas non plus comme si vos ovules se desséchaient et moisissaient. Les rédacteurs avaient illustré mon article de photos de Susan Sarandon et de Madonna avec les bébés dont elles avaient accouché à l'âge mûr. Je le considérais comme un bon article, qui avait permis de titrer en couverture : « La vérité à propos de votre fécondité. » Six mois plus tôt, quand il était sorti, tout le monde avait été ravi.

Jamie m'avait posé un tas de questions sur les informations que j'avais recueillies. Comme nous adorions analyser la façon dont les médias nous manipulaient, j'avais cru que seule la curiosité l'animait – alors que peut-être elle avait commencé à paniquer.

Jamie était âgée de trente ans moins trois mois, ce qui augmentait peut-être son angoisse. Sa jeune sœur, Ana, plaisantait souvent à propos de dindon de la farce et d'insémination artificielle, mais Jamie rétorquait toujours qu'elle n'était pas pressée. Raj, de quelques années plus âgé, venait de décrocher une jolie promotion. Etait-*il* à l'origine de ce désir de bébé ? Impossible qu'il s'agisse chez Jamie d'un vrai besoin.

J'éprouvais la même sensation que lorsque Jamie s'était inscrite à Amherst et moi à Columbia. La crainte que nos parcours divergents ne mettent fin à l'époque des fous rires, des soirées pyjama et (déjà à l'époque) des bières, enfin juste une seule.

Mais notre amitié avait survécu à la distance. L'été, je rejoignais comme d'habitude sa famille à Block Island. J'avais appris à tirer une bière à la pression. J'avais fait la connaissance de ses colocs, Morgan et Alice, avec qui je continue d'entretenir une relation amour-haine. Le trajet entre l'appartement de ma mère et Amherst était devenu un nouvel épisode de notre amitié. Et voilà qu'en plus des jumelles Olsen (surnom affectueux dont j'avais affublé ses colocs), leurs simagrées et leurs obsessions concernant l'apparence physique, j'allais devoir gérer un bébé gigoteur, baveur et salissant ses couches. Je n'étais pas certaine d'être prête.

J'aurais dû m'y attendre. Depuis que Jamie avait rencontré Raj, elle n'était plus seulement Jamie, elle faisait partie d'une équipe. A son mariage, elle m'avait choisie comme co-demoiselle d'honneur avec sa sœur et j'aimais vraiment beaucoup Raj, mais j'avoue que j'étais un peu jalouse. Jamie appréciait toujours autant ses amies (toutes très différentes les unes des autres), mais il semblait de plus en plus évident que l'opinion de Raj était celle qui lui importait le plus. Selon mon habitude, j'avais basé ma compréhension du monde sur Jamie et supposé qu'il en allait ainsi quand on se mariait.

— *Ciao, bella,* a lancé Armando en sortant de sa chambre.

A 14 heures, il sortait du lit et était torse nu. L'odeur de son eau de toilette a empli la pièce minuscule que j'ai réquisitionnée pour mon bureau et mon ordinateur portable.

— Salut, Armando.

J'ai lutté contre le rouge qui me montait souvent au front quand il traînait dans l'appartement à moitié déshabillé. Armando vient d'un petit village d'Italie du Sud, situé exactement sur le talon de la botte. Souvent il me parlait de la beauté des fruits et légumes que donnait le sol de son *paese.* Je suis persuadée que ce sol fait aussi croître des hommes incroyablement beaux. Au fil des années, plusieurs amis du village d'Armando ont séjourné chez nous. Tous semblaient venir d'une autre planète. Au début, j'avais un faible pour Armando. Environ un an plus tard, ce faible s'est transformé en sentiment maternel, mais la première vision de lui le matin (ou en début d'après-midi) continue de me faire de l'effet. Jamie et moi plaisantions souvent à son sujet : nous trouvons qu'Armando est tellement sexy que le regarder est un supplice, même après trois ans de cohabitation !

— Voula, je dois travailler un peu plus tôt ce matin, mais je voulais te parler.

J'ai levé la tête du texte sur lequel je faisais semblant de travailler, sans lui signaler que la matinée était largement dépassée. Armando dirigeait les cuisines d'un restaurant italien de West Village et ses horaires différaient totalement des miens. Ce qui fonctionnait à merveille. Car si je voulais travailler, j'avais besoin de limiter au maximum les distractions.

— Que se passe-t-il ?

— O.K., Harry ne peut plus habiter ici.

— Pourquoi ?

Notre dernier coloc en date, Harry, aurait-il fait quelque chose qui aurait déplu à Armando ? Harry me plaisait parce qu'il s'absentait beaucoup. Son job l'obligeait à voyager et il avait un petit ami chez qui il passait énormément de temps. Je n'aimais pas les colocs trop présents dans l'appart. J'avais besoin de marquer mon territoire.

Nous habitions un quartier près de Penn Station que j'appelais Chelsea Heights parce qu'on ne se croyait vraiment pas en banlieue. Armando vivait là depuis cinq ans, et moi, malgré les objections de ma mère, depuis trois ans déjà. Durant cette période, nous avons vu défiler pas moins de vingt-cinq colocs dont : divers Italiens fréquentant l'appartement et le restaurant, un stagiaire de l'ONU qui avait un faible pour Kofi Annan, un type qui traquait le scarabée asiatique à longues antennes à Jersey City (avant d'être muté dans le Michigan), une femme qui jurait que son chien était propre (et qui faisait sa crotte au milieu de la cuisine et pipi dans ma chambre, suite à quoi nous avons interdit les animaux de compagnie). Sans oublier notre coloc pré-11 septembre qui a fui New York pour élever des moutons dans l'Idaho et un couple qui avait loué nos deux chambres disponibles avant de se marier entre deux témoins, puis divorcer le lendemain. Et au moins deux femmes qui nous avaient quittés après avoir succombé aux charmes d'Armando !

Armando, bien que grand séducteur, se montrait toujours sincère avec les femmes et ne cachait pas qu'il ne désirait pas une relation stable. Nos ex-colocs avaient prétendu être d'accord pour une liaison sans lendemain, mais Armando ramenait des filles à la maison plusieurs fois par semaine. Malgré leurs ébats souvent bruyants, je parvenais à dormir. Mais les colocs qui avaient couché avec Armando n'avaient pas supporté la situation, et je les comprenais. J'ai vu Armando en action. C'est un séducteur qui vous donne la sensation d'être la seule personne présente dans la pièce. Quand il prononçait mon nom de son air doux et chantant, il m'arrivait de fondre.

En fait, nous disposions de deux chambres à louer, mais après l'épisode du couple marié, j'ai commencé à obtenir assez de commandes pour payer une plus grande part du loyer et utiliser la minuscule chambre sans fenêtre comme bureau. Partout ailleurs, cette pièce serait considérée comme un placard, mais à New York les gens se contentent de peu.

— Harry est venu au restaurant hier soir avec son ami, tu sais ?

Après cinq ans, Armando avait fini par accepter l'existence des relations homosexuelles. Il considérait Christopher Street comme une attraction touristique et y traînait ses compatriotes dès leur descente de l'avion.

— Il m'a dit qu'il veut vivre avec lui. Il paie jusqu'à la fin du mois.

— Super. Nous devons trouver quelqu'un d'autre.

— Tu mets l'annonce ? m'a demandé Armando, certain que je ferais le nécessaire pour trouver le coloc idéal – celui ou celle qui ne resterait pas dans mes jambes et ne succomberait pas au charme d'Armando.

— Je m'en occupe. Nous avons jusqu'à la fin du mois.

Les yeux noirs d'Armando m'ont décoché un regard lourd de sens. Je savais qu'il se souvenait des deux occasions où je n'avais pas mis l'annonce à temps. Ce furent des périodes de vache maigre. Armando et moi avions dû serrer étroitement nos budgets mensuels, encore que mon budget comprenait toujours une somme réservée à mon épargne, habitude que je tenais de ma famille économe.

— D'accord, d'accord, ai-je dit, déclenchant le sourire parfait d'Armando. Je vais le faire dès aujourd'hui.

Après tout, cela me donnait une bonne raison de ne pas travailler.

2

Chez Murray, j'ai choisi une table me permettant de bien voir Jamie quand elle entrerait. Je voulais guetter tout changement dans son apparence. Je me pensais capable de discerner si elle était enceinte.

Jamie est arrivée, coiffée et maquillée à la perfection, comme d'habitude. Travailler pour Flirty Cosmetics avait totalement changé son style. Au lycée et à la fac, elle se maquillait rarement et portait ses baguettes de tambour châtain clair au naturel.

Mais une fois son diplôme universitaire en poche et son stage chez Flirty achevé, elle avait subi une transformation complète. Depuis qu'elle était vice-présidente du marketing, l'arc de ses sourcils n'arborait pas le moindre poil rebelle, ses cheveux éclairés de mèches étaient coiffés en chignons élaborés et ses tenues clamaient son statut de cadre supérieur qui ne plaisantait pas. Elle était capable d'identifier le coiffeur ou la coiffeuse responsable des mèches d'une célébrité et connaissait tout des traitements des instituts de beauté. Je me demandais si elle deviendrait l'une de ces super-mamans jonglant avec nounous, rendez-vous au square et photos de leur progéniture joliment encadrées sur leur bureau.

— Comme d'habitude ? a-t-elle dit après m'avoir embrassée.

J'avais déjà pris mon café mais elle s'est mise dans la file d'attente pour commander nos bagels complets tartinés de fromage à la crème allégé et agrémentés de rondelles de tomate.

Elle s'est glissée sur la banquette avec son gigantesque sac Kate Spade.

— Ça a marché ? ai-je demandé en ôtant un peu de l'épaisse couche de fromage du bagel chaud.

Peu importaient vos indications, vous vous retrouviez toujours avec assez de fromage pour trois bagels minimum.

— Comment ?

Comment pouvait-elle lâcher une bombe comme « nous essayons de faire un enfant » et faire ensuite l'ignorante quand je me renseignais sur le sujet ?

— Tu sais bien…

Je scrutais son visage à la recherche de taches de grossesse.

— … Tu crois que la petite graine s'est accrochée ?

— Seigneur, Voula, je n'en sais encore rien.

Elle s'est attaquée à son bagel.

Tout ça me perturbait beaucoup. Evidemment, j'y avais pensé toute la nuit. Je ne pouvais m'empêcher de me comparer à elle. D'accord, nos vies n'avaient jamais été comparables, mais si elle avait déjà atteint le stade « on essaie », je ne pouvais m'empêcher de me sentir encore plus à la traîne. Je voulais savoir ce qui l'attendait. Je voulais des détails, et que quelqu'un me prédise l'avenir. Je haïssais l'incertitude et les surprises me terrifiaient. Mes mâchoires se sont crispées sous l'effet de l'anxiété.

J'ai tenté une approche différente, via le sujet autrefois favori de Jamie, sa métaphore préférée, le sujet auquel son esprit revenait toujours… le sexe.

— C'était comme d'habitude ?

J'avais touché un point sensible, je l'ai bien vu. Quand Jamie n'était pas en train de faire l'amour, elle en parlait. Une chance pour moi qui, grâce à ses connaissances et son expertise en la matière, ai écrit certains de mes meilleurs articles pour des magazines féminins.

— Au début, tu vois, quand on a commencé d'essayer, juste comme ça, c'était vraiment excitant. Mais maintenant, il y a le manque de spontanéité… Et puis… oh, laisse tomber.

Cette histoire de faire un bébé la rendait déjà moins bavarde. Je lui ai tiré les vers du nez. Je sais y faire.

— Et puis quoi ?

Elle a de nouveau mordu dans son bagel. Et a louché sur mon café. Ça doit être dur de renoncer au café. D'ailleurs en quoi le café est-il nuisible aux femmes qui « essaient » ? Je lui ai tendu ma tasse. L'air coupable, elle s'en est emparée et l'a avalée d'un trait. Ça m'a réchauffé le cœur. Déjà, elle enfreignait les règles. C'était le coup de pouce dont j'avais besoin. Me penchant vers elle, j'ai répété ma question.

— Et puis quoi ?

Elle a continué de mastiquer son bagel avec une lenteur exaspérante.

— Et puis… En ce qui concerne les positions, la créativité n'est pas recommandée.

Il fut un temps dans la vie de Jamie où elle considérait qu'un petit ami digne de ce nom se devait de maîtriser la totalité des positions du Kama Sutra. Quand elle avait rencontré Raj, il avait passé l'épreuve haut la main.

— Alors ? Missionnaire ?

— Oui.

— C'était bien ?

— Pas vraiment. On dit que l'orgasme décuple la fertilité, je l'ai lu quelque part. C'est toi qui as écrit ça ?

— Non, mon seul article sur la fertilité s'attache à en dénoncer les mythes.

J'ai tâché de ne pas lui montrer que j'aurais souhaité qu'elle le lise avec attention et s'en inspire pour différer ses projets. L'idée d'un article concernant les méthodes inhabituelles de fécondation m'a traversé l'esprit.

— Ah, c'est vrai.

Enfin, elle était prête à tout lâcher.

— Je n'ai pas, enfin tu vois, je n'ai pas eu d'orgasme. D'habitude, dans ce cas-là, Raj n'en a pas non plus.

Impossible, même dans mes rêves les plus fous, d'imaginer un homme atteignant la perfection de Raj. Il est aussi sensible qu'Armando est beau, et aussi très sexy, moins grâce à son physique, très agréable, qu'à l'assurance qu'il dégage.

— Mais là j'imagine qu'il s'est trouvé plus ou moins obligé, ai-je dit. C'est en quelque sorte nécessaire. Pour faire un bébé.

Elle a hoché la tête et pris une nouvelle gorgée de mon café, avec un air coupable, fugitif cette fois.

— Pourquoi n'avez-vous pas recommencé ou essayé autrement ?

Mon carnet était rangé dans mon sac. Aurait-il été impoli de prendre des notes ?

— Il valait mieux que je reste un moment allongée et immobile.

— Pour donner une chance à ces petits gars d'atteindre leur but ?

— Oui, a-t-elle répondu en riant.

Elle a jeté un coup d'œil autour d'elle avant d'ajouter :

— Et puis j'avais un coussin sous mes fesses pour me positionner selon un certain angle et me surélever.

— Ces détails manquent vraiment de romantisme.

Le rire a de nouveau fusé. Le rire signifiant : « Ma pauvre amie, tu es tellement ignorante des sacrifices dont on est capable afin de créer un petit être humain parfait. »

— C'est vrai, mais ça vaut la peine.

— J'en suis certaine. Vous recommencez ce soir ?

— Oui.

— Ouh ! J'espère que tu en tireras davantage de satisfaction.

— Je crois qu'on va accentuer les préliminaires. J'ai l'impression que nous commençons à désespérer. Hier soir, nous étions trop impatients.

A mon avis, j'en apprenais plus qu'il n'était nécessaire.

— Peut-être.

J'avais à peine touché mon bagel. J'allais réparer cette erreur quand Jamie a consulté sa montre.

— J'ai une réunion avec le département Accessoires à 10 heures. Tout va bien pour toi ?

J'aurais pu évoquer la crise colocataire, mais le récit aurait viré à la saga. Sinon, rien de particulier. En dehors des articles que je rédigeais, rien ne changeait jamais dans mon existence. Si elle n'avait pas été pressée, Jamie m'aurait peut-être harcelée pour me convaincre de la nécessité de sortir avec un mec ou de me lancer dans les rencontres via le Net. Mais elle n'avait pas le temps. Elle s'est contentée de me rappeler que dans deux mois, j'étais invitée dans la résidence secondaire de ses parents à Block Island. Puis nous nous sommes séparées.

***

A l'appartement, cinquante-six messages m'attendaient sur notre répondeur. En temps normal, j'aurais été emballée. Chaque appel signifiait « revenu potentiel ». Si des rédacteurs en chef me contactaient à propos des idées d'articles que je leur avais soumises, j'avais de la chance. Pour une fille aussi angoissée que moi à propos de l'argent, de l'avenir et de son bas de laine, la profession que j'avais choisie était synonyme de lutte constante et de précarité.

Mais j'avais fait paraître l'annonce pour l'appartement et, à coup sûr, la majorité des appels provenaient de personnes intéressées. Chacune allait égrener sa série de questions et de préoccupations personnelles. Autant de temps perdu pour l'écriture. Ensuite viendraient les entrevues, et Armando râlerait parce qu'il serait obligé de se lever plus tôt que d'habitude. La tâche m'atterrait.

J'ai écouté tous les messages, au cas où l'un d'eux ait été laissé par un rédacteur en chef. A 10 heures à peine, les annonces ne circulaient sans doute pas depuis longtemps, mais les gens étaient désespérés. J'ai soupiré. Cinquante-cinq messages provenaient de colocs potentiels. Le cinquante-sixième était de ma mère.

Gérer ma mère était, si c'est possible, encore plus perturbant que gérer colocs potentiels, rédacteurs en chef et lueurs dans les yeux de Jamie combinés. J'essayais parfois d'imaginer qui était ma mère lorsqu'elle était jeune. A mon âge, elle était déjà flanquée de trois filles et d'un mari déçu qu'elle ne lui ait pas donné pas de garçon. En classe de cinquième, nous avions appris que le sexe de l'enfant était déterminé par l'homme. La révélation m'avait stupéfaite. Je l'avais répété à ma mère qui m'avait ignorée. Je n'aurais jamais osé en faire part à mon père.

Difficile à croire en percevant l'irritation qui ponctuait chaque mot du message laissé par ma mère, mais un jour elle avait été heureuse. Elle avait forcément dû l'être.

Je me souvenais de mes sœurs aînées m'expliquant que nos parents étaient bien décidés à retourner vivre à Chypre. Ils avaient émigré à New York juste avant que la Turquie n'envahisse le nord de l'île, d'où ils étaient originaires. J'étais née l'année suivante – déception : encore une fille –, mais la première de ma famille à être citoyenne américaine.

Nous retournions à Chypre un an sur deux, mais ma mère était gênée de séjourner chez une partie de la famille qui avait déménagé au sud. D'année en année, elle était devenue plus sombre. Deux ans après la mort de Cristina, mon père s'était installé seul à Chypre. Mes parents se parlaient comme ils l'avaient toujours fait – c'est-à-dire peu – et se considéraient toujours comme mari et femme.

Pour simplifier, je me présentais comme grecque. Chez nous, c'était dans cette langue qu'on parlait et qu'on hurlait. La plupart des gens ne connaissent même pas l'existence de l'Etat de Chypre, île que sa situation stratégique en Méditerranée, aux confins de l'Asie, de l'Afrique et de l'Europe, avait prédestinée à être envahie par à peu près tout le monde à un moment ou à un autre. Mon physique en était le reflet : des cheveux châtain clair, un teint clair capable de bronzer intensément, des yeux presque noirs. On me supposait portoricaine, italienne, arabe... Lors de notre première rencontre, Raj m'a crue à demi indienne.

J'ai décidé de rappeler ma mère en premier. Avec moi, la culpabilité fonctionnait à fond. Ma mère vivait seule et ne maîtrisait guère ses émotions. Elle avait perdu une de ses filles, et ma sœur, Helen, l'avait abandonnée (en fait elle avait été fichue dehors). Il ne lui restait que moi.

— *Ti kanis, mama ?* ai-je dit quand elle a décroché.

— Tu trouves enfin le temps d'appeler ta mère, a-t-elle répondu en grec.

J'ai fermé les yeux sans rien dire. Ma mère a continué avec une litanie de plaintes concernant sa santé. Je l'imaginais, ses cheveux gris relevés en un chignon lâche, le dos arrondi par les années passées courbée sur sa machine à coudre, à fabriquer des robes qu'elle ne pourrait jamais s'offrir.

— Tu viens à la maison ce week-end ou tu as des projets avec des étrangers ?

Je menais la vie d'une nonne, mais ma mère me soupçonnais de la couvrir de honte. Un jour, Armando avait décroché le téléphone sans vérifier l'identificateur d'appel. J'avais dû élaborer des mensonges compliqués afin de justifier la présence d'un homme chez moi.

J'avais raconté à ma mère que je partageais un appartement avec deux sœurs, collègues de Jamie. Ma mère ignorait tout de la vie dissolue de Jamie et la tenait pour intelligente et respectable. Aussi m'étais-je dit que le nom de Jamie légitimerait mes colocs imaginaires. Mais peu importait, ma mère ne m'aurait pas crue, même si ça avait été vrai. Heureusement pour tout le monde, elle n'était jamais venue chez moi. Elle quittait rarement Astoria, où les commerçants et les employés de banque qui géraient son épargne s'adressaient à elle en grec.

Ma mère désapprouvait totalement le fait qu'une femme célibataire, quel que soit son âge, vive ailleurs que chez ses parents. Chaque fois que j'avais évoqué l'éventualité de quitter la maison, elle avait piqué une crise. Mais un jour, je n'avais plus supporté de vivre à Astoria ni de subir ses critiques constantes, et j'étais partie. J'avais vingt-six ans.

Installée dans mon nouveau chez-moi, j'avais pleuré pendant quarante-huit heures. Jamie passait tous les jours. Je crois qu'Armando était convaincu d'avoir une folle pour colocataire. Je savais que je ne faisais rien de mal, mais je me sentais affreusement coupable de laisser ma mère seule. Pendant trois mois, elle ne m'avait pas adressé la parole. Elle avait dû finir par se rendre compte que sans moi (et mise à part la sœur de mon père qui vivait dans le New Jersey), elle était seule, et elle avait renoué le contact. Bien sûr, elle mettait toujours son point d'honneur à me faire sentir combien je l'avais déçue. Pour l'apaiser, je lui rendais visite presque chaque week-end.

— *Nay, mama*, je vais venir.

— Bravo. Je suis heureuse de constater que tu n'es pas trop occupée à écrire des cochonneries.

Un jour, j'avais fait l'erreur de montrer à ma mère l'une des premières critiques littéraires que j'avais rédigée pour un magazine féminin. Malheureusement, le mot *sexe* apparaissait deux fois sur la couverture, de même que la photo d'un couple enlacé. Ma mère n'avait même pas lu mon texte et avait découvert dans mon métier un nouveau sujet de honte.

La mère de Jamie, Maura, m'a un jour demandé si ma mère traversait la ménopause. Si oui, il s'agissait de la plus longue ménopause que je connaisse. Elle avait aussi suggéré avec délicatesse que ma mère était peut-être perturbée mentalement.

— Elle a le droit de l'être, avais-je rétorqué. Sa fille est morte.

Se plaindre des membres de sa famille est une chose, mais autoriser des personnes extérieures à leur manquer de respect en est une autre. Je ne peux m'empêcher de protéger ma famille, aussi décalée soit-elle. Ma mère serait furieuse que je doute de sa santé mentale. Consulter un psy ne lui traverserait jamais l'esprit.

Parfois, après une conversation téléphonique avec ma mère, je fondais en larmes. M'apitoyer sur moi-même me faisait un bien fou. Mais après cet appel, j'ai travaillé quatre heures d'affilée sur un article pour *Respire.*

Tandis que je peaufinais mon article, le téléphone a sonné plusieurs fois, mais je l'ai ignoré. Quand Armando s'est réveillé, j'ai décidé que, pour changer, c'est lui qui allait rappeler quelques candidats.

— Je sais pas quoi demander, a plaidé Armando.

Mais ce matin-là (enfin cet après-midi-là), je suis restée insensible à ses charmes. Je n'ai aucune envie de parler avec qui que ce soit après ma conversation avec ma mère.

— Ecoute, Armando. Essaie de savoir s'ils fument, s'ils ont je ne sais quelle habitude bizarre, etc. Choisis-en cinq qui ont l'air bien et demande-leur de se présenter demain. Qu'on règle ça !

Je lui faisais confiance pour le premier tri, mais il était hors de question qu'il fasse passer seul les entretiens. Il allait s'emballer pour une jolie fille, coucher avec, et on serait de nouveau à la case départ.

— Mais mon anglais ?

— Tu parles très bien anglais.

Il avançait le même argument que mes parents quand ceux-ci cherchaient à éviter une corvée. S'exprimer avec un accent n'équivalait pas à la carte « Sortez de prison » du Monopoly. Armando devrait traîner son boulet.

Peu après, je l'ai entendu qui arpentait sa chambre avec force soupirs, tout en hurlant des questions dans le combiné aux colocs potentiels, mais je suis restée de marbre.

Je suis sortie dîner tôt, avant qu'il n'ait fini. Ainsi, à mon retour, il serait parti pour le boulot. Ce que je préférais dans mon statut de travailleur indépendant, c'était la liberté. Pendant des heures, et même des jours, je n'avais pas besoin d'avoir le moindre contact avec le monde extérieur. Je pouvais savourer une friandise ou une crêpe délicieuse quand cela me chantait, sans encourir le regard désapprobateur de mon boss ou de mes collègues. Si j'échouais à livrer un article à la date prévue, le rédacteur en chef concerné me rayerait certainement de sa liste, mais à la fin de la journée, la seule personne à qui je devais rendre des comptes, c'était moi-même. Et c'était cette liberté que je chérissais. Entendre les gens se plaindre de leurs patrons ou collègues renforçait ma conviction d'avoir fait le bon choix de carrière. Je ne devais rien à personne. La seule dont je dépendais était celle à qui j'avais toujours fait confiance – moi. Je commençais à croire que je menais une vie normale et que je gérais mes angoisses. Même mes inquiétudes financières et la course perpétuelle aux articles avaient peu de poids en comparaison du bonheur d'être auteur.

J'ai choisi Le Gamin, au coin de la Neuvième Avenue et de la 21e Rue, un restaurant français minuscule où s'entassent environ quinze tables et où les serveurs ne sont pas pressés. Les clients non plus d'ailleurs. Deux autres personnes étaient déjà installées. Quand je travaillais pour une association à but non lucratif, le premier et seul « vrai » job que j'ai occupé, je me demandais souvent qui étaient les gens que je croisais dans la rue en pleine journée. Je les enviais d'en avoir le temps. Maintenant, je nous sentais complices. Nous étions libres.

J'ai parcouru le menu et j'ai commandé une crêpe au poulet et à la ratatouille, accompagnée d'un grand café glacé. Il était environ 16 heures, heure à laquelle je commence à ralentir le rythme. La première gorgée de café m'a requinquée. J'ai plaint de tout mon cœur Jamie et l'épreuve qu'elle s'imposait.

J'ai pioché un magazine dans le porte-revues pour patienter. Je m'amusais parfois à imaginer que le moindre de mes actes étaient facturable, comme chez les avocats. En ce moment, je repoussais le moment de contacter des responsables de rubrique, mais en feuilletant ces magazines j'analysais les mises en page, les sujets qui se vendaient bien… Bref… je travaillais.

J'étais toujours occupée à étudier mes employeurs potentiels quand ma crêpe est arrivée, agrémentée d'une salade. J'étais ravie. Pour moins de dix dollars, je m'offrais un dîner presque équilibré.

Certaines redoutent de sortir seules. Moi, j'adore ça ! Ma mère est persuadée qu'une femme convenable ne va nulle part toute seule. Il fut un temps où j'aurais souhaité être accompagnée, mais j'ai appris à prendre les choses comme elles viennent. J'aime établir mes propres règles et mon propre rythme.

La perspective du parcours du combattant qui m'attendait pour trouver un nouveau colocataire m'horripilait. Peut-être devais-je me mettre à la recherche, non pas d'une nouvelle personne, mais d'un nouvel appartement. Mais le quartier et le loyer me plaisaient. Plus important encore, j'aimais flemmarder. Je doute d'avoir jamais la force de déménager.

Soudain, un courant d'air en provenance de la porte m'a fait frissonner, puis six mères de famille sont entrées à la suite de leurs poussettes. Elles bavardaient haut et fort, inconscientes du silence qu'elles venaient de réduire à néant. Deux des bébés pleuraient. Les mères ont heurté plusieurs chaises, y compris la mienne, en marmonnant des excuses de pure forme, avant d'installer le commando aux deux grandes tables juste derrière moi.

— Travis. Pose cette fourchette, a lancé l'une d'elles.

Je ne voyais rien de ce qui se passait et pourtant je ne pouvais déjà plus me concentrer. Je n'avais dégusté que la moitié de ma crêpe.

— Il découvre tout en ce moment, a repris la même voix.

— Attends qu'il commence à marcher, on arrive à peine à courir après Shelley.

— Lynn a fait ses tout premiers pas. Elle se traîne partout à quatre pattes. Ce sera pire quand elle va marcher. Shawn marche déjà à quatre pattes ?

Elles s'interpellaient d'une table à l'autre sans le moindre égard pour leur entourage. J'ai coupé ma crêpe en parts de plus en plus grandes.

— Non, pas encore, a répondu une voix angoissée.

— Laisse-le davantage par terre.

— J'essaie, mais il y a toujours quelqu'un pour le prendre dans ses bras. Par contre, il s'exprime beaucoup vocalement, a plaidé la mère, apparemment désireuse d'entrer dans la compétition.

J'attendais le moment où ces femmes allaient parler d'elles-mêmes, mais la conversation est restée axée sur les bambins. Deux des personnes présentes dans le café à mon arrivée ont demandé l'addition et sont parties.

La serveuse s'est enfin approchée des déesses de la maternité.

— Nous n'avons pas encore consulté le menu, a déclaré l'une d'entre elles.

J'ai failli lui conseiller de le consulter sur-le-champ, parce qu'il se pourrait que la serveuse ne réapparaisse pas avant vingt bonnes minutes.

Les mères ont discuté le menu. Enfin, ai-je pensé, leur cerveau est capable de s'intéresser à autre chose. Evidemment, je me trompais. Avec des voix bizarrement haut perchées, elles ont entrepris d'interroger leurs enfants sur ce qu'ils désiraient. Je doutais qu'ils connaissent la différence entre crêpes au citron et au sucre et crêpes à l'orange. Mais sous prétexte de s'adresser à leurs enfants, leurs mères continuaient de parler d'eux.

— Lynn, tu préfères les tartines de confiture ou la

salade de fruits ? Je crois que tu préfères la salade de fruits. Oui, je crois que c'est ce que tu préfères.

— Travis, tu veux partager une crêpe au Nutella avec maman ?

— Shawn ne peut pas manger de Nutella, n'est-ce pas, chéri, parce que tu es allergique aux noisettes. Nous allons prendre une bonne crêpe bien savoureuse aux bons épinards et fromage.

— Shelley, tu sais que maman ne peut pas manger de fromage parce qu'elle allaite encore et que les laitages te donnent des gaz.

J'ai glissé un œil à l'unique survivant de l'ère pré-invasion des mères de famille. Il agitait désespérément la main en direction de la serveuse qui, appuyée contre le bar, sirotait un cappuccino gargantuesque.

J'ai essayé de capter son regard pour lui sourire et lui montrer que je partageais son horreur, mais je crois qu'il craignait de regarder dans ma direction.

— Oh, il a un renvoi. Ça va, chéri ?

Quand la serveuse s'est décidée à lui apporter son addition, je lui ai demandé la mienne. Il fallait que j'échappe à ce feu nourri de délires pédiatriques. J'avais perdu tout appétit. Durant les cinq atroces minutes nécessaires à la serveuse pour m'apporter l'addition, Travis s'est enduit les cheveux de Nutella – n'était-ce pas *adorable* ? Shawn a continué de baver, incitant les autres mères à donner de multiples conseils. Et d'après ce que j'ai cru comprendre, Shelley tétait allégrement un sein. J'ai senti que les autres mères désapprouvaient l'allaitement d'un enfant de presque un an, mais je ne saurais dire pourquoi. Leur étrange culture m'était trop étrangère.

De retour sur la Neuvième Avenue, j'ai jeté un coup œil à la tribu. Qui étaient ces femmes ? Est-ce qu'une seule d'entre elles aurait pu évoquer avec moi la rupture d'un couple célèbre ? Etaient-elles capables de parler d'autre chose que lait maternel, allergies ou couleur des selles ?

Observer les gens m'amusait. J'aimais enjoliver des anecdotes pour faire rire Jamie. J'imaginais déjà comment, lors de notre prochaine rencontre, je lui raconterais l'invasion des mères de famille, quand une pensée m'a saisie : dès que le missile aurait atteint sa cible, Jamie se transformerait en l'une de ces femmes.

3

J'ai été très impressionnée par la vitesse à laquelle Armando avait réglé et organisé les entretiens. Mais pas le moins du monde surprise que les cinq personnes sélectionnées s'avèrent être des femmes.

Les entretiens ont commencé à 13 heures. La première candidate ne s'est pas présentée.

— J'espère que tu as une liste de secours, ai-je dit à Armando.

— *Che?*

— Laisse tomber.

Quarante-cinq minutes se sont écoulées avant que la suivante ne fasse son entrée. Karin, candidate numéro deux, est arrivée en avance. J'ai tout de suite compris qu'elle était lesbienne – et pas du tout refoulée. Plutôt du style à porter un Marcel, de multiples anneaux à l'oreille et des rangers aux pieds. Au cas où aurait subsisté le moindre doute, deux symboles féminins étaient tatoués sur son biceps imposant et un arc-en-ciel décorait la poche de son jean large. Parfait. Armando n'était pas son genre, ni elle le sien. Et puis elle travaillait dans le bâtiment et affirmait être adepte des heures supplémentaires. Ce qui signifiait qu'elle serait absente aux moments où Armando dormait et où moi j'écrivais.

— Elle me plaît, ai-je déclaré après son départ.

— Elle ressemble pas à sa voix au téléphone, s'est-il contenté de répondre.

Dans mon carnet, j'ai dessiné une étoile à côté de son nom.

La fille suivante, Kelly, est arrivée avec vingt-cinq minutes de retard. J'ai noté ce détail. Elle semblait un peu tendue et s'est abondamment excusée. Son train avait été immobilisé sur la voie. Elle travaillait comme camerawoman en free lance et était plutôt sexy. Elle aussi portait un Marcel, mais sans soutien-gorge et son visage rayonnait. Son jean tombait extrêmement bas sur sa taille.

— Elle est très bien, je pense, a dit Armando après son départ.

— Je ne pense pas.

— Pourquoi tu l'aimes pas ? Parce qu'elle aime pas les filles ?

— Ecoute, soyons réalistes. Elle dit travailler trois à quatre jours par semaine et avoir parfois des trous. Inutile de prendre une coloc qui aura des difficultés à payer le loyer.

— Elle gagner beaucoup. Les gens de la télé, tu sais, comme Raj.

— Elle était en retard, ce qui signifie qu'elle est irresponsable.

— C'était le train. Allez, Vouuuula.

— S'il te plaît, pense avec ton cerveau, et pas autre chose.

— J'évalue, c'est tout.

— En suivant tes évaluations, nous aurons le même problème dès le mois prochain. Et puis je ne tiens pas à une coloc qui passe autant de temps que moi dans l'appartement. J'ai besoin d'espace.

La fille d'après était encore plus jolie. Elle s'appelait Jill et était acheteuse pour Bloomingdale. Elle voyageait beaucoup et le physique fabuleux d'Armando ne semblait pas l'émouvoir. J'ai apprécié qu'elle nous regarde tous les deux droit dans les yeux en posant des questions sur la note d'électricité.

— Bien, ai-je déclaré à Armando après son départ.

Je craignais un peu qu'il ne la drague, mais elle semblait le genre de femme capable de gérer la situation.

— Elle bien.

— Tu ne la trouves pas jolie?

Je ne tenais pas à ce qu'il la trouve jolie mais son manque d'enthousiasme me surprenait.

— Non, l'autre mieux.

Je ne comprendrai jamais les mecs. Tout n'était donc question que de seins et de quantité de peau exposée?

— Je crois que Jill est notre tête de liste. Je m'oppose

totalement à la précédente. Je regrette que tu n'aies pas sélectionné quelques mecs. As-tu vraiment rappelé *toutes* ces personnes ?

— Non, hier je travaille.

— Super, comme ça maintenant ils ne vont pas cesser de nous casser les pieds.

— Trop à faire, a-t-il argumenté.

— Bienvenue au club.

— Eh ?

Inutile d'insister.

Notre dernière candidate approchait la cinquantaine. Récemment divorcée, elle dirigeait un salon de beauté. Elle paraissait assez sympa, mais ne m'a pas fait grande impression. Elle avait deux enfants à la fac qui passaient l'été dans les villes où ils étudiaient. Ils séjourneraient peut-être un week-end ou deux à New York, mais elle consacrerait principalement son été à voyager seule. Ses projets me convenaient, mais je préférais Jill.

— Elle très vieille, hein ? a demandé Armando.

— Elle a probablement la quarantaine bien sonnée.

— Pas pareille au téléphone.

— Jill reste ma favorite.

— Et pourquoi pas…

Il a dessiné des seins à hauteur de sa poitrine.

Il n'avait vraiment qu'une chose en tête. Je lui ai donné une petite tape.

— Tu as choisi Harry. J'aime pas Harry.

— Harry te plaisait, sauf qu'il était de sexe masculin.

— Peut-être que je lui plaisais.

— Cela va te surprendre, Armando, mais je ne crois pas.

Armando m'a souri. Mais j'avais déjà été victime de son sourire. C'était peut-être lui qui avait trouvé cet appartement, mais maintenant c'était aussi chez moi. Hors de question de le laisser tout diriger.

— La dernière, Delilah, est celle qui gagne le mieux sa vie mais elle a des enfants, et peut-être des dettes à cause de son divorce…

Je l'embrouillais, ce qui pouvait tourner à mon avantage.

— … Jill gagne presque autant. C'est elle que nous devrions choisir. Si tu es d'accord, je vais vérifier ses références. Qu'en penses-tu ?

— *Managia te*, a-t-il répondu.

Enfin je crois. Il employait souvent ces mots. Je n'avais aucune idée de leur signification en italien, mais pour moi cela voulait dire oui.

Quand j'ai rappelé Jill quelques jours plus tard, après avoir vérifié toutes ses références, elle était très excitée.

— Hector et moi serons prêts à emménager dès la fin du mois.

— Super. Attendez. Qui est Hector ?

— Mon chat.

— Votre chat ?

J'ai eu envie de pleurer. Depuis le chien diarrhéique, nous avions interdit les animaux.

— Il est génial. Vous ne vous apercevrez même pas de sa présence.

Je n'appréciais guère qu'elle nous ait caché l'existence de son chat. Si elle en avait parlé à Armando, il se serait empressé de me le dire pour donner l'avantage à sa candidate favorite. Les chats font souvent preuve d'indépendance, mais ils adorent se frotter contre vos jambes, alors que vous essayez de vous concentrer pour travailler au lieu de flemmarder. L'une des jumelles Olsen avait un chat et les chats me faisaient penser à elle. J'aurais fait à peu près n'importe quoi pour ne pas revivre tout ce cirque de vérification des références avec un autre candidat, mais enfreindre le règlement pour placer ma candidate préférée n'aurait pas été honnête.

— Je suis désolée. Armando est allergique aux chats.

— Oh. C'est dommage.

— Oui. Au revoir.

J'ai consulté mon carnet. Karin avait deux étoiles. Avant d'entamer la vérification des références, je l'ai contactée pour lui demander si elle était toujours intéressée. Elle m'a rappelée pour m'apprendre qu'elle venait juste de signer le bail d'un appartement dans Chelsea même.

— Peut-être la prochaine fois, a-t-elle dit.

— Oui.

Je craignais que la prochaine fois ne se rapproche à toute vitesse.

J'ai laissé un message à Delilah et j'ai attendu. Nous avions retiré l'annonce et effacé les messages des autres personnes intéressées. Je voulais tellement éviter de revivre tout ça. J'aurais préféré régler la chose sans impliquer Armando, mais il a bien entendu demandé quand Jill allait emménager.

— En fait, elle a un chat. Elle ne peut pas emménager.

— Elle a menti.

— Oui, elle a menti, ai-je répété en mimant son accent.

J'avais cette étrange manie d'attraper l'accent des gens avec qui je parlais. Je ne pouvais pas m'en empêcher.

— Alors maintenant, celle que je préfère.

— J'ai laissé un message à Kelly, ai-je menti. Ainsi qu'à Delilah. Nous verrons qui rappelle en premier.

Ce qu'il ignorait ne pouvait pas le faire souffrir.

Finalement, Delilah m'a rappelée. Elle était toujours intéressée. J'ai vérifié ses références, et à la fin de la semaine, je lui ai annoncé qu'elle pourrait emménager le premier week-end du mois.

— Kelly pas appelé, a dit Armando.

— Non, Kelly pas appelé.

— *Porca butane*, a-t-il juré.

Du moins je supposais qu'il s'agissait de jurons.

Il s'en remettrait, j'en étais sûre, et je cohabiterais

avec une coloc que j'espérais discrète, dépourvue d'animal, qui ne coucherait pas avec lui et resterait très très longtemps.

Tout en dégustant des hamburgers végétariens à Trailer Park, un autre de nos points de rencontre situé à mi-chemin de nos quartiers respectifs, j'ai raconté toute cette saga à Jamie. J'aimais cet endroit parce qu'on y trouvait de la Pabst Blue Ribbon, même si cette bière envahissait petit à petit les endroits branchés de la ville. Jamie a renoncé à prendre une bière.

— Si cette femme vient de divorcer, elle va peut-être trouver l'étalon italien à son goût.

Je soupçonnais Jamie d'avoir couché avec Armando une nuit où j'avais dormi chez ma mère. A l'époque où j'avais un faible pour lui. Mais je ne lui avais jamais posé la question. Je préférais ne pas savoir.

— Croisons les doigts.

J'ai désigné son citron pressé.

— Ton abstinence de ce soir a une raison précise ?

Elle a baissé le regard.

— Non ! J'ai de nouveau mes règles.

— Je suis désolée. Peut-être ton utérus est-il trop agité pour qu'on y plante une graine, ai-je dit, imitant de mon mieux Nicholas Cage dans *Arizona Junior*.

Elle a paru peu impressionnée.

— Tu regardes trop de DVD. Je crois que je vais consulter un médecin.

— La conception ne prend-elle pas parfois jusqu'à un an ?

— Parfois, mais je ne crois pas être capable d'attendre si longtemps.

— Impatiente, hein ?

Elle a avalé une grosse bouchée de son hamburger.

— Oui, je suis impatiente.

— D'accord.

Je n'ai plus posé de questions et me suis contentée d'attaquer ma tourte aux patates douces.

— J'ai un truc à te dire.

Elle semblait nerveuse.

Quoi maintenant ? Quoi encore ? Est-ce qu'elle va partir à l'étranger pour adopter un bébé, tant elle est impatiente ?

— Qu'y a-t-il ?

— C'est au sujet de Super Dan.

A ce nom, j'ai levé les yeux.

— Quoi Super Dan ?

— Eh bien, euh, il, euh, va se marier. Je suis désolée.

J'ai levé les yeux au ciel en éclatant de rire. Jamie a ri aussi, mais elle me guettait du coin de l'œil, traquant l'expression de mon visage.

— Sa femme connaît mon existence ?

— Tu veux dire sait-elle que vous n'avez jamais rompu ? Je ne crois pas.

— Bon. Quelqu'un devrait la prévenir de ne pas toucher à mon mec.

Jamie a ri et a pris une gorgée de ma bière.

— C'est ce que j'ai dit à Raj.

Super Dan était le seul des traquenards tendus par Jamie qui avait ressemblé à un succès. Dan était un copain de fac de Raj. J'avais fait sa connaissance lors de l'une de ses visites à New York. Nous avions tout de suite sympathisé, et il était revenu passé cinq fois le week-end à Manhattan. J'avais fait l'amour avec lui dix-sept fois, c'est-à-dire seize fois de plus qu'avec les autres hommes – deux – avec qui je suis sortie dans ma vie. Jamie et Raj étaient tout excités. Je les imaginais, passant des nuits entières sans dormir à planifier notre mariage. Au début, Super Dan ne m'attirait pas tant que ça. Mais j'avais envie de connaître la sensation d'avoir un petit ami, même si ce petit ami vivait à Providence, dans l'Etat de Rhode Island.

Jamie me sondait régulièrement sur mes sentiments envers Super Dan. Quand je m'interrogeais sur l'avenir de notre relation, elle me poussait à la poursuivre. Et voilà qu'au moment où je m'apprêtais à l'inviter à m'accompagner à Block Island, dans la maison de famille de Jamie, il a cessé de m'appeler, du jour au lendemain. J'avais laissé deux messages et envoyé un email, restés sans réponse. Il avait également évité Raj un moment. Quand ils s'étaient revus lors d'un enterrement de vie de garçon, Dan avait avoué ignorer les raisons de son comportement et être embarrassé. Raj avait fait circuler l'histoire dans leur cercle d'amis qui s'étaient moqués de la lâcheté de Dan.

Très remontée contre Dan, Jamie avait averti Raj qu'il ne serait plus jamais le bienvenu chez eux. J'avais préféré en rire. J'appelais Super Dan mon petit ami et prétendais que, puisque nous n'avions jamais rompu officiellement, nous étions toujours ensemble.

— Honnêtement, Jamie, tu croyais que la nouvelle allait me bouleverser ?

— Je me demandais si tes plaisanteries ne visaient pas à masquer tes sentiments.

— Dans le genre clown triste.

— Exactement.

J'ai eu un petit sourire.

— Pourquoi ? N'ai-je pas l'habitude d'affronter les problèmes ?

Elle a soupiré. Un bref instant, j'ai craint qu'elle n'éprouve un semblant de pitié à mon égard. J'ai pris les devants.

— Sincèrement, Jamie, je crois que j'avais envie qu'il me plaise plus qu'il ne me plaisait vraiment.

— Je me rappelle que c'est ce que tu disais. Mais je sais aussi que pour toi, avoir une liaison n'est pas anodin. Et le jour où cela se produit enfin, ça se termine mal…

— Je te jure que je ne vais pas pleurer sur mon ex. C'est plutôt drôle finalement qu'il se soit révélé lâche, mais crois-moi, je ne leur souhaite que du bonheur à lui et sa future épouse.

— D'accord. Mais le sujet n'est pas forcé de devenir tabou. Si tu veux en reparler…

— Sincèrement, Jamie, ça va.

Elle a baissé les yeux sur son assiette et s'est attaquée à son reste de frites.

— Tu veux qu'on partage un dessert ? lui ai-je demandé.

— Oui. J'ai encore une question à te poser.

— Je préfère ne pas imaginer.

Je me suis préparée au pire.

— Ça t'ennuie si j'assiste au mariage ?

— Non, si tu promets qu'au moment approprié de la cérémonie tu te lèveras pour exiger qu'il revienne à mes pieds.

Jamie a pouffé et j'ai fait signe qu'on nous apporte l'addition.

Je suis rentrée dans un appartement vide. J'ignorais quand Harry déménagerait et me suis demandé si je le verrais avant son départ. En allant me coucher, j'ai réfléchi à l'expression de Jamie tandis qu'elle me parlait de Super Dan. Avait-elle réellement cru qu'il m'avait fait souffrir ? Etait-il plus facile pour elle d'imaginer que je me languissais de Dan plutôt qu'admettre qu'il n'avait jamais vraiment compté ?

Dan était un type sympa. Nous n'avions pas le même sens de l'humour. Souvent, il ne comprenait pas que je plaisantais et répondait avec sérieux à mes sarcasmes. J'expliquais alors ma plaisanterie, qui en général paraissait le perturber, et je finissais par me demander pourquoi je tenais tant à le faire rire.

L'avantage de cette situation, c'était que je m'étais habituée à Dan.

Mais que Super Dan ait trouvé la femme de sa vie me laissait froide. J'étais contente pour lui. Bien sûr, c'était un lâche, mais le monde était rempli de lâches. Dan avait choisi avec moi une porte de sortie peu glorieuse, mais cela devait arriver tôt ou tard.

Mon passé amoureux était pratiquement inexistant. Au lycée, je ne sortais avec aucun garçon. C'était interdit. Ma mère appelait afin de s'assurer de ma présence chez Jamie, seul autre lieu où j'étais autorisée à me rendre. Elle était tellement stricte que j'en étais embarrassée. A l'époque, nous vivions seules, elle et moi, dans l'appartement d'Astoria. Cristina n'était plus, mon père vivait à Chypre, et Helen avait été jetée dehors, ou s'était enfuie, suivant l'angle sous lequel on considérait les choses. Je ne pouvais aller chez Jamie que si sa mère téléphonait à la mienne pour lui assurer que j'étais la bienvenue. En première, ma mère m'avait permis de m'inscrire au club d'art dramatique parce que ma tante Effie l'avait persuadée qu'un maximum d'activités extra-scolaires augmentait mes chances d'obtenir une bourse pour la fac. J'adorais la troupe de théâtre. Mon truc, c'était les décors.

Jamie tenait toujours le rôle principal. L'année de terminale, nous avons monté *Bye Bye Birdie.* Jamie, qui interprétait Rosie, présentait plusieurs numéros en solo. Elle avait réussi à me persuader de chanter dans le chœur, alors que je préférais les coulisses. Je me surprenais encore parfois à chanter *I've got a lot of living to do.* Ce qui me plaisait le plus dans cette activité théâtrale, c'était les heures passées à dévorer des yeux Léon Cullen. Léon était un élève de seconde que je n'aurais même pas regardé si je l'avais croisé dans le couloir, mais quand il entrait en scène dans le rôle de Conrad Birdie, il évoquait un mélange de Mick Jagger, Tom Jones et Johnny Depp, post-Wynona Ryder. Léon était un sex-symbol.

Je n'en avais parlé qu'à Jamie. Tard le soir au téléphone, nous concoctions des scénarios délirants où je le séduisais dans la salle de musique. Mais, bien sûr, je ne m'étais jamais risquée à rien de concret. Jusqu'à ce que Jamie décide d'organiser une fête pour les acteurs…

C'était parfait. J'avais un prétexte pour passer la nuit dehors. La mère de Jamie avait même appelé la mienne pour s'assurer que j'avais l'autorisation de dormir chez elle. En omettant de lui signaler que les membres masculins de la distribution y passaient eux aussi la nuit. Tout le monde avait campé dans le jardin. Ce que la mère de Jamie n'aurait peut-être pas approuvé, et qu'elle a peut-être fini par soupçonner, c'est la quantité de mélanges alcoolisés que j'ai ingurgités. Je ne me souviens de la soirée que par bribes. Je gloussais dans le double sac de couchage que je partageais avec Jamie. Je l'avais mise au défi de proposer à Léon de nous rejoindre et elle l'avait fait ! Elle l'avait convaincu en prétendant que toutes deux désirions l'embrasser. Quand il s'est glissé entre nous deux nous avons ri, sans plus pouvoir nous arrêter. De toute mon enfance, je ne me suis jamais sentie aussi heureuse, libre et en sécurité qu'avec Léon étendu entre Jamie et moi, sous les étoiles, dans un jardin de Park Slope.

Léon avait peut-être espéré nous embrasser toutes les deux, mais Jamie était très vite sortie du sac de couchage après avoir suggéré que je passe la première. C'était mon premier baiser. Mon premier tout.

Malheureusement, j'avais mélangé trop d'alcools différents. Au matin, Léon m'avait souri comme si un événement important avait eu lieu, mais je ne me rappelais que de bribes de l'événement en question.

Plus tard, je me suis même demandé si nous avions fait les choses correctement. Quand Jamie et moi dressions la liste des garçons avec qui nous avions couché – ou plutôt *elle* avait couché en fait – je le comptais comme un demi. Peut-être un jour Léon va-t-il réapparaître, en star de Broadway ou dans un épisode de *Law & Order*. Personne ne sait ce qu'il est devenu. Evidemment, je me suis demandé s'il était gay ou non. J'ai souvent tapé son nom sur Google, quand je repousse le moment de travailler. Comme à Dan, je ne lui souhaite que du bien. Plus qu'à Dan en fait : il mérite de devenir célèbre. Il savait vraiment se tortiller dans ce pantalon de satin blanc à la Elvis.

Niveau mecs, je suis réaliste. Il y a eu Léon et Dan. Et Warren, un mec que j'ai rencontré à Block Island et qui est à l'origine de mes critères élevés pour toute flamme future. Si Warren ne réapparaît pas dans ma vie, je crains que mon prince ne vienne jamais. Ai-je d'ailleurs besoin d'un prince ? Je n'en suis pas certaine. Mais juste une fois, je voudrais me sentir bien avec un mec, déambuler en chaussettes avec lui, enfiler sa chemise par-dessus mes sous-vêtements et rire. Je dois trop regarder de films, à moins que ce ne soit l'excès de publicités.

J'ai allumé mon portable pour vérifier si j'avais reçu des appels pendant que j'étais sortie. J'espérais un message d'un magazine de mode acceptant un de mes articles. J'avais bien un message. De Delilah.

« Bonjour, Voula, je suis désolée. Je ne trouve pas votre numéro personnel. J'ai une nouvelle intéressante et plutôt surprenante. »

Elle gloussait timidement.

« Vous pouvez me rappeler ? Je me fiche qu'il soit tard ou non. Je ne serai pas couchée. »

J'étais tellement intriguée que je l'ai rappelée. Il était 23 h 30, mais elle avait dit que l'heure importait peu. Elle a décroché dès la première sonnerie et paraissait tout à fait réveillée.

— Delilah, bonsoir, c'est Voula. Vous avez dit que je pouvais appeler…

— Oui, Voula. Bonsoir. Vous n'allez pas le croire,

moi-même j'ai failli m'évanouir dans le cabinet du médecin… Je suis enceinte.

— Enceinte ? Je croyais que vous étiez divorcée.

Sans parler du fait qu'elle avait deux enfants à la fac.

— Je suis divorcée, mais j'ai commencé à sortir avec des hommes. Cela faisait si longtemps. Je m'y suis remise en douceur.

Elle assure, me suis-je dit, tout en me demandant pourquoi une femme approchant la cinquantaine se débrouillait mieux que moi.

— J'ai cru à l'arrivée de la ménopause. J'ai quarante-sept ans, imaginez ma surprise. Mais mes ovaires continuaient de faire leur boulot.

— Eh bien, félicitations.

Félicitations ? J'ignorais la formule appropriée. Nous avions interdit les animaux domestiques. Quelle était notre position au niveau des bébés ?

— Je vais aller vivre avec le père. Le père de mon enfant.

J'ai ri, me rappelant que j'avais pris Delilah pour une gentille mère de famille de Greenwich. Mieux valait rire avant de me dire que je devais chercher un nouveau coloc.

— C'est super, Delilah. Bonne chance.

J'ai raccroché en soupirant.

C'était une mauvaise plaisanterie. Il ne pouvait en être autrement. Ma meilleure amie échouait à tomber enceinte. Je n'avais aucun homme dans ma vie, et selon toute probabilité Armando allait coucher avec notre nouvelle coloc. Ou pire, nous allions devoir reprendre notre recherche de zéro.

Les bébés, c'est la poisse.

4

Kelly a emménagé le jour des fiançailles de ma cousine Georgia. Je m'étais rendue à la réception avec ma mère. Le dîner avait lieu en ville, mais ma mère avait insisté pour que je passe la chercher dans le Queens.

Je réfléchissais : soit je cherchais un nouveau coloc dès maintenant, puisque Delilah était enceinte, soit j'en cherchais un plus tard, quand Kelly aurait couché avec Armando, ce qui se produirait inévitablement. Comme d'habitude, j'avais remis la tâche à plus tard.

Quand je lui ai annoncé que Kelly allait emménager, Armando a tenté de dissimuler son enthousiasme, mais je savais qu'il se préparait à relever ce nouveau défi. N'apprendrait-il donc jamais la leçon ?

— Pourrais-tu, s'il te plaît, Armando, faire un effort ? Ne rien tenter auprès de cette fille. S'il te plaît.

— Voula, que tu crois. J'essaie rien avec cette fille.

J'ai secoué la tête.

— J'ai déjà entendu ça. Pourrais-tu s'il te plaît renoncer à exercer ton charme sur cette femme ?

— *Cosa* charme ?

Armando ressemblait à Antonio Banderas : parfois cucul la praline mais super sexy.

Je me suis exprimée dans mon italien sommaire.

— *Basta con* la baise avec les colocs.

Armando a pincé les lèvres, comme chaque fois qu'il jugeait mon comportement indigne d'une dame. Pour un débauché de son espèce, il était affreusement traditionaliste. Sa conception des femmes se limitant aux prostituées ou aux saintes, il m'avait classée dans les saintes puisque je ne ramenais jamais d'hommes à la maison. Mais, avant de le laisser seul pour aider Kelly à emménager, j'avais voulu marquer le coup.

— Je suis sérieuse. N'enlève pas ta chemise.

Donc, en arrivant chez ma mère, j'étais déjà légèrement agacée.

— Nous sommes en retard, m'a-t-elle lancé en guise de bonjour.

— Nous ne le serions pas si nous nous étions donné rendez-vous quelque part en ville.

— Tu trouves trop compliqué de passer prendre ta mère ?

Je n'ai pas répondu. Ma mère m'a examinée des pieds à la tête et j'ai deviné ce qui allait suivre.

— Où as-tu acheté ce pantalon ?

Question piège. Il n'existait pas de bonne réponse. Si je répondais la vérité, elle me demanderait le prix, qu'elle déclarerait trop élevé. Je serais accusée de dépenser trop, en égoïste. Si je prétendais que j'avais oublié le prix, elle m'accuserait d'acheter trop de vêtements. Si je donnais un prix bon marché, elle prétendrait trouver le pantalon affreux, ou indécent, ou n'importe quel autre commentaire négatif. Voilà comment était ma mère. Et Jamie se demandait pourquoi j'étais d'un naturel si pessimiste.

— Allons-y, maman, puisque tu as peur d'être en retard.

— Tu vois, maintenant il faut nous dépêcher.

— Je ne suis pas en retard à ce point.

Elle s'est tue, se contentant de prendre son manteau. Le silence était la pire réaction possible.

Dans le métro, elle ne m'a pas adressé la parole, mais dès la sortie, elle a marmonné :

— Je pourrais te confectionner un pantalon de bien meilleure qualité.

C'était vrai, les vêtements confectionnés par ma mère étaient plus jolis que ceux dont regorgeaient les magazines. Elle avait même confectionné la robe de mariée de Jamie. Mais laisser ma mère coudre mes vêtements, c'était lui permettre d'interférer dans mon existence d'une façon que j'avais eu trop de mal à combattre. Impossible !

Quand l'Eglise Orthodoxe grecque avait plus d'influence, les fiançailles donnaient lieu à une cérémonie religieuse officielle. Le prêtre vous bénissait, vos pères se serraient la main, et ensuite vous étiez autorisés à vivre ensemble. Parce que, chez les Grecs, hommes et femmes ne sortent pas ensemble avant le mariage.

On décide qu'on se plaît et on se fiance avant de vivre ensemble, puis de se marier.

Je m'étais toujours demandé ce qui se passait si, après un bout d'essai, vous refusiez d'épouser votre fiancé. Un jour, j'ai posé la question à ma mère. Elle m'a regardée avec incrédulité.

— Toi ? Quelle idée ! Mais tu devrais être heureuse de trouver un homme désireux de t'épouser.

J'en avais déduit que, une fois fiancées, la majorité des femmes acceptaient leur lot.

De nos jours, les fiançailles sont plus simples. La poignée de main a perduré mais les mères aussi en échangent une. La cérémonie à l'église a été supprimée et on se contente d'un dîner. Georgia et Victor vivent ensemble depuis un an, mais ce ne sera officiel qu'aujourd'hui. La mère de Georgia, ma tante Effie, va cesser de m'ignorer. L'année dernière, lors de la croisière de Georgia et Victor dans les Caraïbes, tante Effie répétait que Georgia était en vacances avec des « amis ».

Pendant le dîner, ma mère s'est bien comportée. Tante Effie était la sœur de mon père et ma mère tenait toujours à faire bonne figure devant sa famille.

— Comment va-t-elle ? m'a demandé Georgia après dîner, profitant de ce que nos mères bavardaient.

Selon moi, Georgia avait eu une vie facile, mais elle aimait rabâcher les difficultés rencontrées par les filles des familles chypriotes très strictes. Dans son cas, cela se traduisait par une mère un peu plus traditionnelle que la moyenne, alors que pour ma part, cela équivalait à une mère carrément dérangée.

— Comme d'habitude. Un bon petit boulot et un mariage en vue avec un Grec, ai-je plaisanté.

Pas question de décevoir les cousins.

— Au moins, Victor n'est qu'à moitié grec. Bien sûr comme le dit ma mère…

Elle a imité sa mère en grec.

— … la meilleure moitié.

Nous avons éclaté de rire. Pourquoi accepter de vivre selon ces préjugés ? Nous n'avions pas le choix, j'imagine.

— Je voulais te parler.

J'ai souri. La dernière fois que Georgia m'avait abordée ainsi, elle voulait m'arranger un rendez-vous avec un cousin de Victor âgé d'environ cinquante ans. L'avant-dernière fois, elle m'avait suggéré une idée d'article géniale concernant un cas étudié dans le cadre de son diplôme de psycho.

— Quoi ?

— Helen nous a appelés.

Je ne m'attendais pas à ça. J'ai jeté un coup d'œil en direction de ma mère, pour vérifier si elle avait entendu quelque chose. Par chance, elle était plongée dans une conversation avec tante Effie et la mère de Victor. Depuis presque quinze ans, je n'avais entendu aucun membre de la famille prononcer le nom de ma sœur.

— Elle t'a téléphoné ?

— Elle a appelé ma mère, oui. Maman n'a pas eu le cran de rappeler, alors c'est moi qui l'ai fait.

— Quand ?

Mes mâchoires se sont crispées.

— Il y a environ un an.

— Et tu ne m'avertis que maintenant ?

— Elle refusait que je le fasse. Tu lui manques beaucoup, mais, connaissant votre mère, elle voulait éviter de te placer dans une situation impossible.

J'étais en état de choc. J'avais si souvent désiré retrouver Helen. Mais quelque chose m'avait toujours retenue.

J'ai vérifié une fois encore que ma mère discutait avec sa belle-sœur.

— Comment va-t-elle ?

— Elle a eu un autre enfant. Une fille.

Je n'étais même pas certaine du sexe du premier.

— Avec le même homme ?

— Oui. C'est son mari maintenant.

J'ai pris mon front entre mes mains, m'exhortant au calme, pour ne pas alerter ma mère. Mais j'avais du mal à croire ce que j'entendais.

— Ils habitent Brooklyn, dans Boerum Hill.

J'ai fixé Georgia, espérant qu'elle allait m'avouer qu'elle plaisantait. Mais elle ne plaisantait pas. Peut-être avais-je croisé Helen dans la rue, ou peut-être étions-nous montées dans le même métro. J'ignorais pourquoi je n'avais jamais tapé son nom sur Google.

— Crois-moi, Voula, je me serais passée de tenir

ce rôle. Mais j'ai pensé que tu devais être mise au courant.

— Pourquoi ? Pourquoi aujourd'hui ?

D'un coup, j'ai compris la situation et suis restée bouche bée. Quand j'ai retrouvé la parole, je n'ai pu que murmurer. Pas parce que je craignais qu'on m'entende, mais parce que je n'avais plus de voix.

— Le mariage ?

Georgia a acquiescé. Elle a voulu dire quelque chose, mais ma tante Effie l'a appelée, lui demandant d'exhiber une fois de plus devant ma mère la bague de fiançailles qui avait appartenu à notre grand-mère.

Je l'ai suivie sans réfléchir.

— Oh, *mana mou*! s'est écriée ma mère dans un sourire.

Georgia, qui faisait la fierté de sa mère, avait droit à un surnom affectueux de la part de la mienne. Le sourire de ma mère s'éteindrait peut-être lorsqu'elle découvrirait ce que la famille tramait dans son dos.

Je voulais arracher d'autres détails à Georgia, mais en tant que reine de la fête, elle était demandée de partout. En m'embrassant pour me dire au revoir, elle a murmuré qu'elle m'appellerait.

Durant le trajet de retour en métro, je me suis tue, me contentant d'écouter ma mère jaser sur la famille. En résumé, elle rangeait les femmes en deux catégories : celles qui ne couvraient pas de honte leur famille (c'est-à-dire leur mère) et s'étaient mariées avec des hommes convenables, ou bien ne s'étaient pas mariées mais obéissaient aux règles, et celles dont elle parlait à voix basse et qui me paraissaient bien plus heureuses : ma cousine Zoé, journaliste, qui vivait à Paris ; la sœur de Victor mariée à (non !) un homme d'Europe de l'Est ; et même Georgia, qui avait échappé de justesse au déshonneur grâce à son chevalier demi-grec.

— Tu vois, Voula, comme Effie est heureuse depuis qu'elle n'a plus à s'inquiéter. Elle va devenir une *yiayia*.

J'ai manqué signaler à ma mère qu'elle était grand-mère. L'existence de ses petits-enfants ferait-elle une différence ? Cela l'aurait au moins fait taire un moment. Mais je n'ai pas pu me résoudre à la bouleverser ainsi. Le père de ses petits-enfants n'était pas grec, mais portoricain. Et les préjugés de ma mère resteraient toujours les plus forts.

— Au lieu de gaspiller ton argent dans un pantalon, tu devrais le dépenser pour trouver un mari.

J'ai fermé les yeux.

— Tu me conseilles d'épouser un gigolo ?

Elle a sursauté.

— Comment oses-tu parler ainsi à ta mère !

Je n'en pouvais plus. Bien que je la déshonore, ma mère voulait que je dorme chez elle. Elle détestait vivre seule, même si à plus d'un égard elle était responsable de cette situation.

Je l'ai quittée devant chez elle et l'ai embrassée. Une fois le coin de la rue passé, j'ai hélé un taxi pour rentrer chez moi. L'idée de l'entendre me reprocher de gaspiller encore davantage d'argent m'était insupportable.

5

J'avais l'intention de me rendre chez Jamie. Je l'ai appelée de mon portable, mais elle n'était pas chez elle. D'habitude, elle me confiait ses projets de week-end, mais je ne me rappelais pas ce qu'elle m'avait dit à ce sujet la dernière fois. Je la croyais chez elle, occupée à concevoir.

J'ai décidé d'aller manger un hamburger de thon chez Better Burger. Un dernier tampon sur ma carte de fidélité et je gagnerais un lot. Comme je travaillais à un article pour *NY by night* sur la prolifération des cartes de fidélité, je les collectionnais. J'en possédais une pour la manucure, une pour les hamburgers et une pour le café. Installée en terrasse, j'ai observé de charmants jeunes hommes, visiblement homosexuels, sur la Huitième Avenue tout en trempant mes frites dans une sauce au curry.

J'hésitais à rentrer chez moi pour découvrir comment s'était déroulé le déménagement. Je n'avais pas envie de devenir copine avec Kelly. Ce n'était qu'une coloc de plus, qui ne faisait que passer. Au début, elle allait craindre en moi une rivale dans l'affection d'Armando, puis elle me prendrait comme confidente complice au sujet d'une éventuelle liaison avec lui, et quand tout serait terminé, elle disparaîtrait, comme tout le monde disparaissait dans ma triste existence. Pourquoi se donner la peine ? Je détestais les gens.

Je savais que cette colère me servait de protection contre les événements auxquels je refusais de penser. Après la mort de Cristina, Helen avait fait quelques bêtises. Ce genre d'écarts ne posent pas de problème avec des parents comme les Jacobs, qui reconnaissent fumer de l'herbe et faire encore l'amour. Chez les Pavlopoulos, c'est une tout autre histoire. J'ai si souvent menti pour Helen, quand elle sortait avec des mecs ou apportait au lycée des bouteilles de laque remplies d'alcool.

Ma mère fouillait régulièrement sa chambre. Quand elle trouvait des lettres de garçons, son silence se transformait en cris et hurlements. Ma mère avait élaboré des méthodes d'une telle sophistication pour espionner ma sœur qu'elle aurait pu se faire embaucher par le gouvernement. Dès qu'Helen parlait au téléphone, ma mère décrochait sans bruit un autre combiné. Des années plus tard, Georgia, qui entamait ses études de psycho, avait déclaré que ma mère exprimait ainsi son chagrin depuis la mort de Cristina.

A cette époque, je tentais de me comporter au mieux. Georgia m'avait psychanalysée moi aussi et avait décrété que je cherchais à désamorcer une situation que je savais

siers – inconnus d'elle. J'ai improvisé des traductions anodines, mais cela ne changeait rien. J'ai eu peur que mes parents soient en colère après moi aussi, mais non. Mon père n'a pas prononcé un mot, ce qui n'avait rien d'inhabituel, mais sa façon de plisser les lèvres et son regard m'ont terriblement effrayée.

— C'est le portoricain, répétait ma mère inlassablement.

Chaque fois qu'elle prononçait ces mots, je regardais mon père, persuadée que, quand ma sœur rentrerait, il la tuerait.

Vers minuit, je me suis résolue à aller me coucher et j'ai découvert que même dans mon lit je ne me sentais plus en sécurité. Cristina était morte, et qui savait ce qu'il allait advenir d'Helen. Nulle part je ne connaîtrais la paix. A tout moment, tout pouvait m'être enlevé.

Dans ma chambre plongée dans le noir, j'ai fixé le vide, mon cœur battant à toute allure, durant ce qui m'a semblé une éternité. J'ai dû m'assoupir, parce qu'à mon réveil, la maison semblait sens dessus dessous. Des lumières filtraient sous la porte tandis que retentissaient des coups sourds, des cris, des pleurs et des jurons. Cristina aurait supporté les coups en silence, pleurant juste assez pour satisfaire mes parents et prouver son remords, mais sans les défier, sans hurler après eux. Helen était beaucoup plus dure.

Elle avait couru se réfugier dans notre chambre mais mon père l'a suivie, ceinture à la main. Ma mère criait et gémissait. Tous trois semblaient jouer une scène délirante. Ma sœur sautait d'un lit à l'autre. Je doute que mes parents m'aient vue. Seule comptait ma sœur. C'est alors qu'elle avait lâché les mots fatals.

— Arrêtez, je suis enceinte !

Le temps s'était arrêté. Tous les quatre, nous étions pétrifiés dans l'attente de l'effet produit par ces mots. Puis mon père a traîné ma sœur hors de la chambre, sous les cris plus hystériques que jamais de ma mère. Les sons qui s'échappaient de ma sœur semblaient contre-nature. La punition était pire que d'habitude.

Puis, une fois encore notre univers a été bouleversé. La police est arrivée et a emmené mon père. Ma sœur est allée à l'hôpital et ma mère a semblé encore plus vide qu'auparavant.

Nous n'avons pas rendu visite à ma sœur à l'hôpital. J'ignorais même de quel hôpital il s'agissait. Mon père avait fini la nuit en prison, mais grâce au père de Georgia, il était sorti le matin. Quelques jours plus tard, Helen a réapparu à la maison, accompagnée de son petit ami. Ils n'ont emporté que les affaires qu'elle avait achetées avec son propre argent. Ma mère signalait en criant ce qu'elle avait le droit de prendre ou non. C'était horrible. J'avoue avoir eu honte de mon comportement. Incapable de comprendre qu'Helen partait pour toujours, je ne savais pas quoi lui dire. Mon père avait quitté l'appartement, jurant en grec des insultes à l'encontre des portoricains.

J'étais sortie m'asseoir sur le perron.

Quand ma sœur est enfin sortie, elle a tendu le sac

en plastique contenant ses affaires à son copain et lui a demandé d'attendre dans la voiture.

— Voula...

Je n'ai pas levé les yeux.

— Je voulais que tu saches que tu m'as sauvé la vie. Deux vies même. Alors, merci, on se verra certainement de temps en temps.

Puis ma sœur a disparu. Je n'ai pas compris ce qu'elle a voulu dire, ni pourquoi je n'ai pas couru après elle pour la serrer dans mes bras. Je crois que j'avais trop peur.

Mais je ne l'ai pas revue de temps en temps... Je ne l'ai pas vue depuis presque quinze ans.

Je n'ai jamais reçu une telle raclée. Cela dit, je n'ai jamais rien fait pour en mériter une. Et cet été-là, mon père est parti vivre à Chypre...

J'ai terminé mon burger et de nouveau essayé d'appeler chez Jamie. Mais je n'ai obtenu que le répondeur. J'ai failli laisser un pitoyable « Décroche si tu es là... », mais ne l'ai pas fait. J'ai remonté la Huitième Avenue pour rentrer chez moi.

J'avais à peine enfoncé la clé dans la serrure que j'ai entendu fuser des rires. Ça commençait.

Dans la cuisine, Kelly et Armando, un verre de vin à la main, se regardaient en souriant. Exactement ce que je redoutais.

— *Ciao, bella,* m'a saluée Armando.

— Salut, a dit Kelly en me serrant la main. Ravie de te revoir, Voula.

Elle parlait d'un ton un peu trop suave, comme si j'avais dû être impressionnée qu'elle se souvienne du nom de sa coloc. Raj bossait à la télé – je connaissais bien les techniques enjôleuses des gens de la télé.

— Salut, comment s'est passé le déménagement ?

Elle a soupiré en souriant à Armando.

— Engager des déménageurs est le meilleur investissement que j'aie jamais fait, mais déménager reste une plaie.

J'ai souri. Sa jupe courte frôlait l'indécence, mais apparemment, cette fois elle portait un soutien-gorge.

— C'est vrai.

J'aurais préféré qu'ils sautent l'étape dégustation de vin pour passer directement à l'étape rapports sexuels. Qu'ils se replient dans la chambre d'Armando et me laissent seule. S'ils brûlaient les étapes du cirque habituel, Kelly n'aurait peut-être même pas à déballer ses cartons.

— Tu veux du vin ? a demandé Kelly. Il est super. Armando a un goût fantastique pour le vin.

— Non, merci, ai-je répondu, ignorant le sourire suffisant d'Armando. J'ai du travail.

— Un samedi ? s'est étonnée Kelly.

— Oui, ai-je répondu froidement en gagnant mon bureau.

***

J'ai fermé la porte et allumé mon ordinateur portable. Le curseur clignotait, comme s'il se moquait de moi. Comme s'il disait « Tatie, tatie… » J'étais la tante de deux enfants, quelque part.

J'étais aussi restée une sœur.

J'ai réglé mon iPod sur *shuffle* et fait pivoter mon fauteuil. Puis je me suis concentrée. *Quelle intense sensation de plénitude quand on boit son café gratuit à la fin de la carte de fidélité,* ai-je écrit.

C'était parti. J'ai écrit une heure environ, m'interrompant une fois pour vérifier si une chanson était d'Audioslave ou de Sound Garden, sinon le texte a coulé sans problème. J'avais rédigé la moitié d'un brouillon présentable, un texte capable d'émouvoir tout le monde, truffé de clins d'œil new-yorkais propres à faire sourire les passagers du métro qui dégustaient leur café, gratuit ou non.

J'aimais me dire que ce genre d'articles amélioraient l'existence, l'espace d'une minute. Ils ne brassaient que du vent, mais il était facile de sourire en s'y reconnaissant. Ils ne transcendaient pas la vie des lecteurs, mais leur permettaient d'oublier un instant leur dispute avec leur petit ami, leur job, génial ou débile, ou la mauvaise haleine du type qui lisait par-dessus leur épaule.

Un temps, j'avais travaillé dans les bureaux d'une association à but non lucratif collectant des fonds destinés à des sculpteurs internationaux. Mais j'avais toujours rêvé d'écrire. Ado déjà, je rêvais d'être écrivain à New York, travailler chez moi en pyjama, me réveiller quand je le désirais et rédiger des articles dénonçant les injustices à travers le monde. Si on excepte que j'étais loin de traiter les guerres et leurs atrocités, j'avais à peu près atteint mon objectif.

Je m'étais fait connaître en publiant des articles sur le Net, pour des sites divers, avant de décrocher ma première commande pour *NY by night*. Quatre paragraphes traitant du code de savoir-vivre à observer si on croisait une connaissance le matin dans le métro. Payé un dollar par mot. J'avais réussi, j'étais payée pour écrire ! Ensuite, j'ai décroché une commande par-ci par-là. Craignant de ne pas subvenir à mes besoins, j'ai conservé mon job (pour être franche, j'écrivais beaucoup dans les moments creux au boulot).

C'est alors que le film *Un mariage grec* a connu un succès fulgurant. J'ai rédigé une critique cinglante à son propos. Difficile pour moi de faire autrement. Pour tout adepte de feuilletons télé inodores à rallonge, j'imagine qu'il s'agit d'un bon film. Ce qui me gêne, c'est qu'il esquive totalement l'aspect grec. La famille de Toula pourrait être juive, italienne… mais il s'agit d'une famille grecque. Qu'étaient devenues les traditions grecques à l'écran ? Qui connaissait des parents grecs s'avérant aussi compréhensifs à la fin ? J'ai éprouvé la sensation d'être niée et j'ai rédigé la critique la plus vibrante de ma vie. Le magazine *On the Verge* l'a publiée et m'a confié des piges régulières.

Mes articles m'obligeaient parfois à me déplacer ou à effectuer des recherches. Garder mon job salarié devenait difficile. Alors j'ai pris la décision la plus risquée que j'ai jamais prise – et prendrai probablement jamais –, j'ai misé sur mon talent et quitté mon boulot. Ma mère a eu du mal à s'en remettre, ce qui a peut-être contribué à mon bonheur. J'y ai cru. Il le fallait. Et ça a marché. Je gagnais ma vie – pas très bien, mais décemment.

Ma vie professionnelle est la seule partie de ma vie que j'ai l'impression d'avoir réussie.

On a frappé à la porte de mon bureau. J'ai ouvert, croyant voir apparaître Armando, mais il s'agissait de Kelly. Elle a souri et fait mine d'entrer. L'endroit était minuscule, j'avais ramassé dans la rue un bureau qui l'emplissait presque en entier.

— C'est super ici, a déclaré Kelly, rayonnante. Je n'avais pas vu cette pièce l'autre jour.

— Merci.

Mon instinct protecteur envers mon espace personnel grandissait. C'était une chose d'emménager dans mon appartement, une autre de pénétrer mon espace de travail.

— Ça te dirait de sortir prendre un verre ?

— Euh, merci, j'ai vraiment du travail…

Je dois avouer que sa déception semblait sincère. Qu'elle cesse cette comédie !

— … mais je suis certaine qu'Armando serait ravi.

— Il est parti travailler. Il faut croire que ce n'est

pas ce soir que je ferai connaissance avec mes nouveaux colocs, a-t-elle dit en souriant.

Le ton était même compréhensif.

— … Remets-toi au boulot.

Elle a refermé la porte et je suis revenue à mon brouillon dont j'ai vérifié l'orthographe. Je ne devais le rendre que dans deux jours. Ce genre d'articles se publiait à n'importe quel moment de l'année et j'entretenais d'assez bons rapports avec le rédacteur en chef pour savoir que la date de remise n'était que formelle. Je regrettais de m'être montrée si sèche envers Kelly. Après tout, elle avait fait le premier pas. Mais elle était trop jolie, trop vive, trop gaie. Et elle allait coucher avec Armando, ce qui pour moi ne serait que source de problèmes.

J'ai essayé de joindre Jamie – toujours pas de réponse. J'ai voulu relire mon article, mais j'avais perdu le fil. Je ne cessais de penser à l'expression de ma mère le jour où elle apprendrait que sa famille était en contact avec Helen.

Je me suis levée pour frapper à la porte de Kelly. Elle écoutait Joni Mitchell – du moins il m'a semblé. Du folk en tout cas. En ouvrant la porte, elle m'a souri de toutes ses dents.

— Entre.

J'ai obéi avec timidité. Kelly semblait très à l'aise. Comment faisait-elle ? Pourquoi étais-je incapable d'éprouver ce genre de sérénité ?

— Excuse mon désordre, dit-elle. Comme boire

un verre avec moi ne t'intéresse pas, j'en profite pour déballer.

Je m'attendais à ce qu'elle ajoute « je plaisante », un truc qui me mettait en rogne chaque fois. Avoir le sens de l'humour implique que votre blague peut ne pas être comprise et, dans ce cas, il ne faut pas le souligner. Je n'étais peut-être pas très bien dans ma peau, mais j'assumais mes sarcasmes. Kelly a souri, mais n'a rien ajouté.

— Je suis une femme qui travaille.

— Et tu te donnes à fond.

— Oui.

J'ai souri, déjà plus détendue.

— … Mais boire un coup ne fait pas de mal. Ça te dit toujours ?

— Alors que je pourrais consacrer mon samedi soir à déballer…

J'ai ri. Elle était plutôt sympa.

— Le temps de passer un jean…

Elle me plaisait de plus en plus.

Nous sommes allées au Tier Na Nog, un bar près de Penn Station. Je m'y rendais pour la première fois. J'avais toujours cru préférable d'éviter un lieu si proche d'une gare, que je craignais bourré de banlieusards sinistres.

— En semaine, cet endroit est plein à craquer, a expliqué Kelly. J'accompagne de temps en temps mon preneur de son prendre son train. Parfois, il le rate à cause de moi.

J'ai levé les yeux de ma Guinness.

Les yeux de Kelly brillaient.

— Pas un des trucs les plus intelligents que j'ai fait, a-t-elle dit avec un clin d'œil, mais certainement un des plus drôles.

— Pour quelles émissions travailles-tu ?

Elle en a cité plusieurs, ainsi que deux films d'art et d'essai – dont un que j'avais vu le mois dernier. Un faire-valoir pour une actrice célèbre qui avait un faible pour les droits des animaux. Kelly m'a expliqué que cette fille exigeait de disposer en permanence de smarties marron sur le plateau, mais en dehors de son champ de vision.

— Elle les mange ?

— Je ne l'ai jamais vue les manger, mais elle les veut à sa disposition. Et elle vérifie. Entre deux prises, elle oblige le personnel à aller chercher le bol pour le lui montrer.

— Ouah ! Qu'est-ce qui la ferait craquer au point de les ingurgiter ?

— Je ne sais pas, a dit Kelly en riant. J'aurais aimé le découvrir. Encore que finalement non.

— Dommage que je ne puisse raconter ça dans *Who ?*

— Surtout pas ! s'est écriée Kelly, agrippant ma main d'un air faussement horrifié. Tu ruinerais ma carrière.

— D'accord. J'emporterai ce secret dans ma tombe.

J'ai avalé une autre gorgée de bière.

— Mon Dieu, des Smarties marron.

— Aux cacahuètes, a précisé Kelly.

J'ai acquiescé. Moi aussi je préférais les Smarties aux cacahuètes.

— Moi, si je devais stipuler une exigence dans *mon* contrat...

— Mon Dieu !

— ... j'exigerais de la sauce au bleu de chez Marie et des chips de riz complet.

J'ai acquiescé, impressionnée.

— Et toi ?

— Question intéressante. Ça me rappelle les jeux auxquels on joue à la fac, mais c'est une bonne question.

Kelly a pouffé et, d'un geste, commandé une nouvelle tournée.

— J'exigerais de vrais Babybel.

— La vache qui rit !

— Oui.

— Super, a-t-elle acquiescé.

J'avoue que son approbation m'a fait plaisir. Je lui ai parlé de Raj et des émissions dignes d'intérêt sur lesquelles il travaillait. Sa dernière télé-réalité s'intitulait « Un mari... qui se marie » et impliquait fornication à gogo et nanas peu commodes.

— J'ai entendu parler de lui. Un type intègre apparemment, ce qui dans ce métier, a-t-elle plaisanté, est peu commun.

— Oui, c'est un type bien.

— Nous cherchons toutes un type bien non ?

J'ai haussé les épaules. *Moi*, je cherchais quelque chose. C'était certain.

Kelly s'est penchée à travers la table.

— Est-ce que Armando et toi… euh… vous sortez ensemble ?

— Non.

J'ai baissé le nez dans ma bière. Avait-elle voulu prendre un verre pour faire connaissance ou était-ce un prétexte pour me sonder sur Armando ?

— Ça ne s'est jamais produit ?

— Non.

Je l'ai regardée dans les yeux.

— Et j'en suis heureuse, parce que toutes les colocs qui ont couché avec lui ont craqué.

— Il est irrésistible à ce point ?

A ma grande surprise, elle ne semblait pas voir en quoi. J'avais toujours tenu le sex appeal d'Armando pour acquis, persuadée qu'aucune mortelle ne pouvait lui résister.

— Tu ne le trouves pas séduisant ?

— Dans un sens oui, si on aime ce genre. Il est beau, c'est vrai, mais un peu mièvre, tu sais. Genre Antonio Banderas.

— J'adore Antonio Banderas ! ai-je protesté. As-tu vu *Disparitions* ?

— Et *Péché originel* ?

— Et *Le Masque de Zorro* ?

— *Spy kids* ?

— Dans celui-là il cabotine. *Mambo kings* plutôt, non ? Il a appris à parler anglais phonétiquement. « Maria, maîtresse de mon âme », ça te dit quelque chose ?

— Ouais, a ri Kelly. Et *Femme Fatale* ? Ça te dit quelque chose ?

— Oh, ai-je grincé. Je l'ai vu, mais je le regrette. Tu m'as eue.

Elle a hoché la tête.

— Alors, Voula, tu crois qu'on devrait en prendre une autre ?

Il était plus de minuit. Mais Kelly disait ne pas être attirée par Armando et je la croyais. Quel soulagement ! Elle serait peut-être une coloc longue durée.

— D'accord. Une bière. Une seule.

6

Quand Armando travaillait le samedi soir, il dormait en général tout le dimanche. Levée tôt, j'ai mis le café en route et suis sortie acheter un muffin aux œufs et au bacon au coin de la rue, ainsi que le *Sunday Times*. En route, j'ai rencontré Kelly. Munie du *Sunday Times*.

— On devrait s'organiser, a-t-elle dit.

Avec elle, je pouvais plaisanter.

— Ça dépend dans quel ordre tu lis le journal.

— Je commence par le début et le lis jusqu'à la fin.

— Vraiment ? ai-je dit, ébahie.

Je croyais que tout le monde commençait par les pages mondaines, passait à la section En ville puis suivait sa fantaisie du moment.

— Dans ce cas, ça pourrait marcher.

Le dimanche était le seul jour où je traînais dans le salon. J'y regardais des DVD des nuits entières, mais sinon en semaine je m'obligeais à ne quitter mon bureau sous aucun prétexte. Enfin, la plupart du temps. J'étais curieuse de tester un dimanche avec Kelly. Elle a suivi mon exemple et, quand je me suis assise dans le fauteuil, s'est affalée dans le divan.

Nous lisions le journal depuis un moment quand le téléphone a sonné. Kelly, la plus proche, a lu le numéro de Jamie sur l'identificateur d'appel.

— C'est pour moi.

Elle m'a lancé le combiné.

— Salut, J. Alors, tu es enceinte ?

Silence. Kelly a souri, mais a paru un peu troublée. Peut-être n'étais-je pas censée plaisanter à ce sujet, Mais Jamie et moi n'avions jamais eu de tabous. Et elle était capable de rire de tout.

— Non, mais ton numéro était enregistré un milliard de fois sur l'identificateur d'appels. Tu étais bourrée ?

Elle était redevenue elle-même. J'ai tout de même décidé de me montrer plus prudente quant aux plaisanteries concernant la grossesse.

— Où étiez-vous passés ?

— Il faisait un temps superbe et comme Raj a beaucoup travaillé ces temps-ci, nous avons eu envie de nous balader. Nous sommes allés au Delaware Water Gap, pour faire une petite randonnée.

— Un plan amour en plein air ?

Jamie a ri, mais Kelly a haussé les sourcils avant de se lever et de gagner la salle de bains.

— A peu près. Comment est la nouvelle coloc ? Une garce ? Armando et elle t'ont empêchée de dormir avec leurs cris de plaisir ?

— Comme Raj et toi hier soir ? En fait la situation n'est pas si catastrophique.

J'avais baissé la voix au cas où Kelly m'entendrait.

— Ouah ! Tu te fais une nouvelle amie, Voula ?

J'ai pouffé.

— … Vous allez échanger des bracelets d'amitié ?

— Non, nos T-shirts.

Jamie pouvait toujours rire. A une époque, nous avions fait les deux.

— Tu te sens d'humeur à aller dîner chez Tongi ce soir ?

— Bien sûr.

Nous nous sommes donné rendez-vous pour 20 heures.

Je raccrochais quand Kelly a émergé de la salle de bains.

— C'était mon amie Jamie.

— Elle aime plaisanter, on dirait.

— Nous sommes amies depuis si longtemps. Une éternité.

— Génial.

Je me sentais idiote. Quelle impression Kelly ferait-elle à Jamie ? Je me montrais rarement aussi détendue aussi vite avec quelqu'un. J'avais si peu l'habitude des relations amicales. Peut-être Kelly jouait-elle les hypocrites. Si quelqu'un savait repérer les faux-jetons, c'était bien Jamie.

— Nous allons manger des sushis dans Chelsea

ce soir. On fréquente un tas d'endroits situés à égale distance de nos deux appartements.

Je me sentais de plus en plus idiote.

— Ça te dirait de venir ?

— J'aimerais bien, mais je ne peux pas. J'évite les sushis. Un jour, j'ai eu une réaction allergique.

— Ils servent aussi des plats coréens. Cuits.

Je devais avoir l'air désespéré, non ?

Elle a rigolé.

— Désolée. Je parlais de deux choses différentes. J'aimerais t'accompagner, mais j'ai autre chose de prévu. Je continue ma relation malsaine avec le preneur de son, malgré tous les signaux d'alarme. Et je suis allergique aux sushis.

— Oh.

— Une autre fois.

— D'accord.

D'ailleurs, sortir deux soirs de suite avec quelqu'un que je connaissais à peine m'aurait paru étrange.

Arrivée la première, j'ai commandé un thé vert. Tongi servait le meilleur sushi au thon que j'aie jamais goûté. L'endroit avait la malchance d'avoir ouvert, sous un autre nom, le 10 septembre 2001. Le restaurant avait tenu trois mois, avant de fermer et réapparaître sous le nom de Tongi. Des plats coréens avaient été ajoutés au menu, mais l'endroit n'était jamais bondé.

J'étais ravie que Tongi ne soit pas connu. Mais chaque fois, je craignais d'y venir pour la dernière fois, que le restaurant ne ferme et que plus jamais je ne puisse déguster de si délicieux sushis au thon.

— Salut, dit Jamie. Désolée.

Je me suis levée pour l'embrasser. Je ne savais pas trop pourquoi elle s'excusait. Elle n'était pas en retard. Nous n'avons même pas consulté le menu. Quand la serveuse est revenue, j'ai commandé un sushi à l'anguille, un au thon et deux au saumon. Jamie a choisi une spécialité coréenne.

— Pas de sushi au thon ?

Elle a secoué la tête.

— Pas de poisson cru. Juste au cas où.

— Au cas où quoi ?

Puis j'ai eu l'illumination. Le poisson cru n'était pas recommandé pour les femmes enceintes.

— Oh, c'est vrai. Hier, c'était le grand soir ?

— Oui, j'ai ovulé. On verra le résultat. J'espère que ça a marché parce que ma prochaine ovulation tombe juste avant Memorial Day, fin mai.

— Juste au bon moment.

Tous les ans, le week-end de Memorial Day, la famille Jacobs se réunissait dans la maison d'été des parents de Jamie à Block Island. Chacun invitait son compagnon. Ma présence était immuable.

— Ça pourrait tourner à l'affaire de famille.

— Au moins, si tu n'es pas enceinte, tu pourras boire des *dark and stormies*.

Jamie m'a ri au nez. Cette fois, son rire signifiait : « Comme tu es bête, je sacrifierais à jamais le goût de cet exquis cocktail de bière de gingembre et de rhum ambré si la semence de Raj trouvait sa voie jusqu'à mon ovule. »

On a apporté nos salades – algues pour elle, salade maison avec vinaigrette au gingembre pour moi. J'ai commandé un Sapporo.

— Allez, raconte-moi tout au sujet du dernier épisode coloc. Comment est-elle, sans rire ?

— Pas mal, sincèrement. Nous sommes sorties prendre un verre.

Jamie a eu l'air surpris.

— Waouh !

— Quoi ?

— C'est extraordinaire.

— Que veux-tu dire ?

Elle a eu un petit rire.

— Je ne sais pas. D'habitude, tu te montres plus sauvage.

— Je sais, mais elle semble sympa.

Je n'ai pas ajouté que si j'avais fait un effort, c'était parce que je n'avais pas envie de rester seule.

— J'en suis sûre, mais ce sont des mots que tu prononces rarement.

Peut-être suis-je en pleine métamorphose.

J'ai effectué quelques grimaces afin de lui démontrer les possibilités.

Nos plats sont arrivés avant qu'elle ne puisse répliquer.

— Comment se sont déroulées les fiançailles de

ta cousine ? a demandé Jamie en chipotant son plat coréen.

— Je peux avoir une fourchette ? ai-je demandé à la serveuse.

Je n'ai jamais réussi à me débrouiller avec les baguettes. En bonne Occidentale, j'utilisais les couverts occidentaux.

— Bien.

— Et ta mère ?

— Comme d'habitude. Tu la connais. Je devrais prendre exemple sur Georgia ou mes autres cousines Roula, Toula, et Sula. Je sais, c'est ridicule. Et épouser un Grec.

— C'est même incroyable qu'elle parvienne à te parler de relations masculines.

— Si l'union est reconnue par l'Eglise et que je jure de n'avoir des relations sexuelles que pour lui donner des petits-enfants mâles, pas de problème.

— Dieu du ciel.

J'ai failli lui parler d'Helen, mais je ne sais pas pourquoi, je ne parlais jamais de mes sœurs à Jamie. Et comme je n'en parlais pas à Jamie, je n'en parlais à personne. Si j'avais réussi à la joindre après la soirée de fiançailles, j'aurais probablement évoqué le sujet. Mais deux jours plus tard, je ne croyais pas avoir assez d'énergie pour revivre de telles émotions.

— Comment va Georgia ?

— Bien. Tu la connais. Enfin non, tu ne la connais

pas vraiment. Elle ramène tout à des troubles psychiques.

— C'est vrai.

Elle continuait de chipoter dans son assiette.

— J'ai visionné toutes les vidéos des finalistes de l'émission de Raj.

— Oh, j'adore ce genre de vidéos.

Idéales pour vérifier de quoi les gens sont capables pour passer à la télé.

— Tu en as apporté que je peux regarder ? Est-ce que Raj a accepté que je fasse un article, anonymement ?

— Débrouille-toi avec lui à ce sujet, mais j'en ai une pour toi.

Elle a sorti de son sac une cassette vidéo qu'elle a fait glisser sur la table. Je l'ai prise. Elle était étiquetée : « Warren Tucker. » Je suis restée bouche bée. Je n'avais pas évoqué ce nom depuis une éternité, pourtant, dans un sens, je l'évoquais tous les jours. Le numéro deux de mes deux amants et demi.

— Waouh !

Impossible de continuer. J'étais sans voix.

— Je sais. Incroyable. Tu te souviens de l'époque où il te plaisait ? Tu te souviens de votre nuit ?

— Oui, je crois que je m'en souviens.

— Et maintenant, il concourt pour être *Un mari… qui se marie.*

— Oh, *panayia mou* ! me suis-je exclamée en grec. On prend une glace japonaise ?

— D'accord.

Elle a commandé.

— Voula, ça va ?

— Comment s'est-il débrouillé ? ai-je demandé en désignant la cassette.

— Il est presque toujours aussi mignon qu'à l'époque où il travaillait au pub avec nous. Sinon je ne sais pas, je n'ai pas tout regardé, juste le début. C'est drôle de penser que ce type qui approche la trentaine, et qui comme tout le monde en Amérique veut passer à la télé, est Warren Tucker. *Warren Tucker !*

Je me pris la tête entre les mains. Tout le monde avait donc décidé de faire irruption dans ma vie en même temps ? Super Dan, Helen, et maintenant… maintenant Warren.

— Tu veux réellement visionner la cassette ?

Jamie se penchait déjà pour la reprendre.

J'ai pratiquement hurlé.

— Oui ! Je la regarderai… quand je serai prête.

Nous avons dégusté notre glace en parlant du temps qu'il ferait à Block Island. Heureusement qu'elle n'a pas abordé la question bébé, parce que je n'écoutais rien de ce qu'elle disait et j'aurais risqué de manquer d'enthousiasme. J'étais trop occupée à penser à Warren Tucker.

De retour chez moi, j'ai fixé la cassette. Je n'avais pas envie de l'apporter dans le salon où Kelly et son mauvais garçon cameraman risquaient de trébucher sur moi. Je n'étais même pas certaine d'être capable de la regarder.

Warren Tucker.

Je n'étais pas préparée. Warren tenait le bar au pub où Jamie et moi avions travaillé comme serveuses l'été suivant notre troisième année de fac. Nous habitions la maison de ses parents à Block Island pour la saison. Tous les enfants Jacobs disposaient de la maison pour l'été à la fin de leur troisième année de fac. J'avais suivi Jamie. Ces étés-là, ses parents s'offraient une croisière et ne venaient que pour le Memorial Day. Je n'étais jamais partie de chez moi aussi longtemps. Après le traditionnel week-end familial du Memorial Day, Jamie a loué les chambres inutilisées à quatre autres filles. La vie en dehors du cercle familial devait ressembler à ça. J'avais l'impression de mener une vie normale, même si mes anomalies étaient toujours bien incrustées.

Et il y avait Warren Tucker. Dès que j'avais manifesté de l'intérêt pour lui (j'ai attendu la fête nationale, le 4 juillet, pour l'avouer, y compris à moi-même), Jamie l'a déclaré chasse-gardée. Ce qui était d'ailleurs inutile puisque tout le monde à part moi s'était déjà trouvé un partenaire. Jamie sortait avec un flot ininterrompu de garçons.

Warren Tucker et moi n'avions partagé qu'une seule nuit. Je refusais d'y penser. Je n'en parlais jamais. C'était mon jardin secret. Ma nuit avec le garçon que j'avais désiré tout l'été.

Et maintenant ce garçon s'abaissait à passer dans une émission de télé-réalité. Impossible, impossible pour moi de regarder Warren Tucker cirer les pompes de producteurs anonymes.

Je mc suis couchée en lisant le dernier *New York Times Magazine*. Mais au lieu de m'endormir en rêvant d'écrire pour eux, je me suis revue, assise sur la jetée avec Warren Tucker…

Warren a ouvert le panier de pique-nique et a souri. Block Island semblait soudain bien bruyant. On se serait cru à New York. Malgré le soleil brûlant, j'étais vêtue d'un épais manteau de laine. La sueur coulait sur mon visage, mais Warren ne semblait pas l'avoir remarqué. Il montrait du doigt les rangées de superbes sushis au thon alignés à l'intérieur du panier. Soudain, Warren a craqué une allumette et mis le feu aux sushis. Une odeur de brûlé s'est répandue, ainsi qu'un nuage de fumée…

Je me suis réveillée, désorientée. Ma chambre était envahie par la fumée et Armando hurlait en tambourinant à la porte.

L'appartement est en feu !

J'ai attrapé un sweater et des pantoufles avant d'ouvrir la porte. La fumée m'a immédiatement prise à la gorge. Armando m'a attrapée par le bras et traînée le long du couloir.

— Mon ordi, mon ordi !

— Non, Voula, non. J'ai appelé pompiers. Ils arrivent. Nous devons partir.

Armando m'a entraînée hors de l'appartement. Les

sirènes résonnaient si près que j'avais l'impression qu'elles s'échappaient de moi.

— Kelly ! Kelly est restée à l'intérieur ! ai-je crié.

— Non, elle est pas ici. J'ouvre sa porte, je vois. *Non preoccuparti*. Allons-y !

En descendant, tous deux pliés en deux à cause de la fumée, nous avons croisé les pompiers. Quatre, m'a-t-il semblé, munis de haches et de sacs à dos géants, montant les marches quatre à quatre en direction du feu. Héroïques, ils s'élançaient vers le danger que nous nous empressions de fuir.

— Descendez tout de suite, a aboyé une voix derrière un masque.

J'ai couru avec Armando qui me tirait toujours, dévalant les quatre étages que les pompiers escaladaient.

Dehors, le froid nous a saisis. Une blonde s'est précipitée sur nous, vêtue d'un mince T-shirt et d'un pantalon de pyjama de soie d'Armando.

— Voula, je te présente Nadia.

— Hello, m'a lancé la dernière conquête d'Armando.

— Bonsoir.

J'étais encore en état de choc. J'ai levé les yeux vers notre étage. Des flammes s'échappaient de la chambre d'Armando et de la fumée de ma fenêtre. Les pompiers combattaient l'incendie. En plus de ceux croisés dans l'escalier, d'autres s'activaient sur la rampe d'incendie et tiraient des tuyaux géants de leurs énormes sacs à dos. En bas dans la rue, d'autres encore aidaient leurs camarades en arrosant les lieux à l'aide d'énormes tuyaux. Les occupants des autres appartements se sont rués dans la rue où s'agglutinaient les passants. Il était près de 2 heures du matin, mais l'incendie inondait la rue d'une étrange clarté. Le bruit des klaxons résonnait au loin. On avait bloqué la 32e Rue. Armando jurait en italien.

Le spectacle était impressionnant. Un nouveau camion de pompiers venait de rejoindre les trois autres déjà présents quand j'ai vu Kelly traverser la rue.

Elle a levé les yeux sur notre bâtiment, incrédule. Je l'ai appelée et, dès qu'elle nous a reconnus, elle a accouru.

— Flûte, que s'est-il passé ?

— Je ne sais pas. Un incendie.

— De la fumée dans l'appartement ?

— Je crois. Mais le feu semble avoir été maîtrisé.

Les pompiers ont commencé à quitter le bâtiment. A peine sortis, certains ont allumé une cigarette. La rue débordait d'hommes vêtus de vestes épaisses qui fumaient, le nez en l'air. Quand le premier camion s'est éloigné, j'y ai vu un bon signe.

— Quelle heure est-il ? ai-je demandé à Kelly.

Elle a consulté sa montre.

— 2 h 30.

Comment le temps avait-il pu passer aussi vite ? Un pompier s'est approché de moi.

— Vous habitez ici ?

— Nous habitons tous ici, a répondu Kelly.

— Je crois qu'une bougie est à l'origine du problème.

— *Porca Butane*, a juré Armando.

Je lui ai jeté un coup d'œil, à lui et à son importation suédoise. Etait-il responsable ?

— Vous avez une assurance ? a demandé le pompier.

— Avons-nous une assurance ? m'a demandé Kelly.

Je me suis tournée vers Armando qui a haussé les épaules en secouant la tête.

— Non, ai-je répondu au pompier, la voix tremblante.

— On ne doit jamais laisser une bougie allumée sans surveillance.

— Ce n'est pas moi, ai-je rétorqué sur la défensive.

Je l'ai regretté tout de suite. Cet homme venait de risquer sa vie.

— Il y a une sorte de bureau là-haut. Une pièce avec un bureau et un classeur à tiroirs.

— Oh, mon Dieu !

Un nœud s'est formé dans ma gorge.

— Mon bureau, mon ordinateur. Tout ce qui est important se trouve dedans.

— Ce n'est pas catastrophique. La fumée a fait quelques dégâts. Votre santé, votre vie, c'est ça l'important.

Un autre pompier s'est approché. Il portait un sac à dos et j'étais presque certaine de l'avoir croisé dans l'escalier. Le sac à dos paraissait échappé du film *Ghostbuster.* Sans savoir pourquoi, en sa présence, je me suis sentie idiote.

— Je sais. Mais dans quel état est mon bureau ? ai-je demandé au premier pompier.

— Une partie du meuble est bousillée, a répondu le nouveau venu en ajustant son sac à dos et tirant une cigarette de sa veste.

Il parlait plus gentiment.

— L'un des tiroirs n'était pas fermé en totalité et les fichiers ont été réduits en cendres. Je crois que l'ordinateur est O.K.

J'ai fermé les yeux. Je savais que j'aurais dû m'estimer heureuse d'avoir la vie sauve, mais je ne parvenais pas à penser à autre chose que : pourquoi n'avais-je pas fermé le tiroir du classeur ? Pourquoi n'avais-je pas fermé la porte du bureau ?

— Et les chambres ? s'est enquise Kelly.

— A qui appartient celle avec la bougie ?

— A moi, a répondu Armando.

— Celle-ci est très enfumée, l'a renseigné le deuxième pompier. Vous devriez dormir ailleurs cette nuit. Nous pouvons vous obtenir un arrangement avec le Marriott en bas de la rue. Qui a la chambre près de la vôtre ? Celle avec la commode violette ?

— Moi, a répondu Kelly. Je viens d'emménager.

— Eh bien, la commode n'est plus violette, est intervenu le premier homme. Tout va puer pendant plusieurs jours, mais après un acte aussi stupide que laisser une bougie allumée, vous vous en tirez bien.

— Oui, a renchéri le second pompier, qui soit dit en passant était très mignon.

— Allons-y, Torrisi, lui a lancé son collègue revêche.

Torrisi a éteint sa cigarette et nous a observés, chacun à un stade différent d'habillement, debout devant lui, en état de choc.

— Ça va aller ?

J'ai baissé le regard, fixant le sol. Une main m'a pressé l'épaule, juste au-dessus de l'endroit où Armando m'avait serrée tellement fort que je commençais à avoir mal. J'ai regardé le pompier Torrisi dans les yeux.

— Tout va bien se passer maintenant, a-t-il repris.

— Merci.

Puis tous les pompiers, engoncés dans leurs épais vêtements, ont regagné leur camion qui s'est éloigné. La foule s'est dispersée et la circulation a repris dans la rue.

Aucun de nous n'a supporté l'idée de rester dans l'appartement. Il y régnait la même odeur que celle de la cuisine de Georgia, le jour où son frère Spiro avait entrepris de passer ses figurines de G.I. au micro-ondes. Prendre des chaussures et enfiler un jean a suffi à déclencher une toux atroce. Je n'ai pas allumé mon ordinateur. Je préférais ne pas imaginer ce que je pouvais avoir perdu.

Nadia est rentrée chez elle. Armando, Kelly et moi avons échoué dans un bar, The Blarney Stone. Nous étions les seuls consommateurs, avec un groupe de vieux types qui n'avaient pas dû bouger de là depuis les années 70. Installés dans un box, nous avons bu de la bière toute la nuit.

— Je suis désolé, a répété Armando. J'allume la bougie.

Il semblait sur le point de fondre en larmes. C'était sa chambre qui avait le plus souffert, plus que mon bureau.

Kelly ne cachait pas son agacement, mais moi j'étais trop épuisée pour me mettre en colère. Rien ne me venait à l'esprit. J'ai bu bière après bière, jusqu'à ce que je sois certaine d'être capable de m'écrouler dans l'appart malgré l'odeur.

Même s'il était trop tard, nous avons pris une assurance dès le lendemain. C'est moi qui ai téléphoné, mais j'ai fait jurer à Armando qu'il se chargerait de négocier avec l'agence qui nous louait l'appartement. Il n'a pas tenté de prétexter qu'il parlait mal anglais. Tant mieux parce que j'étais bien décidée à ne pas céder.

L'appartement n'est redevenu respirable qu'au bout de plusieurs semaines. Tous nos vêtements empestaient la fumée. L'intérieur des placards en était noirci. L'incendie avait été puissant, mais d'après la compagnie d'assurance, ça aurait pu être bien pire.

Par chance, mon ordinateur n'avait pas été endommagé. J'ai envisagé d'effectuer des sauvegardes sur disques. Mais les disques aussi brûlaient. Mon bureau était en piteux état, mais bon, je l'avais trouvé dans la rue. De vieilles factures et plusieurs magazines contenant mes articles étaient perdus. Heureusement, je gardais le magazine contenant mon tout premier article dans ma chambre.

Kelly en voulait beaucoup à Armando de sa négligence. Mais il avait l'air tellement mal que j'ai fait preuve d'une relative indulgence.

Cette semaine-là, je me suis fait livrer mes repas. Je ne supportais plus d'allumer un four. Chaleur et feu de toutes origines m'effrayaient. Armando m'a avoué qu'il avait du mal à entrer dans la cuisine du restaurant. Kelly a dit éprouver des difficultés à sentir l'odeur d'une allumette qu'on craque. Nous étions tous complètement flippés.

J'ai commencé à fantasmer sur l'idée de vivre seule. Cette nuit-là, j'avais apprécié la compagnie de mes colocs, mais je ne pouvais m'empêcher de penser que si j'avais vécu seule, je ne me serais jamais retrouvée dans cette situation. Vivre seule risquait de me faire rentrer dans ma coquille pour l'éternité et de parachever mon statut d'ermite. Mais j'avais envie d'être seule maîtresse des événements qui bouleversaient ma vie. Je ne voulais plus jamais me ruer hors d'un appartement à cause de la négligence de quelqu'un d'autre. Je n'allais pas déménager demain, mais l'idée me titillait.

Je pensais aussi encore aux pompiers grimpant l'escalier en courant. A leur absence de peur. Je ne comprenais pas. Qui était capable de risquer sa vie pour des inconnus ? J'ignorais tout de ces hommes, mais grâce à eux, je possédais toujours mon ordinateur. D'accord, il valait moins que ma vie, mais il représentait quand même beaucoup pour moi.

Je me surprenais à rêver éveillée de ces pompiers, ces hommes séduisants volant à mon secours en diverses circonstances, plus ridicules les unes que les autres. Quel cliché !

7

Chaque jour, durant presque un mois, j'ai fixé la cassette de Warren Tucker, qui avait survécu à l'incendie, sans la visionner. Puis, penchée par la balustrade du ferry New London, direction Block Island, Jamie m'a appris que Warren avait passé les premiers éliminatoires. Restait encore une sélection avant que les candidats ne passent à la télé. Au retour de Block Island, l'emploi du temps de Raj serait très serré. Quand allait-il trouver le temps de la féconder ?

J'avais laissé la cassette à la maison. J'espérais vaguement qu'à mon retour de week-end, l'appartement aurait brûlé et que je ne serais jamais obligée de la visionner. Je n'étais pas prête à affronter l'image de Warren Tucker.

— Ma température monte depuis quinze jours, m'a murmuré Jamie en s'asseyant.

— Tu crois qu'il est prudent de te rendre à Block Island avec de la fièvre ?

— Mais non, idiote.

De nouveau le rire. Le rire « tu n'as pas encore compris que ma moindre parole concerne la procréation ? »

Jamie a pointé un doigt vers son bas-ventre.

— Ma température dans ce secteur.

— Oh.

Espérait-elle que je me souvienne de son exposé scientifique ? Elle savait combien j'en avais bavé pendant les cours de bio au lycée.

— Ça signifie quoi déjà ?

— Ça signifie…

Elle s'est tournée vers Raj qui, accoudé à la balustrade, fumait une cigarette.

— … que je pourrais bien être enceinte.

— Vraiment ?

J'avais un peu mal au cœur, mais c'était à cause du ferry, non de sa révélation.

— Oui.

Elle souriait, tout en s'agrippant au dossier de son siège. Les traversées agitées n'étaient pas rares, mais franchement pénibles.

— C'est génial.

Mon estomac a exécuté une culbute. J'ai souri à l'attention de Raj, pour leur prouver mon enthousiasme. Derrière lui, la ligne d'horizon s'est soulevée, puis est retombée.

— Dès que j'ai les résultats du test, il arrête de fumer. Je pense faire un test sur l'île.

Super.

J'aurais juré avoir senti une odeur de vomi. Je n'étais

pas pressée de découvrir que Jamie était enceinte. J'avais plus ou moins espéré que, le temps du week-end, elle oublierait cette histoire. On passait de si bons moments sur Block Island. J'adorais me soûler de cocktails délirants, et m'exposer trop longtemps au soleil dans les grands transats. A ce moment précis pourtant, j'aurais donné n'importe quoi pour me trouver sur la terre ferme.

L'une des employées du bateau s'est approchée pour nous tendre des sacs en papier. J'en ai pris un, et Jamie aussi. Raj nous a rejointes, s'accrochant à tout ce qu'il pouvait agripper.

— Salut, a-t-il dit.

— Je viens d'apprendre la nouvelle à Voula, a dit Jamie.

Elle tentait de sourire, mais verdissait.

— Au sujet de Warren ?

— Non, idiot, à propos de nous et du bébé.

Elle en parlait déjà comme d'un bébé ? Je croyais qu'il ne s'agissait que d'un bas-ventre à la température un peu au-dessus de la moyenne.

— Ne nous porte pas la poisse, a dit Raj.

— Allez, Raj. Tu n'as pas envie d'arrêter de fumer, c'est tout, a dit Jamie.

Sur ce, elle a vomi.

Raj lui a caressé les cheveux tout le temps qu'elle a rempli son sac. Puis je lui ai passé le mien. Je la plaignais, mais je la soupçonnais d'être ravie de ce symptôme.

— Ça va ? lui ai-je demandé.

— Oui.

Elle m'a souri. Puis a vomi.

A mesure qu'on se rapprochait du but, la mer s'est calmée. Quand le ferry a ralenti pour entrer au port, passant devant la jetée où je m'étais un jour tenue avec Warren Tucker, Jamie se sentait assez bien pour se lever.

— Voilà maman.

J'ai aperçu Maura Jacobs, en longue robe de lin blanc. Elle portait un chapeau de toile mou et des lunettes de soleil et agitait la main avec frénésie. Nous lui avons fait signe en riant.

Nous avons empoigné nos bagages et nous sommes descendus les premiers du ferry. J'étais ravie de retrouver la terre ferme, ainsi que cette sensation familière que j'éprouvais à chaque retour à Block Island. Un sentiment de bien-être immédiat. Et ce malgré ma crainte sourde de m'imposer. Maura, qui m'a enveloppée de son étreinte chaleureuse, n'était pour rien dans cette crainte.

— Comment vas-tu, Voula ? Tu as l'air en pleine forme.

— Merci. Et merci pour le colis.

Après l'incendie, Maura m'avait envoyé un colis de petits cadeaux rigolos, contenant entre autres un pistolet à eau et un string orné d'une flamme sur le devant.

— Tu l'avais mérité, chérie. J'espère que tu es sortie avec un de ces beaux pompiers.

Je me demandais parfois si un homme homosexuel ne dormait pas au fond de Maura. Le seul mot qui me venait à l'esprit pour la décrire était *flamboyante.* Elle aimait les situations théâtrales, mais savait faire preuve de sérieux quand c'était nécessaire.

— J'y travaille, ai-je menti.

L'image de Torrisi muni de son sac à dos géant m'a traversé l'esprit.

— Comment s'est déroulée la traversée ? s'est enquise Maura après avoir embrassé tout le monde.

Une fois notre barda chargé dans la jeep, elle a lancé les clés de la voiture à Raj. Elle détestait conduire. Elle avait du mal à rester longtemps concentrée.

— Votre fille a été malade, a répondu Raj.

Maura s'est tournée vers Jamie, un sourcil haussé.

— Je ne suis pas encore sûre, maman, mais c'est peut-être ça.

Maura a poussé un petit cri et Jamie a ri.

— Nous n'avons pas encore fait de test, est intervenu Raj.

— Nous allons le faire ce soir, a ajouté Jamie, sur la défensive, alors que Raj s'était contenté de donner une précision.

— Tu as du retard, chérie ? a demandé Maura.

— Non, mais son minou a de la température, ai-je lancé pour faire rire Maura.

Elle a éclaté de rire en rejetant la tête en arrière, si bien que son grand chapeau est tombé sur mes genoux.

— Qu'est-ce que ça signifie ?

— Ma température basale, maman.

Jamie s'exprimait comme si tout le monde savait de quoi il s'agissait.

Peut-être que toute femme normale le savait. S'agissait-il d'une chose de plus que ma mère coincée et arriérée avait omis de me dire ?

— Jamie, chérie, de quoi diable parles-tu ? a demandé Maura, se retournant vers Jamie, me rassurant sans le savoir.

— Ma température... tu sais, pour déterminer mes périodes de fertilité.

Maura m'a regardée et j'ai haussé les épaules, selon une de nos vieilles habitudes.

— J'ai un thermomètre spécial.

Maura semblait vraiment surprise.

— Je n'ai jamais rien entendu de tel. Un thermomètre spécial ?

— Il est rose, est intervenu Raj.

— Rose ? ai-je répété en louchant sur Jamie.

— Ben oui. Pour déterminer la fertilité.

Etait-il soudain évident que tout ce qui concernait la fertilité devait être rose ? Dans quelle secte Jamie s'était-elle laissé embarquer ?

Juste à ce moment-là, nous sommes arrivés devant la maison. Comparée à d'autres maisons de l'île, elle ne payait pas de mine, mais pour moi, les quatre chambres, les trois salles de bains et la véranda constituaient un paradis.

— Ana et Crystal sont déjà arrivées. Ne dis rien,

Jamie, mais elles ont déjà réquisitionné la grande chambre d'amis. Raj et toi devrez dormir dans la chambre de secours.

Jamie a boudé un peu. On m'attribuait toujours la chambre d'amis comportant une banquette supplémentaire. Si quelqu'un voulait s'y entasser avec moi, c'était possible. Avant qu'Ana ne rencontre Crystal, c'est là qu'elle dormait.

— Et quand Mike arrivera-t-il ?

— Pour l'instant, il semble qu'il vienne en solo. Il prendra la chambre au sous-sol.

Maura m'a adressé un clin d'œil.

Jamie a souri. Vu son état, j'ai sorti ses bagages de la voiture et les ai montés en haut des marches. Crystal, Ana et M. Jacobs avaient pris place sous la véranda. Ils formaient un sacré tableau. A côté de la flamboyante Maura, son mari apparaissait comme un roc, solide et tranquille.

— Bonjour, ai-je dit en posant les sacs pour les embrasser.

— Des margaritas vous attendent dans le frigo, a dit M. Jacobs. Laissez les sacs. Je les monterai plus tard.

— Seulement de l'eau pour moi, a dit Jamie, d'un ton plein de sous-entendus.

Je ne savais pas si elle faisait bien d'avertir tout le monde dès maintenant. Mais elle n'a pas eu le temps d'approfondir. Crystal venait d'entendre M. Jacobs parler de la mer agitée.

— Agitée ! s'est exclamée Crystal. Parlez-moi de mer

agitée ! Nous avons pris le ferry Montauk ce matin. J'ai perdu au moins vingt kilos dans les toilettes.

Crystal était obsédée d'elle-même et n'hésitait pas à vous informer de faits que vous auriez préféré ignorer. Son allergie au blé constituait l'un des sujets sur lequel elle était capable de disserter à l'infini. Quand elle buvait, la longueur de ses discours augmentait. Or elle aimait boire et fumer. Heureusement que ni l'alcool ni les cigarettes ne contenaient du blé.

Je suis allée dans la cuisine pour servir les verres. Ana m'a suivie.

— Cet incendie a dû te donner un coup, hein ? a-t-elle dit quand nous sommes revenues sous la véranda.

— Oui, j'ai vraiment eu peur.

J'allais en dire plus, mais Crystal a entamé le long récit d'un incendie dans son dortoir lors de sa première année de fac. Nous avons écouté poliment. J'ai fini mon verre. Je serais bien retournée dans la cuisine me resservir, et échapper ainsi à la description des animaux en peluche carbonisés de Crystal, mais M. Jacobs s'était chargé du service. J'avalais ma seconde margarita (corsée) quand Jamie a réussi à placer un mot.

— Voula et moi devrions aller en ville. J'ai une course à faire au drugstore.

Un grand sourire aux lèvres, elle a promené le regard autour d'elle, attendant qu'Ana la questionne.

— Chérie, tu viens d'arriver. Laisse Voula déguster son verre.

J'aurais bien sauté au cou de M. Jacobs pour le remercier, mais Crystal l'avait déjà assez embarrassé.

— Nous devrions louer un vélo pour Voula.

Super, exactement ce dont j'avais envie : une balade à vélo, pompette ! Peuplée de buveurs impénitents, Block Island regorgeait de cyclistes tentant d'éviter les voitures qui roulaient à moins de dix kilomètres heure afin de les éviter *eux*. Je ne coupais jamais à au moins un trajet à vélo, afin de ne pas jouer les rabat-joie. Il fallait s'attendre à n'importe quel moment à ce que les Jacobs vous le proposent. D'habitude, je traînais à l'arrière, espérant que personne ne remarquerait que j'étais descendue de bicyclette et marchais, combattant le souvenir de Cristina. Elle s'était tuée en mobylette. Elle n'avait pas dû voir la voiture foncer sur elle. Depuis, les deux roues me terrorisaient. Dans les descentes, j'écrasais les freins, peu importe l'inclinaison de la pente. Je craignais, en accélérant, d'être incapable de m'arrêter.

— Il est presque 18 heures, chérie, a dit M. Jacobs. Le temps de chercher un vélo, le drugstore sera fermé.

— D'ailleurs, est-ce une bonne idée de faire du vélo ? ai-je insinué.

Si Jamie était enceinte, peut-être ne devrait-elle pas faire de vélo, qui sait ? J'aurais une chance d'y échapper.

— Que se passe-t-il ? a demandé Ana, suspicieuse.

Elle était toujours persuadée que tout le monde la tenait à l'écart. Elle avait besoin de se sentir intégrée.

— Rien, a répondu très vite Jamie. La traversée m'a donné mal au cœur.

Mike est arrivé le lendemain matin avec Maura, qui avait acheté un test de grossesse en allant le chercher au ferry. Il m'évoquait une pub Polo. Même s'il n'achetait jamais cette marque. Ses vêtements sortaient probablement de chez un obscur tailleur de Boston.

Comme sa grande sœur Jamie, Mike s'est révélé un adolescent très intelligent. Il avait été accepté à Stuyvesant, mais s'est inscrit à Bronx Science. Tout le monde le destinait à une carrière scientifique, médicale ou un truc de ce genre. C'était un matheux génial, mais à la sortie du lycée, il avait repoussé les bourses offertes par des écoles aussi prestigieuses que le MIT et Cooper Union et avait décidé de devenir designer de polices de caractères.

— Devenir quoi ? m'étais-je exclamée.

Mais Mike était réellement doué pour inventer de nouveaux dessins de lettres. Il avait été embauché par une boîte spécialisée et, deux ans plus tard, il s'était si bien débrouillé qu'il créait sa propre boîte.

Alors que l'individu moyen (moi y compris) ne comprenait rien à son métier, plusieurs directeurs artistiques triés sur le volet le prenaient pour un dieu. Son comportement, considéré comme socialement inepte et obsessionnel au lycée, était désormais perçu comme une excentricité branchée. Des enfants Jacobs, c'était le plus silencieux. Je me demandais s'il ne nous dédaignait pas un peu de ne pas le comprendre.

Mike et moi avons échangé de brèves salutations avant que Jamie ne m'entraîne dans la salle de bains pour le test de grossesse. J'ai feint la répulsion, mais j'étais intérieurement ravie d'être la première à découvrir si oui ou non elle attendait un bébé. Assise au bord de la baignoire, j'ai détourné le regard tandis qu'elle suivait les indications. J'avais l'impression d'avoir atterri dans une pub pour test de grossesse.

Quand Jamie a eu terminé de faire pipi, elle a posé le bâtonnet sur l'évier et a baissé le couvercle des toilettes pour s'asseoir dessus. Nous avons échangé un sourire.

— Comment ça va, là-dedans ? a crié Maura en tapant sur la porte de la salle de bains.

— Allez ! a crié Raj.

— Encore une minute, a répondu Jamie en souriant.

— Je vais être tatie ou quoi ? a crié Ana.

Elle avait interrogé Maura et obtenu toutes les informations désirées.

Puis Crystal s'en est mêlée.

— Un jour, j'ai cru avoir des Chlamydia, mais ce n'était qu'une mycose. C'était avant que je n'affirme mon homosexualité.

J'ai entendu Mike signaler qu'il y avait une autre salle de bains en bas.

J'ai paniqué. Jamie s'était trop investie trop tôt. Raj était la voix de la raison. Et si le résultat était négatif alors que nous étions tous réunis à attendre – Raj, moi, Maura ? J'ai eu un petit coup de cafard : la mère de Jamie était présente. Quel que soit le résultat, Jamie bénéficierait d'un tel soutien que tout irait bien.

— Le moment est venu, a dit Jamie.

Comme chaque fois qu'elle était nerveuse, son œil gauche clignait.

— Voula, je ne peux pas regarder. Tu peux toi ?

— D'accord.

J'ai soulevé le bâtonnet sur lequel ma meilleure amie venait de faire pipi. C'était ça l'amitié !

J'ai fixé le test et découvert sans surprise ce qu'il affichait. J'ai regardé Jamie : les mots étaient inutiles.

— Négatif, a-t-elle dit d'une voix douce et incrédule.

Elle m'a pris le bâtonnet des mains et a regardé elle-même.

J'ai agrippé son poignet.

— Je ne peux pas le croire.

— Je suis désolée, ai-je dit, stupide.

— Que se passe-t-il, là-dedans ? a demandé Maura, tapant de nouveau contre la porte.

— Je ne comprends pas, a dit Jamie.

Elle a réexaminé le bâtonnet, comme si elle espérait que le résultat avait changé.

— Ma température était élevée. Selon tout ce que j'ai lu, je devrais être…

Jamie avait toujours été très douée pour me convaincre que tout allait bien. Je voulais faire pour elle ce qu'elle avait fait pour moi.

— Nous allons sortir dans une minute, ai-je crié à travers la porte, à Raj et à sa famille qui espéraient encore.

Je lui ai ôté le test des mains et l'ai enfoui au fond de la poubelle.

Jamie ne me semblait pas en état de quitter la salle de bains. Je me suis assise dos à la porte et l'ai fixée.

— Quoi ?

— Rien. Je cherche les paroles de circonstance.

— Ah oui ? Et qu'as-tu trouvé ?

— « T'inquiète pas, ma fille, la prochaine fois tu les auras. » Ça va ?

L'espace d'une seconde, j'ai cru qu'elle allait se mettre à pleurer. Mais elle a ri. Et pas un de ses rires : « Oh, tu ne peux pas comprendre. » Non, un vrai rire. Un rire de Jamie.

8

Je suis rentrée chez moi tard lundi soir, après un week-end prolongé chez les Jacobs. J'adorais passer du temps avec eux, mais après trois jours de Trivial Pursuit, d'ivresse au soleil et de parcours à vélo hésitants, je me réjouissais de retrouver mon espace et mon rythme. L'idée de former une famille dysfonctionnelle enchantait les Jacobs. Ils arboraient leurs bizarreries comme un blason, qualifiaient Ana de parano et Mike de snob, mais adoraient ça. Appartenir au cercle fermé des Jacobs les ravissait. Ils me considéraient comme un membre de la famille, mais en leur présence, la conscience que c'était faux ne me quittait pas.

Quand je suis entrée, la musique était à fond. Mon salon hébergeait l'équipe cosmopolite du restaurant d'Armando. La vue du chef cuisinier s'affairant sur notre fourneau m'a fait sursauter. J'avais passé le week-end à éviter la proximité du barbecue. Le feu continuait de me terroriser.

— Voula ! s'est exclamé Armando.

Il s'est levé, projetant Nadia hors de ses genoux.

— Comé tu vas, *bella ?*

— Bien.

Tout le monde était vêtu avec soin. Me sentir déplacée dans mon propre appartement ne me plaisait guère.

— Vous faites la fête ?

— Si. Rien de grand, petit cinq à huit.

J'ai souri. Armando aux prises avec des expressions qu'il ne maîtrisait pas totalement m'amusait toujours beaucoup.

— Pino cuisine des pâtes. Tu dois boire du vin.

Avec Jamie, je n'avais fait que ça. Dès qu'elle avait eu la preuve qu'elle n'était pas enceinte, elle avait noyé son chagrin dans l'alcool.

— Je suis plutôt fatiguée.

— Oh. Comment était le week-end ?

— Super, merci.

J'ai souri à deux serveurs que je connaissais.

— Salut, tout le monde. Je vais aller travailler un peu dans ma chambre.

— D'accord, Voula, a dit Armando en m'escortant jusqu'à la porte de ma chambre.

Mon bureau sentait toujours la fumée. Je n'aimais pas y séjourner.

— C'est O.K. eux ici ?

— Bien sûr, Armando, pas de problème.

— Viens manger un peu quand tu finis.

— D'accord, merci. Si je ne tombe pas endormie avant.

Je suis entrée dans ma chambre et j'ai fermé la porte

derrière moi. Bénéficier d'un peu de calme était-il trop demander ? D'un peu de silence ? Peut-être la colocation ne me convenait-elle pas. Peut-être étais-je destinée à vivre dans une caverne.

Je me suis écroulée sur mon lit pour ôter mes sandales. Une pile de journaux trônait sur le bureau, surmontée d'un mot de Kelly.

« *Salut, Voula,*

Pas de boulot jusqu'à jeudi, alors je suis partie quelques jours dans les Hamptons. Me suis dit que tu aimerais lire le journal.

K. »

Sympa de sa part. J'ai culpabilisé de mes pensées anticolocs. Il fallait que je cesse de jouer ainsi les solitaires. Se montrer sociable impliquait vraiment de rencontrer d'autres personnes ? Bon, les rencontrer, d'accord. Mais pourquoi leurs faits et gestes devaient-ils affecter mon camp de base ? Je n'en voulais pas à Armando (D'accord, peut-être lui en voulais-je un peu), mais cette bêtise monstrueuse avec la bougie m'avait donné à réfléchir. Kelly paraissait super, mais combien de temps allait s'écouler avant que je ne doive revivre un vrai parcours du combattant à la recherche d'une nouvelle coloc ?

J'ai parcouru les pages mondaines du *New York Times*. Après avoir vérifié que personne de ma connaissance ne se mariait et lu en diagonale un article peu intéressant, je me suis saisie des pages En ville. Puis j'ai changé d'avis.

Je ne lisais jamais les pages Immobilier qui rejoignaient

directement la pile recyclage en compagnie des sections Sports et Automobiles. Pourquoi ne pas jeter un œil pour me faire une idée ? A New York, on ne plaisante pas avec l'immobilier, censé être un investissement de choix. J'étais curieuse. A mon âge, était-il même envisageable de chercher un appartement ?

Peut-être pourrais-je en tirer un article. Si moi je n'y connaissais rien, il était à parier que beaucoup de New-Yorkais non plus. La plupart des gens louent des appartements loin d'être parfaits et, tels des nomades, déménagent quand leur vie les y oblige. Et si au lieu de faire profiter de mon argent une agence anonyme qui tardait à réparer la fuite de la salle de bains, j'en profitais, moi ? Les emprunts immobiliers existaient, non ? J'ai noté cette idée dans mon calepin. Je voulais en savoir plus. On aurait dit une autre langue. Je n'avais jamais investi, ne connaissais rien aux placements boursiers, mais à la maternelle, j'avais ouvert un livret de caisse d'épargne. Je me souvenais encore de ma maîtresse qui m'expliquait que les personnes responsables plaçaient trente pour cent de leur salaire. Depuis, j'avais respecté cette règle.

J'ai ouvert le journal et étudié les points importants – à quel prix se vendaient des appartements bien situés et combien de temps ils restaient sur le marché. Un deux pièces avec portier et accès à une terrasse s'était vendu pour la somme absurde de 899 000 $. Un trois pièces à Brooklyn, mis sur le marché quatre semaines plus tôt à 455 000 $, était proposé maintenant à

425 000 $. Je possédais 28 000 $ d'économies, et je savais disposer, quelque part, de 7 000 $ de titres offerts par de la famille éloignée depuis ma naissance. Ces appartements n'étaient pas dans mes prix, mais si j'écrivais un article, autant découvrir à quoi ces apparts hors de prix ressemblaient.

Mais pensais-je seulement à l'article ? Je me piquais au jeu. Je suis passée aux petits annonces du jour. Si j'avais appris une chose en cherchant un appartement à louer, quand je suis partie de chez ma mère, c'était qu'il fallait délimiter un quartier. West Village, où vivait Jamie, était idéal, mais trop cher. Chelsea devenait très populaire, mais l'appartement que j'avais trouvé dans le quartier appartenant encore à l'époque à Midtown (devenu maintenant Chelsea Heights) était moins cher.

Ce quartier, comme Chelsea, me plaisait. Je ne tenais pas à quitter la zone de l'indicatif téléphonique 212. J'aimais dire aux éditeurs en chef que je vivais au cœur de New York. Cela me consacrait comme experte de l'humeur new-yorkaise.

J'ai décidé de visiter plusieurs appartements. Certains pour me documenter au sujet d'un article, d'autres pour de bon. J'en ai trouvé un à 250 000 $. Et si j'obtenais un emprunt ? Comment fonctionnaient les emprunts immobiliers ? J'avais raté une journée porte ouverte de cet appartement, mais une autre était programmée jeudi soir. J'étais sur un coup immobilier. Et en mission boulot. (Enfin une fois vendue mon idée d'article.) J'allais découvrir un nouvel univers.

Je suis arrivée sur la 20e Rue Ouest à 20 heures. L'immeuble se situait à l'ouest de la Huitième Avenue, où les bâtiments sont bien plus beaux que ceux situés à l'est. Plusieurs personnes arpentaient l'espace réduit, composé d'une petite cuisine, d'un petit salon carré et de ce que j'ai supposé être, derrière la porte fermée, une chambre. Au milieu de la pièce se tenait une blonde d'allure très classe, les mains croisées derrière le dos, comme Art Garfunkel. Elle m'a tendu la main.

— Daria Hayes-Gelsimino, agent de vente senior pour Corcoran.

— Voula Pavlopoulos.

Elle a cillé en souriant. Le genre de femme qui s'animait dès qu'il s'agissait de gagner de l'argent. Dans une minute, elle aurait oublié mon nom.

— Signez ici, s'il vous plaît.

Etalée sur la table basse qu'elle me désignait, une feuille de papier blanc exigeait de moi toutes sortes de renseignements, ainsi que le nom de mon intermédiaire.

— Euh, je n'ai pas d'intermédiaire.

Le sourire de Daria s'est encore élargi, mais aux regards des autres visiteurs, j'ai compris que je me comportais en amateur.

— Tant mieux pour moi, a déclaré Daria.

J'ignorais ce qu'elle voulait dire.

— Inscrivez seulement votre nom.

J'ai obéi. Un court instant, j'ai imaginé donner un faux nom, puis je me suis souvenue que je venais de me présenter. Et puis je soupçonnais cet appart d'être dans mes prix. Sur la table basse gisait une pile de plans de l'appartement accompagnés de quelques chiffres.

— Je peux en prendre un ?

— Bien sûr.

Je n'étais pas certaine d'avoir saisi le protocole. Devais-je étudier le plan tout de suite ou m'y référer plus tard ? Personne ne lisait sa feuille. Je ne savais pas trop ce que regardaient les autres.

Dans la salle de bains, un couple inspectait l'intérieur d'une armoire à pharmacie. On tenait à peine à deux, encore moins à trois.

— L'eau chaude et l'eau froide sont inversées, m'a avertie la femme.

— Oh.

Le couple s'est glissé devant moi pour regagner la pièce principale. Je suis restée comme une cruche dans la minuscule salle de bains. J'avais envie de faire pipi, mais cela ne semblait pas de mise. Un soupçon m'a effleurée. Et si l'appartement plaisait à ce couple qui essayait de me décourager ? J'ai ouvert les robinets d'eau chaude et d'eau froide. Effectivement, ils étaient inversés.

J'ai regagné le salon, orné d'une cheminée portant quelques bougies. L'annonce mentionnait une fausse cheminée, comme un plus, ce que j'avais du mal à comprendre.

— Les animaux de compagnie sont-ils acceptés ? a demandé une femme en veste jaune vif.

— S'ils reçoivent l'aval des copropriétaires, a répondu Garfunkel.

Est-ce que l'animal doit passer un entretien ? ai-je failli demander.

Mais je ne voulais pas trahir ma condition de néophyte.

Deux personnes que j'avais prises pour un couple se sont révélées être une intermédiaire et son client. Lui semblait plutôt coincé, mais peut-être ce genre d'endroit était-il un bon plan pour rencontrer des hommes ? Ce détail donnerait à mon article une dimension supplémentaire. Enfin, pour cela il faudrait que je sois capable d'aborder des inconnus en visitant des apparts à vendre.

— La cuisine est vraiment petite, a fait remarquer l'homme.

— Je sais, mais on peut en tirer quelque chose, a répliqué l'intermédiaire.

J'ai cru la voir faire un clin d'œil à Garfunkel.

— L'appartement est dans vos prix, a-t-elle ajouté.

— Dans cet espace, est intervenue Garfunkel, je tournerais le frigo.

— Tout à fait, c'est une option très créative, a renchéri l'intermédiaire.

— Excusez-moi. Tourner le frigo ? Ça veut dire quoi ? a demandé le type coincé.

J'étais contente qu'il pose la question. Moi non plus je ne comprenais pas.

— J'en ai déjà vu des exemples. Vous faites légèrement dépasser le frigo de la cuisine.

— Et vous le placez face au salon.

Les intermédiaires se donnaient la réplique maintenant. Il s'agissait d'un coup monté ou quoi ?

— Vous libéreriez un bel espace dans la cuisine.

— Oui, a répondu le type coincé. Et j'aurais un frigo dans mon salon.

Il n'avait pas tort.

Garfunkel a affiché une mine déconfite. L'intermédiaire a semblé déclarer forfait. Ils ont pris congé et quitté les lieux.

— Parfois, il faut savoir être visionnaire, a déclaré Garfunkel.

— Oui.

Je n'étais pas sûre d'être visionnaire.

J'ai visité la chambre. Certaines personnes ont un faible pour les photos de bébés déguisés en fleurs ou accrochés en haut d'un arbre. Ces personnes habitaient ici. J'ai souri aux deux femmes déjà présentes dans la pièce.

— Peu de lumière, a dit l'une.

— Je sais, a répondu son amie.

Moi je ne savais pas. Il était plus de 20 heures. Le ciel plongeait dans le crépuscule. Comment deviner la clarté durant la journée ? Je devais tirer quelque chose de cette expérience. A mes yeux, cet appartement n'était pas aussi atroce que le pensaient les autres visiteurs. Mais peut-être la nouveauté et l'excitation m'aveuglaient-elles.

— Comment le savez-vous ? ai-je demandé.

Elles m'ont regardée sans comprendre.

— Pour la lumière. Comment savez-vous qu'il y en a peu ?

— Eh bien, l'appartement est orienté au nord.

J'ai hoché la tête, toujours perdue mais n'osant insister. Voilà pourquoi même si j'écris des articles, je ne me considère pas comme une vraie journaliste.

— Plein sud, a expliqué celle que je soupçonnais être l'acheteuse potentielle, est la condition pour jouir de la meilleure luminosité.

— Oh, me suis-je exclamée, avouant mon ignorance. Je comprends.

Nous avons fait de notre mieux pour circuler. Elles se sont écrasées contre le lit et j'ai pu examiner la vue. On voyait l'Empire State Building, difficilement, alors que l'annonce mentionnait « Vue (ou même panorama ?) sur l'Empire State Building ». Je ne me souvenais plus du terme alléchant employé. Le bâtiment était sympa, mais même s'il me plaisait, « vue » ne me paraissait pas le mot adéquat.

J'ai regagné le salon pour prendre congé de Garfunkel. Quelle était l'expression consacrée ? « On s'appelle » ? Non, ça faisait trop coup d'un soir. « Super appart, dommage qu'il soit décoré de bizarres photos de bébés. »

Je me suis décidée pour « merci ».

— De rien, prenez ma carte au cas où vous seriez intéressée.

— Super, ai-je répondu avec peut-être un peu trop d'empressement.

Mais je l'ai prise.

Je suis sortie dans la rue, bouleversée. Il s'agissait d'un appartement tout bête, mais je n'avais aucune idée des questions à poser ou des détails à vérifier. L'idée de dépenser une somme faramineuse en en sachant si peu était effrayante.

Si seulement Jamie avait acheté un appart. Pourquoi, ça aussi, ne l'avait-elle pas fait avant moi ? Elle allait faire un bébé qui aurait besoin d'un endroit bien à lui, non ?

Je connaissais quelqu'un qui avait acheté son propre appartement. L'esthéticienne qui m'épilait, Diane. J'ai décidé que mes sourcils devenaient trop touffus et j'ai pris rendez-vous pour la semaine suivante. Si quelqu'un pouvait me renseigner, c'était elle.

J'ai également décidé de proposer le sujet à un large éventail d'éditeurs. J'ai consulté mon agenda. Demain, je devais travailler sur un article concernant les lampes anciennes pour un magazine de compagnie aérienne. Je détestais certaines de leurs commandes, mais ils payaient vraiment bien. Si je voulais être apte à payer la somme exigée comme apport pour l'achat d'un bien immobilier, j'avais intérêt à accepter toutes les commandes qu'on me proposait. Les mendiants ne font pas la fine bouche, et les jeunes aspirantes magnat de l'immobilier non plus.

Vendredi soir, Jamie m'a invitée à dîner. Comme Raj travaillait tard, je savais que nous ne serions que toutes les deux. Inutile de me soucier de mon apparence pour je ne sais quel type avec qui elle aurait voulu me caser. Mince. Si je voulais ressortir un jour avec un mec et épiler autre chose que mes sourcils, il fallait que je change d'état d'esprit.

Jamie m'a accueillie à la porte avec un verre de vin, en jean et pieds nus. Personne de ma connaissance ne savait mieux se mettre en valeur que Jamie. Mais sans maquillage, elle paraissait cinq ans de moins. Elle a empêché son chien, Sparky, un Westie qui aboyait toujours trop de sortir dans le couloir.

— Tu picoles de nouveau ? ai-je demandé en l'embrassant.

J'ai laissé Sparky me sauter dessus.

— Sparky, bas les pattes ! a crié en vain Jamie. J'ai besoin d'un remontant. Mes règles viennent de débarquer. Raj travaille sur le casting final. Je suis sûre de ne m'adonner à aucune tentative de conception ce week-end.

— Comme je l'ai toujours dit, picoler provoque souvent une grossesse… Et le boulot ?

— Horrible. Une semaine de quatre jours est synonyme de journées à rallonge, a-t-elle gémi en secouant la tête.

C'est pourquoi travailler chez moi me plaisait. Jamie croyait que je ne travaillais pas vraiment. J'avoue que je consacrais pas mal de temps à flemmarder, mais quand je devais tenir une date de remise, j'assurais.

— As-tu quitté ton pyjama cette semaine ?

— Trois fois, ai-je répondu en riant. Ça sent bon ici.

— Merci, j'ai cuisiné des lasagnes au fromage.

— Super, je prends un verre de vin. Quelle critique foudroyante a émise ta mère sur le week-end ?

Je me demandais si Maura laissait croire à chacun de ses enfants qu'il était son préféré, si elle tenait à Mike et Ana le même genre de propos sur Jamie qu'elle nous tenait à nous sur eux. Que disait-elle de moi ?

— Comme d'habitude. Elle se demande d'où sort Mike. Il avait l'air horrifié en jouant au Trivial Pursuit, non ?

— Il aime donner l'impression qu'il a mieux à faire.

— C'est comme lorsqu'il devient fou parce que je ne comprends pas l'empâtage des lettres. Et alors ? Je ne lui demande pas de tester du maquillage.

— Je crois qu'on dit empâtement. Je le sais parce qu'il m'arrive de l'écouter.

— Fayote ! a rétorqué Jamie en me tirant la langue.

Et Crystal... Seigneur. Elle, je ne peux pas, je ne peux vraiment pas.

Plus tard en dînant, Jamie m'a appris que Warren Tucker avait été sélectionné.

— Il assistera à la fête, tu le verras. Peut-être deviendra-t-il *ton* Mari... qui se marie. Block Island n'a éveillé aucun souvenir ?

Je me suis abstenue de lui avouer que Block Island éveillait chaque fois des souvenirs. J'avais passé environ trente heures en tête à tête avec Warren Tucker et je pouvais répéter chaque parole échangée avec lui. En fait, j'étais capable, sur commande, de me transporter dans le temps jusqu'à ce moment sur la jetée. Je soupçonnais que c'était pour cette raison que personne d'autre n'avait jamais compté pour moi et qu'aucun rendez-vous arrangé n'avait jamais fonctionné. Mes souvenirs avec Warren Tucker étaient trop beaux.

— Non, ai-je répondu.

J'ai soufflé sur les lasagnes déjà refroidies.

— Que penses-tu de sa coupe de cheveux ?

J'ai haussé les épaules.

— Voula, tu as regardé la cassette au moins ? Elle est en ta possession depuis des semaines.

— Tu te souviens qu'il y a eu un incendie ?

— Oui.

Elle s'agaçait. A moins que le manque d'alcool n'ait abaissé son seuil de tolérance.

— Ton magnétoscope n'a pas brûlé, que je sache.

— Je dois changer tous les branchements chaque

fois que je passe du magnétoscope au DVD. Je n'ai pas eu le temps.

— Ah bon, à quoi as-tu été occupée ?

Je ne voulais plus parler de Warren Tucker. Je refusais d'en apprendre davantage, sur lui comme sur sa coupe de cheveux. J'avais tant rêvé de lui, je ne voulais pas visionner la cassette et le voir tel qu'il était, réaliser que j'avais perdu mon temps en le comparant à tous ceux avec qui Jamie avait tenté de me caser. Je refusais de découvrir que Warren Tucker ne valait pas les pensées que je lui avais sacrifiées. Mais inutile d'expliquer tout ça à Jamie, elle ne me croirait jamais.

— J'ai visité des appartements, ai-je dit.

J'espérais qu'une bombe de cet ordre équivaudrait à son « on essaie ». Il était temps que j'annonce autre chose que des désastres domestiques. J'ai vu se répercuter le choc sur son teint sans défaut. J'ai tenté encore plus sensationnel.

— Je me suis lancée dans les transactions immobilières.

Nous avons toutes deux explosé de rire.

— Incroyable, a-t-elle dit en se resservant des lasagnes.

Son regard a parcouru son foyer et j'ai décelé un soupçon d'envie sur son visage. Quand Raj et elle s'étaient fiancés, ils avaient envisagé de quitter l'appartement à loyer modéré de Raj dans West Village. Ils avaient visité plusieurs lieux, mais leurs jobs les absorbaient trop. Jamie m'avait dit qu'ils reportaient leur projet au moment où ils quitteraient New York.

— C'est une grande nouvelle. Tu vas devenir propriétaire ? Tu possèdes l'apport initial ?

— Je ne sais pas. Je commence seulement mes recherches. Mais j'ai des économies.

— Tu devrais en parler avec Alice.

— Pourquoi ?

Pourquoi devrais-je parler à une jumelle Olsen ? J'avais eu ma dose de récits concernant leurs existences parfaites lorsque Jamie allait à la fac avec elles.

— Voula, tu écoutes parfois ce qu'on te dit ? Alice est spécialiste en prêts immobiliers.

— C'est vrai. Je me rappelais seulement que son métier avait un rapport avec l'argent.

J'avais tendance à faire la sourde oreille quand les propos des gens semblaient inutilisables dans un article, je l'avoue.

— Elle t'aiderait à comprendre le fonctionnement du marché.

Demander un service à quelqu'un dont je me moquais si souvent me gênait. Et puis je n'avais aucune envie qu'elle commente auprès de Jamie mon degré de responsabilité, ou d'irresponsabilité financière.

Jamie a empoigné le téléphone sans fil.

— Appelons-la tout de suite.

— Jamie, non, je l'appellerai quand j'en saurai davantage sur ce que je cherche.

— Au contraire, ainsi tu te décideras. C'est super.

— C'est vendredi soir. Je ne crois pas qu'elle ait envie de parler de mes problèmes.

— Elle est mariée. Que veux-tu qu'elle ait d'autre à faire ?

Jamie a composé le numéro.

Nous avions échangé nos rôles. A travers moi, c'était elle qui vivait dangereusement.

— Elle n'a pas une maison de campagne ?

— Voula, tu confonds avec Morgan. Il s'agit de deux personnes différentes, tu sais. Alice ? Salut, c'est moi. Je voulais te demander… Quoi ?… Pourquoi ?… Oh vraiment ? Quoi ! Ouah ! Je ne savais même pas que vous… C'est génial. Quand ? Ouah ! C'est super.

Le visage de Jamie démentait ses paroles. Elle est passée de la cuisine au salon. J'ai hésité à la suivre. J'ai grignoté ma salade en fixant la pendule. Environ dix minutes plus tard, Jamie a réapparu. Ses yeux étaient rouges comme si elle avait pleuré.

— Qu'est-ce qui ne va pas ?

— Rien. C'est idiot.

— Quoi ?

Elle a soupiré et a pris sa tête entre ses mains.

— Je devrais être heureuse, mais…

— Que se passe-t-il ?

Alice se montrait parfois un peu sévère, mais je ne croyais pas que Jamie s'en soit jamais aperçue.

— Alice est enceinte.

Tout le monde était à fond dans ce truc de bébé ou quoi ?

— Je sais, je devrais être heureuse pour elle, mais… Oh, je suis vraiment une amie atroce.

— Pourquoi ?

— Ils n'essayaient même pas. Elle a arrêté la pilule, tu sais, à cause des sautes d'humeur…

Ah, c'était l'excuse à la mode en ce moment ?

— … ils utilisaient des préservatifs. Un jour, en voyage, ils ont trop bu et elle ne s'est pas levée pour faire pipi après. D'après elle, c'est ce qui a causé la grossesse ! Ensuite, elle a eu du retard, mais elle n'y a pas prêté attention. Tu vois ce que je veux dire ? Comment a-t-elle pu ne pas y penser ?

— Jamie… Toi aussi, tu auras bientôt un bébé.

— Merci. Mais c'est dur. Peut-être que je m'y prends mal.

— Peut-être es-tu un peu trop stressée sur le sujet.

— Nous essayons depuis bientôt huit mois.

— Justement. Tu as besoin de te détendre.

— Je sais. Mais j'ai l'impression d'être nulle. Pourquoi les autres réussissent-elles si facilement ?

J'avais si souvent éprouvé ce sentiment dans ma vie. Mais jamais je n'aurais imaginé entendre Jamie exprimer la même chose.

9

— Le problème, quand on veut acheter un appart à Manhattan, c'est que quel que soit le prix demandé, quelqu'un le paiera, m'a déclaré Diane avec son fort accent de Staten Island, tout en se penchant sur mon visage pour arracher les poils sous mon sourcil gauche.

Diane s'y connaissait en coût excessif. Toutes les six semaines, je payais quarante dollars (cinquante avec le pourboire) pour épiler mes sourcils. Il s'agissait d'un prix d'ami, parce que je l'avais recommandée à Jamie, qui l'avait recommandée à ses collègues et à ceux de Raj. Maintenant une armée de maquilleurs, producteurs télé et stars de télé-réalité de troisième zone payaient le triple de ce que je payais pour obtenir des sourcils arqués à la perfection. Diane, tout comme moi, croyait à l'utilité des réseaux. Elle m'avait recommandée à des responsables de rubrique beauté, connus grâce aux amis des collègues de Jamie, qui m'avaient recommandée aux autres responsables de rubrique. Tout ce petit monde était ravi de se connaître.

J'avais de la chance de bénéficier de ce tarif car, quel

qu'en soit le prix, j'aurais continué de confier mes sourcils à Diane. Je me maquillais peu. Si j'avais rendez-vous avec un responsable de rubrique, j'appliquais un peu de brillant à lèvres. Mais dès que Diane avait dessiné mes sourcils, je me sentais séduisante, plus soignée, sexy presque. Elle avait entrepris de m'expliquer le B. A. BA de l'immobilier. Autant l'écouter.

Apparemment, à New York, la plupart des appartements exigeaient un apport initial de vingt pour cent. D'après elle, on pouvait s'en tirer à moins, mais dans ce cas les intérêts augmentaient. Beaucoup d'endroits étaient impossibles à visiter sans produire une lettre de pré-acceptation d'un organisme de crédit, or ces mêmes organismes désirent tout connaître de l'appartement que vous allez acheter avant d'étudier votre cas. Diane s'était fait souffler le premier appart pour lequel elle avait fait une offre au bénéfice de quelqu'un qui payait en liquide.

Incroyable, non ?

Elle a arraché la cire, puis s'est armée de sa pince à épiler pour arracher les poils minuscules qui avaient résisté à la cire. Le moment le moins plaisant.

— Non, ai-je grimacé.

— Commence par déterminer ton budget maximum. Et visite des endroits bien en dessous de cette somme, au cas où les enchères montent. Beaucoup des appartements… Ça va ? m'a-t-elle demandé en remarquant que j'agrippais le fauteuil à deux mains.

J'ai fait oui de la tête. J'avais envie qu'elle se dépêche et qu'on en finisse.

— Prenons un appart proposé à 299 000 $ ou 349 000 $. Tu vois ce que je veux dire ? On procède ainsi pour ne pas effrayer les gens qui pensent que 300 ou 350 dépasserait leur budget.

— Mmoui, ai-je marmonné, toujours stoïque.

Ça dépassait le mien, c'était certain, mais ses paroles étaient pleines de bon sens.

— Si quelqu'un fait monter les enchères…

Elle avait appliqué une nouvelle couche de cire qu'elle a arrachée avec force pour souligner ses paroles. Un peu trop de force à mon goût.

— … tu ne peux pas suivre.

— Ce serait ennuyeux.

— Oui, tant que tu n'as pas acheté un appartement, tu n'imagines pas à quel point les gens peuvent être bêtes. Tu verras.

J'avais hâte de voir, même si tout cela m'effrayait un peu.

— Tu devrais écrire un article sur le sujet.

— C'est probablement ce que je vais faire.

Les gens ne cessaient de me conseiller des idées d'articles. Quand ils apprenaient mon métier, ils se persuadaient que tout ce qui leur arrivait ferait un bon sujet. Parfois, ils avaient raison. Mais la plupart du temps je répondais d'un sourire. S'il s'agissait d'une bonne idée, je l'avais en général déjà proposée.

— Voilà, mon chou.

Elle m'a tendu le miroir afin que j'examine son œuvre. J'ai souri devant mon reflet. Durant les six semaines entre deux rendez-vous, je tentais d'éclaircir mes sourcils à la pince à épiler, mais seule Diane possédait le don magique.

— Superbe. Comment fais-tu ? Tu es une véritable artiste.

— Merci, mon petit.

Je lui ai tendu l'enveloppe contenant l'argent.

— Ecoute, je vais te donner le nom de la nana qui m'a aidée. Elle t'aidera à trouver un endroit. J'ai sa carte ici.

— Je pensais plutôt chercher vers West Village/Chelsea.

Diane avait conservé l'accent et le goût pour les petits noms affectueux de Staten Island, mais avait déménagé depuis longtemps pour l'Upper West Side.

— Ils vendent tous les mêmes apparts. Certains cherchent parfois à te refiler ceux dont ils ont l'exclusivité afin de ne pas partager la commission, mais cette fille est bien. Sauf que c'est une vraie pipelette. Dis-lui que tu viens de ma part.

A peine arrivée chez moi, j'ai sorti sa carte. Maureen Soltero, Agent Immobilier senior. Ce devait être bon signe. Je l'ai appelée et lui ai laissé un message, lui proposant de se rencontrer afin de discuter des appartements en vente. Avant de me torturer l'esprit avec les crédits immobiliers et la somme dont je disposais, autant me renseigner sur ce qui était disponible.

J'ai écouté mes messages. J'avais raté un appel d'Eve Vitali, une responsable de rubrique du magazine *On the Verge magazine*. J'avais hâte de lui soumettre mon idée d'article concernant les grossesses de vos copines, mais pour l'instant Jamie n'était toujours pas enceinte. Mais Eve et moi ne cessions de jouer à cache-cache au téléphone. Je savais qu'elle aimait mes articles mais était débordée.

Niveau boulot, j'assurais. Je gagnais ma vie. *Financial Woman* avait aimé mon idée concernant l'immobilier à New York. Ce magazine plutôt coincé cherchait à toucher un public plus jeune. Par chance, le rédacteur en chef était un gros bonhomme qui m'aurait crue si je lui avais assuré que les femmes de mon âge adoraient se faire arracher les ongles. Les éditeurs avaient tendance à ne pas correspondre à leur lectorat, mais ça m'arrangeait.

J'ai rappelé le rédacteur en chef coincé et lui ai vendu ma marchandise. Il m'en a commandé une série, dès que j'en aurais fini avec la précédente concernant les assurances automobiles. Je considérais cet article comme un record personnel car je ne possédais pas de voiture et avais dû conduire en tout et pour tout cinq fois dans ma vie, les cinq fois à Block Island. Je ne m'étais même jamais donné la peine de passer le permis. Ayant grandi à New York, je me déplaçais partout en métro. En fait, l'article m'avait surtout obligée à courir un peu partout, à téléphoner au service des cartes grises et à diverses compagnies d'assurance. J'avais émaillé l'article de quelques accidents tragiques et sanglants pour faire saliver les lecteurs. Entre cet article et un autre pour le magazine de la compagnie aérienne dont l'éditeur me poursuivait au téléphone, j'ai été occupée quelques semaines.

J'avais réintégré mon bureau où je vaporisais sans cesse du désodorisant dans l'espoir d'en chasser l'odeur de brûlé. Je refusais toujours d'allumer une bougie. Et comme c'était l'été et qu'une chaleur digne d'un four régnait dans l'appartement, je ne cuisinais pas.

Diane avait raison au sujet de Maureen : elle était bavarde. Suite à notre première conversation, durant laquelle elle m'avait exposé ses difficultés à tomber enceinte – non, je le jure, je n'ai fait aucune allusion à mon intérêt pour la grossesse –, elle m'a appelée un jour sur deux.

Je terminais mes recherches sur les assurances automobiles et deux semaines se sont écoulées avant que je puisse lui fixer un rendez-vous. Dès ce moment, j'ai éprouvé la sensation d'avoir pris un ticket pour des montagnes russes dont il était impossible de descendre. En quatre semaines, j'ai visité cinquante appartements au bas mot. Des deux pièces bien au-dessus de mes moyens, mais je m'étais laissé persuader de les visiter parce qu'ils possédaient des cheminées. Des studios de la taille de placards à balai mais dotés d'équipements de cuisine hors de prix. J'ai découvert qu'un deux pièces « junior » consiste en un studio divisé par un mur de fortune ou une demi-cloison. Je me suis demandé si je parviendrais à dormir dans une mezzanine ou si je risquais de me rompre le cou en tombant de l'échelle pour aller aux toilettes au milieu de la nuit.

Maureen Soltero parlait sans interruption. Elle était telle que je l'avais imaginée. Elle portait un blazer avec de longs colliers de perles, des cheveux d'un rouge détonant, et parlait sans discontinuer de ses triplés tout en jasant sur leur nounou. Elle tenait des propos que je n'aurais tolérés de personne d'autre. Apprenant que je n'avais pas de petit ami, elle a suggéré que je préférais peut-être les femmes. Quand j'ai précisé que pour moi, l'espace était un critère important, elle s'est interrogée à voix haute sur la possibilité que je reste vieille fille. J'ai parfois failli lui donner le numéro de ma mère afin qu'elles se confortent mutuellement dans l'idée que j'étais un désastre ambulant.

Pourquoi, tout en m'imaginant en train de ranger mes courses dans les placards d'appartements situés aux quatre coins de la ville, tolérais-je le caquetage incessant de Maureen ? Facile : j'étais accro. Dès ma première visite, je m'étais prise au jeu. Et j'aimais ça. Je n'avais jamais été joueuse, mais dans chaque nouvel appartement, j'imaginais la vie que je pourrais y mener. Difficile de décider quel endroit me conviendrait le mieux. Trop de possibilités s'offraient à moi.

Chaque fois que je critiquais un détail, Maureen intervenait.

— Il faut être visionnaire.

Mais je n'étais pas visionnaire. Je ne me croyais pas capable de transformer un appartement et le rendre méconnaissable. Je voulais emménager dans un endroit qui me parle. On prétend que quand on rencontre l'homme de sa vie, on *sait*. Je voulais ressentir le même sentiment pour mon futur foyer.

— Je ne sais pas, ai-je répété encore et encore à Maureen.

— Je crois savoir qu'ils ont reçu une offre, disait-elle parfois, afin de me forcer à passer à l'action.

Ou encore :

— Un endroit comme celui-ci ne va pas rester en vente éternellement.

Le marché bougeait vite, c'était vrai. Le studio avec l'alcôve, sur la 18e Rue Ouest, est parti vite, pour 20 000 $ de plus que le prix demandé. Je ne l'aimais pas parce qu'il était dépourvu de placards. En revanche, le duplex sur Grove Street, super sympa mais pas pratique du tout, est resté sur le marché et est même descendu de 25 000 $. Je craignais qu'avec la chambre en sous-sol, il ne jouisse pas d'assez de lumière. J'avais l'impression d'être Boucle d'or.

Je ne savais pas ce que je cherchais, mais Maureen était persuadée de le savoir. Elle disait des trucs du style : « Vous avez une aversion pour les appartements en sous-sol », « Vous préférez les endroits avec des cheminées ou au moins de fausses cheminées », et ma phrase préférée : « Pour vous, une cuisine fonctionnelle suffit, vous êtes de celles qui aiment dîner à l'extérieur. » Je me suis demandé s'il s'agissait d'une nouvelle allusion à ma sexualité. Que quelqu'un se souvienne de ce qui me plaisait ou non m'épatait. Ce serait fantastique de connaître quelqu'un comme Maureen pour chaque aspect de ma vie. Quelqu'un dont le job consisterait à m'écouter, analyser mes paroles, puis me renseigner sur mes désirs. Un jour, tout en dépliant une armoire-lit poussiéreuse dans un minuscule appartement, j'en avais parlé à Maureen.

— Ça s'appelle un psy, mon petit, m'avait-elle répondu.

Dans ces moments-là, je me demandais si je paraissais aussi bizarre aux autres qu'à moi-même. Maureen avait éternué et son éternuement avait résonné dans la pièce minuscule. Eclatant de rire, nous étions parties visiter l'appartement suivant.

Par miracle, un courtier en emprunt immobilier m'a accordé une pré-acceptation pour un prêt de 250 000 $. Mais si j'achetais un logement de ce montant, je devrais payer le PMI, un truc obligatoire quand votre apport représentait moins de vingt pour cent, même si j'avais visité l'un de rares endroits où on ne vous demandait que quinze pour cent.

Parfois je me sentais dépassée, mais ce projet me plaisait. Annoncer à Jamie que je me lançais dans l'immobilier m'avait fait plaisir. Elle était très prise au boulot et nous trouvions à peine le temps de nous parler, mais je parvenais encore à la faire rire. Raj et elle n'avaient pas encore « réussi » et la voix de Jamie faiblissait.

Le temps que je visite tous les deux pièces et studios de la ville, l'été était passé. Fin juillet, sept semaines après mon dernier rendez-vous chez Diane, mes sourcils étaient dans un état lamentable. J'ai enduré ses reproches, avant de l'informer de mes aventures en compagnie de Maureen. Elle a poussé des cris aigus en apprenant l'existence des triplés. Elle venait d'appliquer la cire qui commençait à durcir. J'ai prié pour qu'elle ne l'oublie pas.

— Alors comme ça, elle a fini par faire une FIV. Ouah ! Quelle nouvelle.

— Oui.

J'ai agité la main en direction de mes sourcils afin de lui rafraîchir la mémoire, mais Diane était encore sous le coup du résultat de la grossesse de Maureen.

— Tu imagines : tu veux un enfant et tu en récoltes trois ? Que faire ?

Son accent était si prononcé que j'entendais presque le bruit du ferry de Staten Island.

— Hmm.

Il était vraiment temps d'arracher cette bande de cire. Diane a baissé le regard sur mes sourcils.

— Oh !

Je n'aime pas entendre ce genre d'exclamation dans la bouche de mon esthéticienne. Diane a arraché la bande de cire en un geste plus douloureux que jamais.

— Pardon.

— Ce n'est pas rien, ai-je menti.

Mes sourcils palpitaient un peu.

Je suis sortie de chez Diane quelques minutes plus tard, minutes qui m'avaient paru durer des heures. J'ai sorti mon poudrier. La peau sous l'un de mes sourcils était rouge vif. Pourquoi, dès qu'on évoquait grossesse, bébés et tout ce fatras, les femmes adultes perdaient-elles la raison ? Cela me dépassait.

Comme si les oreilles de Jamie avaient sifflé, le numéro de son boulot est apparu sur mon portable.

— Salut.

— Salut. Qu'est-ce que tu fais ?

— Je viens de me faire épiler les sourcils. Diane m'a littéralement écorchée vive.

— Beurk. Mais c'est super que tu sois dans le quartier. Tu veux me retrouver dans Central Park ? Raj a travaillé toute la nuit dernière et est en congé aujourd'hui. Il joue au foot dans le parc et j'ai envie de ficher le camp d'ici et de profiter pour une fois d'une soirée d'été. Tu viens regarder le match avec moi ?

— Bien sûr.

Puis j'ai hésité.

— Tu ne… Il ne s'agit pas d'un coup monté, n'est-ce pas ? Je ne vais pas me trouver nez à nez avec un type que tu trouves parfait pour moi ?

— Rassure-toi. Présenter des hommes à une femme aussi positive que toi est bien trop difficile.

— Alors cesse de t'inquiéter. Je suis ravie d'être seule.

Ce qui était la vérité. A peu de chose près.

— … D'ailleurs, ne trouves-tu pas mon cynisme et ma négativité rafraîchissants ?

— Malheureusement oui, a avoué Jamie. Seulement ça ne te rend pas facile à caser.

— N'essaie pas. Je ne suis pas une candidate des émissions de Raj. Qui d'autre sera présent ?

— Je l'ignore, je te le jure. Je sais que deux des producteurs associés viennent. L'un est gay, l'autre est fiancé, alors décompresse.

Le ton de Jamie trahissait son agacement.

— … J'ai envie de te voir, c'est tout. Ce n'est pas un coup monté. Juste moi et un truc à manger. J'ai appris la leçon, crois-moi.

La dernière fois que Jamie m'avait présenté quelqu'un, cela avait tourné au désastre. J'étais arrivée chez elle en croyant qu'il s'agissait d'un banal dîner, prête à rire du moindre propos des jumelles Olsen. Mais au cours de la soirée, le frère du collègue de Jamie, mon soupirant potentiel, avait trouvé du plus haut comique d'émettre de bruyants grognements pendant son séjour aux toilettes, juste à côté de la cuisine.

— D'accord, je te retrouve là-bas.

— Ne te force pas, a-t-elle dit avant de raccrocher.

Finira-t-elle un jour par en avoir assez de moi ?

Une demi-heure plus tard, je suis arrivée sur le terrain de foot aménagé sur la grande pelouse. Assise dans l'herbe sur une vieille couverture, Jamie applaudissait en compagnie d'une autre fille. J'ai suivi son regard. Raj jouait avec un groupe d'autres mecs.

— Salut.

— Hello, Voula. Voici Jackie Bynum, la fiancée de Troy.

Elle a désigné le terrain où Raj exécutait quelques jeux de jambes élaborés.

— Enchantée, ai-je dit en lui serrant la main. Voula.

J'ai fait glisser mes sandales avant de m'asseoir sur la couverture. J'aurais dû m'offrir une pédicure. Mon vernis à ongles s'écaillait.

— Fais voir les dégâts, a dit Jamie avec un geste vers mes yeux.

J'ai ôté mes lunettes de soleil.

— Ce n'est pas si horrible, a-t-elle déclaré d'une voix égale.

Elle mentait pour m'éviter de me sentir mal à l'aise.

— Heureusement que ça ne s'est pas produit à un autre endroit, a dit Jackie d'un air entendu.

— Oui, je sais.

J'ai ri et j'ai lancé un sac en plastique à Jamie.

— Des esquimaux. Jackie devrait manger celui de Raj avant qu'il ne fonde.

— Comme c'est gentil ! s'est exclamée Jackie.

Gentil était un adjectif qu'on m'attribuait rarement. Nous avons dégusté nos esquimaux. De temps en temps, Jamie applaudissait Raj à tout rompre.

— Je ne comprends rien à ce jeu, a avoué Jackie.

— Les Américains n'en raffolent pas, ai-je expliqué. Mon père et mes oncles si, alors j'ai grandi avec.

— Tu es indienne toi aussi ?

J'ai supposé que le « toi aussi » faisait référence à Raj.

— Non, chypriote. Chypre est une île de la Méditerranée.

— Bien sûr, ça explique ton nom grec.

C'était sympa de ne pas avoir à expliquer mes origines.

— Quand les mecs en auront fini, nous commanderons une pizza, a proposé Jamie. Flûte, on aurait dû apporter du vin, je n'ai que du soda. Tu en veux, Voula ?

J'ai pris une bouteille et j'ai reporté mon attention sur le match. Cela me rappelait mon père. Chez nous, les soirées consacrées à suivre des matchs de foot étaient en général de bons moments. Nous avions le droit de rester éveillées très tard. Si l'équipe soutenue par mon père gagnait, cela le mettait de bonne humeur. Si elle ne gagnait pas, la présence de mon oncle l'empêchait de piquer une crise.

J'ai vu Raj foncer dans un de ses adversaires. Ils ont trébuché l'un sur l'autre et sont restés étendus une minute.

— Oh, *panayia mou.*

— Seigneur ! s'est écriée Jamie en se levant.

— Ouah, a dit Jackie, étonnée que le match réserve de telles surprises.

Raj s'est relevé et a adressé un signe à Jamie. Elle s'est rassise sur la couverture en souriant. Raj a tendu la main à son adversaire qui s'est levé. Il m'a paru familier. Large d'épaules, les cheveux châtains, la peau bronzée…

— Qui est-ce ? ai-je demandé à Jamie.

— Je ne sais pas. Il jouait déjà sur le terrain à notre arrivée.

— Il est mignon, a déclaré Jackie. J'adore ces épaules.

J'essayais de me rappeler où j'avais déjà vu ce visage. Le mec est sorti du terrain en boitillant et s'est approché. Il portait un short très large et un T-shirt d'un rouge fané. A quelques pas de nous, il a commencé à faire bouger sa jambe, tirant son short vers le haut afin de masser le muscle douloureux. Il semblait ne pas se soucier de notre présence et souffrir beaucoup.

Le spectacle ne déplaisait pas à Jackie.

— Ouah ! s'est-elle exclamée avant de lui lancer : Ça va ? Je suis infirmière.

Jamie l'avait présentée comme étant fiancée. Incroyable qu'elle drague pratiquement sous le nez de son mec ! Je me suis tournée vers Jamie qui hochait la tête en souriant. Jackie devait vraiment être infirmière.

— Ça va, a-t-il dit en levant les yeux. C'est une blessure ancienne.

— Si vous avez besoin d'aide, n'hésitez pas.

Infirmière ou pas, elle flirtait.

— D'accord, merci, jeunes dames, a-t-il flirté à son tour.

Il nous a souri, puis son regard a croisé le mien.

— Salut.

— Salut, ai-je répondu, désarçonnée que lui aussi me reconnaisse.

— Comment ça va?

Je sentais les regards de Jamie et Jackie peser sur moi.

— Ça va.

Ma voix devait trahir ma confusion.

Il a souri et son œil noisette m'a adressé un clin d'œil.

— 335 à l'ouest de la 32e Rue.

Mon adresse! A mes côtés, Jamie a étouffé un cri. J'ai plissé le regard, tentant de me souvenir de lui.

— J'ai éteint le feu chez vous.

— Oh.

Je me souvenais enfin.

— Eteindre le feu, ça doit le connaître, a murmuré Jackie.

Je me suis sentie rougir et j'ai regretté de ne pas avoir remis mes lunettes de soleil.

— Moi aussi je me souviens de vous. Vous êtes…

— Paul Torrisi.

J'avais élaboré des fantasmes sophistiqués impliquant cet homme, mais sans son équipement et son visage couvert de suie, jamais je n'aurais pu le reconnaître.

— Merci encore. Vous nous avez sauvés.

— Pas vraiment, a-t-il répondu.

Il continuait de se masser la cuisse. Je ne pouvais m'empêcher de le regarder.

— ... Vous étiez déjà dehors. Est-ce que l'appartement est O.K., maintenant ? C'est arrivé quand ? Il y a deux mois ?

— Trois environ. L'odeur a mis un moment à partir.

— Vous cuisinez de nouveau ?

J'en suis restée sans voix. Beaucoup devaient éprouver les mêmes craintes que moi, mais je n'en avais parlé à personne. C'était bizarre qu'un étranger connaisse un fait aussi personnel.

— Pas vraiment.

— Vous vous y remettrez bientôt.

Je me suis rappelé qu'il m'avait pressé l'épaule le jour de l'incendie et que cela m'avait apaisée.

Soudain, il a pressé l'endroit douloureux sur sa cuisse.

— Nous allons commander des pizzas, a dit Jamie. Pourquoi ne pas vous asseoir et en partager une avec nous ?

— Il faut soulager votre jambe de son poids, a ajouté Jackie, l'experte.

Elles œuvraient en tandem pour qu'il reste en ma compagnie. Moi, j'aurais sué sang et eau avant de trouver comment le retenir, mais elles parlaient aux hommes avec facilité.

Paul m'a regardée et a souri.

— Bonne idée. On me fait rarement des invitations aussi tentantes.

Jamie et Jackie se sont tassées sur la couverture. Jamie m'a agrippée par les épaules et a déplacé mon corps figé pour libérer de l'espace pour Paul, mais pas trop.

— Merci, a-t-il dit en s'asseyant.

Sa cuisse blessée était pressée directement contre la mienne. Malheureusement, il avait un point de vue parfait sur mes yeux rougis. Il m'a souri. Jamie s'est empressée de commander des pizzas en indiquant au livreur où nous trouver dans le parc.

— J'ai un coup de fil à passer, a dit Jackie en se levant (pour passer un coup de fil imaginaire ?).

Jamie occupée et Jackie partie, Paul n'eut d'autre choix que me parler. Comme il continuait de se frictionner la jambe, j'avais envie de lui proposer mon d'aide. Je me suis contentée de lui demander s'il allait bien.

— Oui. Je me comporte comme un gamin. C'est tout. Au fait, comment vous appelez-vous ?

— C'est vrai, ai-je répondu en riant, Voula.

— Voula, c'est joli.

Il a plissé les yeux.

— Italienne ?

— Non, ai-je répondu en grattant (pour le cacher) mon œil massacré. Je suis grecque.

— Ah, la Grèce. Voilà un endroit que j'aimerais visiter. Je n'ai jamais été plus près que Chypre.

Je me suis sentie idiote de ne pas m'être contentée de la simple vérité.

— En fait ma famille est originaire de Chypre. Pourquoi séjourniez-vous là-bas ?

— J'ai des cousins qui vivent en Italie. Ils passent leurs vacances à Chypre. Une fois, je suis parti avec eux. Vous y êtes déjà allée ?

— Oui, j'y allais presque tous les deux ans pendant mon enfance. Mon père y vit maintenant.

— Laissez-moi deviner... Vous avez grandi à Astoria ?

— Gagné.

— Une fille d'Astoria, a-t-il répété en souriant.

Les filles d'Astoria ont-elles une réputation particulière ? Dans ce cas, j'étais certaine de ne pas en être à la hauteur.

Il m'a de nouveau scrutée du regard.

— Qu'est-il arrivé à votre œil ?

Jamie a fait irruption dans la conversation.

— Je t'ai déjà dit de ne pas utiliser cette ombre à paupières, tu connais tes réactions allergiques... Les pizzas sont en route.

— Juste à temps, a dit Paul. On dirait que le match est terminé.

Les autres mecs sortaient du terrain en courant. Paul s'est levé, s'appuyant légèrement sur mon épaule pour conserver l'équilibre. J'ai eu envie de le retenir contre moi. Maintenant que tous les joueurs étaient présents, je doutais que nous puissions parler.

— Hé, mec, désolé. Ça va ? a demandé Raj.

— Pas de problème, a dit Paul, lui serrant la main dans un de ces gestes ridicules de machos. J'ai fait un faux mouvement. Tu as joué un super match.

Tous les joueurs, Paul y compris, se sont mis à discuter du match. Comme je l'avais craint, Paul s'est fondu dans la masse. Le livreur de pizzas est passé devant nous sans s'arrêter. Jamie et moi avons couru derrière son vélo pour lui faire signe.

— Tu es diabolique, lui ai-je dit tandis que nous revenions avec les cartons de pizzas.

— Ne fais pas l'idiote, Voula, et mets-y du tien. Je vois bien qu'il te plaît. Et je n'ai remarqué aucune alliance.

Elle s'est retournée vers les garçons et Jackie a crié :

— Les pizzas sont arrivées.

Quand tout le monde a eu fini de s'empiffrer, les gens se sont éparpillés. C'était une soirée d'été idyllique. A force de courir partout et de maudire la chaleur, j'avais oublié d'en profiter. A plusieurs reprises, Paul a croisé mon regard et m'a adressé un clin d'œil. Je lui souriais en retour, sans ouvrir la bouche, la plupart du temps pleine de sauce ou de fromage. Il ne partait pas, mais ne mangeait pas non plus. Peut-être chez lui quelqu'un lui préparait-il à dîner.

Il a fini par soulever ce qui ressemblait à un sac de gym géant. Il était temps pour lui de partir. Il s'est avancé pour me dire au revoir.

— Je suis heureux que vous alliez bien, à part votre œil, a-t-il dit avec un geste vers mes lunettes.

— Oui. Oh, eh bien, merci. Merci pour tout.

Je vous assure que je suis diplômée et qu'on me considère comme capable de formuler des phrases complètes.

— Je parie que vous cuisinerez de nouveau bientôt.

— C'est une super cuisinière, a lâché Jamie.

Elle adorait en rajouter. Je sais faire bouillir de l'eau, mais je ne suis pas non plus un grand chef au talent méconnu.

— Vous devriez goûter sa cuisine un jour, a-t-elle repris.

— Peut-être m'invitera-t-elle un jour.

— Eh bien, vous savez où j'habite, ai-je dit.

J'ai réussi à m'arracher ce que j'ai espéré être un sourire plein de coquetterie.

— Bonne soirée.

— A vous aussi, a-t-il répondu.

Je l'ai observé s'éloigner jusqu'à ce que Jackie et Troy prennent congé eux aussi. Jackie m'a souhaité bonne chance avec Paul, comme s'il existait la moindre chance que nous nous rencontrions de nouveau. J'ai souri, tentant d'y mettre du mien, comme l'avait exigé Jamie.

Une fois le groupe dispersé, Jamie et Raj m'ont demandé si j'étais prête à rentrer.

— On devrait marcher un peu, a proposé Jamie.

— Oui, ce serait sympa, ai-je approuvé.

Raj n'en avait pas envie.

— Tu crois vraiment que c'est une bonne idée ?

— Pourquoi pas ? La soirée est si belle.

— Raj joue les douillets parce qu'il a mal au pied, a dit Jamie en lui donnant un rapide baiser. Nous allons prendre le métro.

En chemin vers le métro, Jamie a félicité Raj de s'être cogné dans Paul et l'a appelé mon nouveau petit ami.

— Comme d'habitude, ta femme s'emballe.

— Tu aurais dû la voir, chéri. Je n'ai pas vu Voula rougir ainsi depuis le cours de trigonométrie.

— Ça m'arrive, ai-je protesté. C'était la chaleur.

— Il a l'air sympa, a dit Raj une fois dans le métro. Je crois qu'il est pompier.

— Raj. Il a éteint le feu chez Voula.

Jamie et moi avons pouffé, mais j'ai continué de lui faire non de la tête.

— A propos, as-tu dit à Voula ce que nous, nous avions sur le feu ? a demandé Raj.

Il s'est tourné vers Jamie qui a souri et a passé son bras sous le sien.

J'avais compris : elle avait préparé un nouveau coup monté.

— Dis-lui toi, chéri, moi je vais me mettre à pleurer.

Ils se sont tournés tous deux vers moi, rayonnants.

— Nous attendons un enfant, a déclaré Raj.

Vie de famille

10

Me retrouver seule avec ma mère dans un appartement me semblait une situation risquée. Alors je l'avais invitée au restaurant.

Des explications s'imposent. Présenté ainsi, on pourrait croire que j'avais décidé d'un restaurant en cinq minutes avant d'appeler ma mère. Or mes relations avec ma mère, tout comme la politique de notre pays d'origine, n'étaient jamais aussi simples.

Ma mère allait considérer avec suspicion l'idée de se rendre au restaurant. Elle devenait étrangement parano dès qu'il s'agissait de payer pour quelque chose, tant elle était convaincue que tout le monde essayait de profiter d'elle. Conséquence du fait d'être immigrée, j'imagine, et d'avoir pendant longtemps été dans l'incapacité de comprendre ce qui se disait autour d'elle. Encore que les parents de Georgia, eux, n'aient jamais réagi ainsi.

Je ne pouvais pas choisir un restaurant trop exotique. Ma mère n'aurait pas goûté la cuisine et peut-être même émis des commentaires déplacés. Un restaurant grec était hors de question. Ma mère n'aurait pas apprécié et se serait vexée, m'accusant de ne pas aimer sa cuisine. L'endroit devait être facile d'accès, assez proche pour que le trajet ne l'agace pas, mais pas assez pour qu'elle suggère que nous remontions dîner chez elle. Je me suis plus creusé la tête pour ce simple repas que pour certains rendez-vous avec des rédacteurs en chef.

Je me suis décidée pour un restaurant italien dans Astoria. J'ai demandé à ma mère de m'y retrouver. Le restaurant se situait tout près de la gare, ce qui m'évitait d'avoir à la raccompagner.

Arrivée la première, je l'ai attendue dans l'entrée. Au début, le restaurant était vide, mais tandis que je patientais, des couples de plus en plus nombreux ont envahi l'endroit. J'ai commencé à craindre qu'il ne s'agisse d'un rendez-vous d'amoureux. Trop tard pour changer d'avis. Ma mère a passé la porte d'un air de défi, comme si elle avait une annonce importante à faire à qui daignerait l'écouter.

— Bonjour, maman.

Je l'ai embrassée sur la joue. Elle a parcouru du regard la salle à l'éclairage tamisé.

Elle s'est adressée à moi en grec.

— Comment allons-nous voir ce qu'ils mettent dans nos assiettes ?

— Ce restaurant a très bonne réputation, maman. Zagat lui a décerné une très bonne note.

Elle m'a répondu d'un grognement. Elle n'avait pas la moindre idée de ce qu'était Zagat. Dans son univers, le guide rouge n'avait aucune signification. Je l'ai ignorée et ai signalé au maître d'hôtel que nous étions prêtes. Il a jeté un coup d'œil par-dessus son épaule et a froncé les sourcils avant de consulter son registre. Les battements de mon cœur se sont accélérés. Pourvu qu'il n'y ait aucun problème. Au téléphone, on m'avait dit que le restaurant ne prenait pas de réservations. Si l'attente se prolongeait, ma mère allait s'énerver. C'était un détail stupide et sans importance, mais si nous devions quitter les lieux, je le vivrais comme un échec.

— Quelques minutes, a-t-il fini par nous dire.

Je ne me suis pas retournée, peu désireuse de lire l'expression du visage de ma mère. L'homme a prononcé quelques mots en italien. J'ai regretté ne pas voir Armando surgir de la cuisine pour nous trouver une table. (Mais il m'aurait alors fallu expliquer pourquoi je le connaissais, ce qui constituait un nouveau sujet de critiques.)

— Par ici, mademoiselle, m'a dit le maître d'hôtel.

Ce coup de chance m'a ravie. Rayonnante, je me suis tournée vers ma mère. Elle avait l'expression de quelqu'un sur qui un serveur vient de renverser un plat.

— Par ici, maman.

— J'ai entendu, a-t-elle rétorqué.

Il ne s'agissait pas de mauvaise humeur. Quand quelqu'un s'obstinait à afficher une telle mauvaise volonté, on appelait cela un trouble de la personnalité. Mais j'allais persévérer.

Nous avons pris place et je me suis emparée des deux menus tandis que ma mère ôtait sa veste. Le maître d'hôtel lui a demandé si elle désirait la mettre au vestiaire. Ma mère s'est tournée vers moi afin que je traduise. Elle parlait et comprenait l'anglais presque aussi bien que le grec mais s'était rarement trouvée en situation de mettre son manteau au vestiaire. Comme Zagat, pour elle, c'était du chinois. Perdre sa veste de vue l'aurait angoissée.

— Ça ira, merci, ai-je répondu.

— *Ti eipe*? m'a-t-elle demandé.

— Il demandait ce que nous voulions boire, ai-je menti.

J'aurais bien pris une boisson corsée, mais c'était hors de question.

— Si nous prenions un peu de vin ?

— Le vin est trop cher ici.

Elle n'avait pas ouvert le menu et n'était jamais venue ici auparavant. J'ai avalé ma salive.

— Bon, je vais prendre un verre.

Je me suis cachée derrière le menu pour ne pas voir son expression.

J'ai passé la commande pour nous deux. J'ai choisi des *orecchiette con rapini*, des pâtes fraîches aux saucisses et brocolis. Elle a choisi des filets de poulet au citron et câpres. Son plat servi, elle a repoussé la majeure partie des câpres. J'ai préféré ne pas lui demander si c'était bon. J'ai goûté le mien et l'ai déclaré délicieux, avant de commander un deuxième verre de vin.

Je craignais d'annoncer à ma mère que j'envisageais d'acheter un appartement. J'en visitais depuis presque trois mois et j'avais passé plus d'une nuit blanche à m'inquiéter de sa réaction. L'idée m'effrayait encore, mais j'étais décidée à me lancer. Tôt ou tard, ma mère l'apprendrait. J'allais devoir vendre mes titres. Depuis que Jamie m'avait appris qu'elle attendait un enfant, mon besoin de changement radical s'était fait plus pressant. En me donnant du travail pour six mois, et donc l'assurance d'un petit revenu, le rédacteur en chef de *Financial Woman* m'encourageait sans le savoir à investir.

Tout en mangeant, j'ai décrit à ma mère quelques-uns des appartements que j'avais visités, surtout ceux avec portier, pour calmer ses inquiétudes en matière de sécurité. Je n'ai pas abordé la question du budget.

— Les appartements new-yorkais sont trop chers, a-t-elle déclaré entre deux bouchées de poulet, mais l'immobilier est un bon placement.

Je l'ai fixée. Serait-ce possible que ma mère approuve l'un de mes projets ? J'avais préparé plusieurs arguments, car je n'avais jamais imaginé qu'elle approuverait ma démarche. J'avais oublié comment *ne pas* me défendre.

Le serveur a débarrassé nos assiettes et récité la liste des desserts. J'ai commandé un cappuccino et l'ai remercié quand il me l'a apporté.

— Ça te plaît vraiment, hein ? Tu aimes te faire servir.

Comment deux phrases insipides échangées avec un serveur pouvaient-elles me donner l'impression d'être la dernière des idiotes ? Pourquoi ma mère possédait-elle une telle emprise sur moi ? Je m'étais préparée à livrer une bataille bien précise, mais elle avait déclaré forfait avant d'attaquer sur un front déserté. Quand il s'agissait de me prendre par surprise, c'était la reine.

— Jamie est enceinte, ai-je dit pour ne pas pleurer.

— *Na zisoum*, a dit ma mère.

Heureuse pour Jamie, elle leur souhaitait longue vie, à elle et son bébé. J'ai hoché la tête. Ça, je m'y étais préparée, de même qu'au reproche concernant mon statut de célibataire stérile. Cette fois, elle ne m'a pas déçue.

— Quelle joie pour sa mère de devenir grand-mère. Si seulement nous pouvions toutes connaître ce bonheur.

— Mais tu connais déjà ce bonheur, maman.

Je n'avais pas pu me retenir. Elle m'a fixée. Je crois que l'espace d'un instant, elle a cru que j'étais enceinte aussi, tant elle avait chassé Helen de son esprit. Puis elle a compris. Elle a baissé les yeux sur sa serviette et l'a pliée en un carré parfait. Ma mère caressait les tissus d'une façon qui me rendait jalouse. Elle cousait avec tant de soin… Ses propres enfants n'avaient jamais bénéficié d'une telle attention.

Mon cappuccino était trop chaud. J'aurais voulu le boire d'un trait et décamper, mais j'avais beau souffler dessus, il ne refroidissait pas. J'en ai bu la moitié avant de demander l'addition.

Pendant que je payais, ma mère n'a pas prononcé un mot. Bien sûr, il fallait que je la raccompagne. Nous ne nous trouvions qu'à une station de métro de chez elle, mais je devais la raccompagner. Même sachant qu'elle n'allait pas m'adresser la parole, même si chaque pas était une épreuve, je ne pouvais pas la laisser rentrer seule. Arrivée devant sa porte, elle ne m'a même pas embrassée, se contentant de s'éloigner dans l'escalier.

Sur le quai du métro, j'ai écouté mes messages. L'un était de Maureen. Quelqu'un avait fait une offre pour un appart qui m'avait plu, avec portier et fausse cheminée. Il s'agissait d'un studio, mais doté d'une cuisine de taille décente, d'une salle de bains et de plafonds assez hauts pour ne pas avoir l'impression de vivre dans une boîte.

Maureen m'avait déjà expliqué le processus. Quand une offre était faite, les propriétaires – entités anonymes – disposaient de quarante-huit heures pour l'accepter ou faire une contre-proposition. S'ils acceptaient l'offre, les autres agents avaient le droit de proposer à leurs clients d'en faire une supérieure, mais sans savoir à combien se montait l'offre initiale. A moins que ce ne soit le premier acquéreur potentiel qui ignore le montant des offres des autres, avant de se voir offrir, ou pas, une seconde chance. Je m'emmêlais un peu les pinceaux. Donc là, une offre avait été faite. Je disposais d'un jour pour réagir si je voulais contrer l'acheteur anonyme.

Le message suivant provenait de Jamie. Elle semblait déprimée. Elle avait pris un jour de congé et me demandait de la rappeler dès que possible. Le tournage de l'émission de Raj battait son plein et il devait travailler tard. Comme il n'était que 21 heures, j'ai décidé de la rappeler.

Dès qu'elle m'avait avertie qu'« ils » attendaient un enfant, je m'étais procuré un livre sur la grossesse, désireuse de me documenter sur ce qu'allait traverser Jamie. Je voulais être capable de la soutenir. Je l'interrogeais afin de savoir si elle souffrait d'étourdissements (non), si ses seins étaient douloureux (leur taille augmentait, c'était tout), ou si son odorat se développait (sacrément), toutes choses qui d'après mon livre se produisaient dès le début de la grossesse.

J'étais en proie à la peur étrange que si je ne m'impliquais pas dans sa grossesse, comme elle le désirait, elle perdrait le bébé. Elle n'était enceinte que de deux mois. La situation me paraissait délicate. Si sa grossesse avait été visible, je me serais moins inquiétée, mais le bébé restait encore cette petite graine intangible et invisible. Jamie avait dit avoir entendu le battement de son cœur, mais j'étais trop superstitieuse pour l'évoquer, de peur qu'il ne lui arrive malheur.

— Salut.

Elle avait l'air endormie.

— Salut. C'est moi. Tu dors ?

— Non, je me reposais en regardant un peu la télé. Je dors mal. Où es-tu ?

— A Ditmars.

— Nouvelle bataille avec ta mère en zone de guerre ?

— Non, nous nous sommes aventurées au restaurant.

Jamie était la seule personne que j'autorisais à traiter l'appartement de ma mère comme une « zone de guerre ». La seule personne d'ailleurs à y avoir jamais pénétré.

— Comment ça s'est passé ?

J'ai soupiré. Pourquoi lui raconter cette soirée ? Quelle importance ? C'était toujours la même chose.

— Comme d'habitude. Pourquoi n'es-tu pas allée travailler ?

— En promenant Sparky ce matin, j'ai eu une nausée. En plein milieu de la rue, devant tous les passants qui se rendaient à leur boulot, j'ai vomi. J'ai essayé d'atteindre une poubelle à temps, mais elles étaient toutes pleines.

— Beurk.

— Une partie a éclaboussé le trottoir et Sparky s'est jeté dessus.

— C'est dégoûtant…

Moi-même, je commençais à ne pas me sentir très bien.

— … et marrant aussi, dans le fond, ai-je ajouté. Tu as réussi à avaler quelque chose depuis ?

— La promeneuse de chien m'a apporté un peu de soupe à midi.

Elle parlait d'une voix pitoyable.

Depuis qu'elle était enceinte, j'avais l'impression de jouer le rôle de l'indispensable béquille qui lui rappelait comment c'était de *ne pas* être enceinte.

— Jamie, le métro approche. Je t'appelle dès que j'arrive à Manhattan.

Dans le métro, j'ai regretté de ne pas avoir poussé ma mère dans ses retranchements à propos d'Helen, me contentant d'accepter la situation. J'avais abordé le sujet avec audace, puis fait machine arrière.

Depuis que Georgia m'avait parlé d'Helen, elle et moi jouions à cache-cache. Pour être franche, elle m'avait téléphoné plusieurs fois après la réception de fiançailles, mais j'oubliais constamment de la rappeler. Nous nous étions revues à un barbecue familial, mais comme ma mère était présente, je n'avais pas abordé le sujet.

Comme ma mère, je préférais l'éviter.

Trente-cinq minutes plus tard, j'ai rappelé Jamie de mon poste fixe. Elle m'a expliqué qu'elle vomissait au moins trois fois par jour. Comme personne de son boulot n'était encore au courant, ses courses fréquentes en direction des toilettes paraissaient bizarres.

— On va me soupçonner d'être boulimique. Dieu sait que je ne serais pas la seule dans cette boîte.

— Tu as des envies ?

— De thon. Je voudrais nager dans le thon. Et les sandwichs Reuben.

— Ça fait sérieux. Tu n'es pas censée avoir des envies de cornichons et de glace ?

— Je ne sais pas, a gémi Jamie. Tu crois ?

— Je n'en sais rien.

J'ai ri pour détendre l'atmosphère. Jamie prenait tout ça trop à cœur, comme la période « essai ». Elle était dévorée par la crainte de ne pas faire les choses – quoi au juste ? – correctement.

— Ça m'étonnerait que certaines envies soient plus valables que d'autres. Quoi d'autre ?

— Mon visage est couvert de pustules. Ma boîte vient de sortir un super fond de teint, mais il ne suffit pas à couvrir les dégâts. Les stagiaires sourient en coin en me croisant dans les couloirs. Je craque.

— Ce sont tes hormones qui s'affolent.

— Tu as raison, a-t-elle dit avant d'éclater en sanglots.

D'abord les sautes d'humeur de ma mère, et maintenant Jamie. Je n'étais pas d'attaque à gérer.

Elle s'est arrêtée de pleurer mais a continué de renifler.

— Tu te sens mieux ?

— Oui. Je devrais dormir. Tout s'est bien passé avec ta mère, c'est vrai ?

— Définis « bien ».

— Voula, ne joue pas à ça avec moi.

Si « ça » signifiait ne pas me plaindre de tout ce qui ne tournait pas rond dans ma famille de fous, autant ne pas y jouer.

— Ça s'est bien passé, ai-je menti.

Jamie était une femme enceinte qui avait besoin de sommeil.

— D'accord.

Sans ces nausées, elle m'aurait peut-être pressée de questions, mais je ne lui aurais rien dit de toute façon, même si j'avais su quels mots employer, même si j'en avais eu envie.

J'ai raccroché au moment où on frappait. Kelly a passé la tête par la porte.

— Tu vas te coucher ?

— Pas encore, il n'est que 22 heures. Je ne suis pas enceinte.

Elle a écarquillé les yeux.

— Laisse tomber. Tu as des projets ? Tu rentres juste du boulot ?

— Oui, enfin… Monsieur-prise-de-son et moi nous sommes sérieusement disputés après le boulot. C'est ma faute. Je devrais cesser de coucher avec lui, je le sais, alors inutile de râler. Par contre je vais ouvrir un coffret-cadeau d'Amaretto Di Saranno. Ne fais pas cette tête. C'est tout ce qu'il reste à boire dans cette maison. Armando a fini tout le vin hier avec sa copine. C'est un cadeau offert par une boîte à qui je loue du matériel.

Kelly m'avait initiée au fonctionnement de l'univers du cinéma new-yorkais. Elle s'était créé un réseau encore plus important que celui de Raj. Elle était douée pour se faire des relations. Ou alors c'était l'effet de sa jupe s'arrêtant en haut de ses cuisses. Si mes jambes ressemblaient aux siennes, peut-être que je croulerais sous les connaissances moi aussi.

— Il paraît que c'est délicieux. Tu en veux ? a-t-elle insisté.

Je l'ai suivie dans la cuisine où nous avons réquisitionné les hauts tabourets. Kelly a sorti les verres du coffret pour les examiner. J'ai tendu les pouces pour lui donner mon accord. Elle a ajouté des glaçons et nous a servies. Nous avons trinqué puis j'ai dégusté une gorgée. Ce n'était pas mauvais, plutôt sucré. Nous avons hoché la tête d'un même mouvement avant d'éclater de rire.

Kelly me plaisait. Elle était facile à vivre. J'aurais aimé être capable de faire impression comme elle. Quand je ne travaillais pas ou ne courais pas d'appartement en appartement, nous papotions souvent ou regardions un talk-show ensemble. Je ne les avais pas avertis, ni elle, ni Armando, que je voulais acheter un appart. Pour cela, il aurait fallu que je sois totalement décidée à déménager. Or je ne l'étais pas encore à cent pour cent.

— Qu'as-tu fait ce soir ? a-t-elle demandé. Dis-moi qu'au moins l'une d'entre nous s'est fait un mec.

— Pas franchement. J'ai dîné avec ma mère.

— Ta mère habite par ici ?

— A Astoria. C'est le quartier grec.

Elle a rempli mon verre et s'en est servi un autre.

— Vous êtes proches ?

J'ai failli m'étrangler.

— Non.

— Alors pourquoi êtes-vous allées dîner ?

Vu de l'extérieur, c'est une bonne question.

— Elle n'a personne d'autre.

— Tu as perdu ton père ?

— Non, il vit à Chypre. Je ne sais pas trop ce qu'il en est de leur mariage – si on peut appeler ça un mariage.

— Et tu es enfant unique ?

— Non, enfin si. Maintenant je le suis.

Peut-être était-ce la raison pour laquelle j'évitais les nouvelles rencontres. Je n'aimais pas raconter l'histoire de ma famille.

— Ma sœur aînée est morte à dix-neuf ans et mon autre sœur s'est pour ainsi dire enfuie.

— Waouh.

Les rares fois où je m'étais confiée ainsi, j'avais eu droit à ce même regard. Un regard de pitié. Mes professeurs, mes camarades d'école… tous m'avaient regardée ainsi. Ainsi que mes collègues de l'association, les rares fois où le sujet avait été évoqué. Seules deux personnes m'avaient regardée autrement : Jamie m'avait étreinte sans poser davantage de questions, et sur la jetée de Block Island, Warren Tucker m'avait embrassée.

— Comment est-elle morte ? a demandé Kelly.

Je ne m'y attendais pas, mais la question se justifiait. Elle a tout de suite ajouté :

— Nous ne sommes pas obligées d'en parler.

— Elle… elle a été victime d'un accident de mobylette à Chypre. Elle ne portait pas de casque.

— Elle conduisait ?

— Non, c'était son fiancé qui conduisait. Il était chypriote.

Maintenant que j'avais commencé, j'allais raconter toute l'histoire.

— Elle était supposée rentrer à la maison, mais elle a appelé mes parents pour demander l'autorisation de rester. Ils ont accepté parce que son fiancé leur plaisait. Il appartenait à une bonne famille, seule chose importante à leurs yeux.

— Il devait lui plaire à elle aussi.

J'ai acquiescé. Sans doute. Je n'y avais jamais songé. Je ne le connaissais pas. Elle l'avait vu en cachette pendant deux ans, quand nous séjournions à Chypre, avant de mettre mes parents au courant. Une image de ma sœur m'a traversé l'esprit en un éclair. Elle se levait de table, ses longs cheveux aux reflets roux retombant d'un côté de son visage. Elle passait des heures à prendre soin de ses cheveux et détestait qu'ils soient emmêlés. Ma mère claquait la langue en signe de désapprobation chaque fois qu'elle évoquait le temps que Cristina consacrait à sa chevelure. C'était son unique coquetterie.

— Elle était très belle.

— J'imagine, a dit Kelly.

Je l'ai regardée, étonnée.

— Eh bien, *tu* es très jolie, a-t-elle expliqué.

— Allez !

— Je ne plaisante pas.

— Refrain connu, me suis-je moquée.

Je me suis versé un autre verre.

— Tu es vraiment jolie. Quand es-tu sortie avec un mec pour la dernière fois ?

— Dans les familles grecques traditionnelles, les filles ne sortent pas avec des mecs.

— Pourquoi ?

— On se marie, c'est tout.

— Attends, alors…

Elle a haussé les sourcils avec un regard explicite avant de pouffer.

— Non, je ne suis pas vierge, ai-je précisé.

— Quel scandale.

— Ne m'en parle pas. Je ne suis pas vierge, mais je suis vieille fille.

— Seigneur ! J'imagine que chacun a ses problèmes.

— Quoi, les nanas américaines ont des problèmes ?

Je plaisantais, mais son expression m'a fait regretter ma légèreté.

— Excuse-moi.

— Ce n'est pas grave.

— Toi non plus tu ne t'entends pas avec tes parents ?

— Ils étaient alcooliques. *Sont* alcooliques. Parfois, il n'y avait même rien à manger dans la maison. Et ils passaient leur temps à se sauter à la gorge. Ils ont divorcé et ont entamé une cure. Maintenant, ils ne cessent de m'inviter à dîner, tous les deux ensemble, et se comportent comme si de rien n'était.

— Tu leur en veux toujours ?

— Oui. Mais eux ne se rappellent pas, ou ne veulent pas se rappeler le passé. Ils ont oublié leur comportement, mais moi je ne peux pas l'oublier. Je culpabilise parce qu'ils essaient de bien faire, de prendre un nouveau départ. Mais moi là-dedans ?

Je n'ai pas répondu. Il ne restait presque plus d'amaretto Di Saranno.

— Tu n'as jamais eu peur de devenir comme eux ?

Peut-être m'aventurais-je en terrain glissant. Mais Kelly était plus ouverte que moi.

— Non, j'ai pris l'habitude de gérer ma vie, d'être responsable à leur place. J'ai toujours connu mes limites, sans m'autoriser à avoir peur. Mais je ne suis pas sûre du tout d'avoir un jour des enfants. Je me demande ce qui pousse les gens à procréer.

J'ai pensé à Jamie. Pour la première fois, je me découvrais davantage de points communs avec une autre qu'elle. Surprenant. Je ne m'étais jamais interrogée sur le fait d'avoir des enfants. Il s'agissait pour moi d'un autre monde. Mais je réalisais que moi non plus je ne voulais pas d'enfants. Voilà. Je l'avais enfin admis.

— Je devrais aller dormir, a dit Kelly. Je travaille à 6 heures demain matin.

J'ai consulté la pendule. Elle indiquait près de minuit. Je lui ai dit bonsoir, me suis servi le fond d'amaretto et ai emporté le téléphone dans ma chambre. J'avais l'intention d'appeler Maureen Soltero et d'offrir deux cent vingt mille dollars pour le studio. On en demandait deux cent vingt-cinq, mais avec un peu de chance, les acheteurs potentiels auraient proposé beaucoup moins. Maureen m'avait dit de la joindre à n'importe quelle heure sur son portable. Je la soupçonnais d'appartenir au genre de personnes qui prenaient leurs appels, quelle que soit l'heure. Après tout cet amaretto, j'hésitais à avoir une conversation avec qui que ce soit. J'ai préféré appeler son bureau et laisser un message qu'elle trouverait au matin.

J'ai commencé à composer son numéro, avant de m'interrompre. Prendre ce genre de décisions n'était peut-être pas indiqué dans mon état. Et si l'appartement n'était pas si génial que ça ? Beaucoup étaient d'avis que la présence de portiers ne servait qu'à faire grimper les prix de plusieurs milliers de dollars. De même que les fausses cheminées. Je me souvenais mal du règlement concernant la sous-location. Détail sans importance pour moi jusqu'à ce que Maureen m'apprenne qu'un règlement souple facilitait la revente. De même, quel pourcentage de propriétaires résidait dans l'immeuble ? Moi je m'en souciais peu, mais apparemment les banques s'y intéressaient. Autant obtenir des réponses avant de passer à l'étape suivante, non ?

Je me cherchais des excuses, je le savais. Je désirais réellement posséder mon propre espace, mais une toute petite voix en moi craignait que seule – sans coloc –, je ne me métamorphose en ermite. En vieille dame parlant à ses chats. Je pourrais mourir sans que personne ne s'en rende compte. C'était idiot, mais mes conversations avec Kelly m'avaient prouvé que je n'étais pas aussi introvertie que j'aimais le faire croire. Je prenais plaisir à parler avec les autres et les écouter. C'était en grande partie ce qui me plaisait dans mon métier. Découvrir comment vivaient les autres, m'imaginer à leur place, voilà ce qui m'intéressait.

J'ai enfilé mon pyjama et terminé mon verre avant de me laver et de me coucher. Je suis entrée dans la salle de bains au moment où Kelly en sortait.

— Bonne nuit, m'a-t-elle dit.

Si je vivais seule, je devrais me passer de ces détails.

Quand je me suis enfin glissée dans le lit, l'alcool avait adouci ma vision du monde. Depuis l'incendie, je dormais mal, mais je savais que l'amaretto allait faire son effet. Mon corps s'alourdissait et j'avais hâte de glisser dans le sommeil…

Trois heures plus tard, j'ai bondi dans mon lit. Un instant, j'ai cru à un tremblement de terre. Des animaux gémissaient, comme s'ils étaient blessés. Mon lit tremblait sous les coups qui faisaient vibrer le mur. Mon cœur battait fort, comme si j'avais été réveillée en sursaut. J'ai repris mes esprits et compris que les coups provenaient de la chambre d'Armando. Ses « *chut, chut, bella, bella* » habituels ne fonctionnaient pas. Il avait décroché une fille qui exprimait son plaisir. Pire que la fois où j'étais persuadée qu'il utilisait des sex toys.

J'ai tiré les couvertures par-dessus ma tête, mais les coups résonnaient au niveau de ma tête de lit. J'ai toujours eu l'intention de déplacer mon lit, mais ne l'ai jamais fait. J'avais agencé ma chambre après avoir rédigé un article sur le feng shui. Allais-je permettre à la vie sexuelle d'Armando d'interférer avec ma longue vie prospère ?

— Oh, mon Dieu ! Oh, mon Dieu ! Comme tu es fort, c'est extraordinaire. Oh, mon Dieu !

Oh, panayia mou. Cette fille regardait trop de pornos. Ridicule (encore que je m'étais toujours demandé *à quel point* Armando était fort.) Apparemment ils touchaient au but.

— Oooooooooooooooooh, je t'aiiiiiiiiiiiime !

Je pouffais, assise dans mon lit. C'était le signe certain d'une nuit sans lendemain. Armando ne supportait pas les femmes qui s'attachaient. Et moi je ne supportais pas les réveils brutaux. Depuis l'incendie, il avait ramené peu de filles. Il devait se sentir coupable. Mais les vieilles habitudes étaient tenaces.

J'ai composé le numéro du bureau de Maureen Soltero. Que déduirait-elle d'un message laissé à 3 heures du mat ? Je m'en fichais. Dès le début de son message, j'ai appuyé sur la touche dièse. Je n'avais pas la patience d'écouter le truc en entier.

— Maureen, bonsoir. Voula Pavlopoulos à l'appareil. Je voudrais faire une offre de deux cent vingt mille pour l'appartement de la 15e Rue Ouest. A demain.

11

Le lendemain matin, j'ai trouvé un message de Kelly glissé sous ma porte.

« Amaretto pas recommandé pour job à 6 heures du mat. Femmes hurlantes et gémissantes non plus. Dors bien. »

J'ai souri. Je m'étais totalement trompée à son sujet, ça m'apprendrait. Nous continuerions peut-être de nous voir après mon déménagement. Si je déménageais un jour. Attendre le coup de fil de Maureen m'angoissait. J'avais envie de l'appeler et qu'elle me dise franchement si j'avais l'appartement. J'ignorais quelle réponse j'espérais, mais je mourais d'envie de savoir.

J'ai fait du café et appelé Jamie, tout excitée par mon projet. Mais Jamie s'est lancée dans un monologue sans fin.

— L'état de ma peau empire. Je suis allée travailler aujourd'hui parce que j'étais bardée de réunions, mais je me sentais affreuse.

— Tu vas bientôt devoir avertir ton boulot. D'ailleurs ta grossesse va devenir visible.

— Je sais, a-t-elle soupiré, avant de récapituler la liste de ses malheurs, entrecoupés de commentaires sur la joie de sentir un bébé se développer en soi.

Impossible pour elle de penser à autre chose qu'au bébé. Elle était incapable de se concentrer sur autre chose. A moins qu'elle ne se soit habituée à l'idée que je n'aie jamais rien d'intéressant à raconter. Si on s'en tenait au schéma habituel, c'était la vérité.

— Ce matin, je me brossais les dents, m'a-t-elle expliqué, quand d'un coup j'ai commencé à étouffer. Je me suis penchée sur les toilettes pour vomir, mais mes jambes étaient mouillées. Je faisais pipi en même temps que j'avais la nausée.

— Mais c'est horrible !

Comment pouvait-on se mettre volontairement dans cet état ?

— J'allais oublier. Hier soir Raj m'a dit que Warren Tucker était un des derniers en lice. Il a une forte chance de gagner.

Super. Je ne savais toujours pas trop quoi penser des émissions de Raj. Travailler à la télévision lui permettait de bien gagner sa vie, mais il semblait en avoir honte.

— Tu n'as toujours pas regardé la cassette ?

— Non.

Je l'avais rangée dans un tiroir avec mes sous-vêtements sans me résoudre à la regarder.

— Tu es bête.

— Merci, ai-je répondu d'un ton sec.

— Voula, ça va ?

Bien sûr que ça allait. Je maîtrisais mes excrétions corporelles, *moi.*

— Oui !

— C'est le dîner avec ta mère qui t'a déprimée ?

J'ai entendu son autre ligne biper. Il était presque 10 heures. Elle devait avoir une réunion. Elle en avait pratiquement une par heure.

— Non. Ça va.

Elle a hésité.

— D'accord. Voula, je dois prendre cet appel. Je te rappelle. *Regarde la cassette.*

— D'accord.

Elle avait raccroché.

— J'ai fait une offre pour un appartement, ai-je déclaré dans le vide.

Après une tasse de café bien fort, j'ai entamé la rédaction de mon article sur la recherche d'un appartement. Mon moi fictionnel se montrait bien plus précis quant à ses désirs et bien plus au fait de tous les aspects du marché de l'immobilier. Dommage que je ne puisse me transporter dans un de mes articles et vivre la vie que je présentais à mes lecteurs.

Certains jours, une force mystérieuse déplaçait mes doigts sur le clavier de mon ordinateur. Tout coulait de source. Rien ne me distrayait. Ni Internet, ni les enveloppes de Netflix attendant d'être ouvertes, ni même les grognements de mon estomac. Parfois, je pensais que c'était Cristina qui me soufflait ce que j'écrivais. Ce jour-là, j'étais particulièrement en verve. Quand j'ai levé les yeux pour répondre au téléphone, il était presque 15 heures.

— Voula, c'est Maureen Soltero.

Mon cœur s'est emballé. Ma vie atteignait un tournant essentiel.

— Hello, ai-je dit.

— Je suis désolée, mon petit. Les propriétaires ont accepté l'offre d'origine.

— Pourquoi ?

Question stupide.

— Je crois que leur offre était bien plus élevée. C'est un peu la loi de l'offre et de la demande, vous savez.

Elle n'avait cessé de me le répéter. Mais j'avais sous-enchéri. J'étais effondrée.

— Nous allons visiter d'autres appartements et vous en trouver un. Je suis optimiste. Pas vous ?

Elle me posait la question avec tant de sérieux que j'ai répondu oui.

— Fabuleux, j'ai un merveilleux loft situé à un bloc de Union Square. Vous allez adorer. Nous pouvons le visiter ce soir si vous le désirez.

— Je crois avoir besoin d'un jour ou deux pour récupérer.

— Ça fait mal, n'est-ce pas ?

C'est le ton qu'elle devait utiliser avec ses triplés.

— … mais c'est comme tout dans la vie. Si on s'endort, on perd.

— Ce soir je dois travailler. Je vous rappelle demain.

Malheureusement, je ne pouvais pas en rester là. Si je ne trouvais pas d'appart, le rédacteur en chef injoignable de *Financial Woman* n'allait pas être très content. J'avais laissé entendre que j'étais plus proche de conclure l'achat que je ne l'étais en réalité.

— D'accord, bonne nuit.

Notre conversation semblait l'avoir un peu frustrée.

Et moi j'avais perdu tout mon entrain. J'ai regardé les DVDs envoyés par Netflix. J'essayais de maintenir une rotation constante des films de Daniel Auteuil. J'avais vu les mêmes plusieurs fois, mais je m'en moquais. J'aimais les moindres nuances et frémissements de son grand nez français. Cette fois, j'avais reçu *La Veuve de Saint-Pierre.*

J'avais prévu de visionner le film en entier, mais je n'ai pu m'empêcher de regarder directement mon passage favori, celui où Daniel va mourir. Il regarde Juliette Binoche et dit : « Ils ne peuvent rien contre nous. Je t'aime. » En français bien sûr.

C'était si vrai, si parfait, que j'en avais les larmes aux yeux. Warren Tucker m'avait lui aussi fait de belles déclarations, maintenant il était en lice avec des célébrités de dixième zone. *Il* était une célébrité de dixième zone. Seigneur, seul Daniel parviendrait à me changer les idées. J'ai remis le film au début et regardé cette histoire triste et sordide en intégralité.

Le téléphone a sonné. J'ai supposé qu'il s'agissait de Jamie et j'ai répondu sans consulter l'identificateur d'appels.

— Salut, je ne peux pas croire qu'ils tuent Daniel.

— Euh, excusez-moi, a dit une voix, différente de celle de Jamie mais tout de même familière. Je cherche Voula Pavlopoulos.

La voix avait prononcé mon nom de famille en vraie chypriote. Cette fois, mon cœur ne s'est pas emballé. J'ai simplement compris que ma vie allait changer.

— C'est moi.

Un sanglot a résonné et j'ai su de qui il s'agissait avant que mon interlocutrice ne se présente :

— Voula, c'est Helen.

Je ne savais pas quoi dire.

— Tu es toujours là ?

— Oui.

— Georgia m'a donné ton numéro. Cela ne t'ennuie pas que je t'appelle ?

— Non.

J'ai hésité.

— … cela ne m'ennuie pas du tout.

— Je pense à toi tout le temps, tu me manques. Ça fait un an que je veux t'appeler, mais je n'ose jamais.

J'ai attendu qu'elle continue. Je ne lui en voulais pas, mais la situation était par trop surréaliste. Ma sœur ne faisait plus partie de ma vie. J'avais fermé cette porte en moi. Et je devais maintenant gérer cette femme, cette étrangère, pleurant d'émotion à l'autre bout du fil. J'ignorais si j'y parviendrais.

— Je suis désolée, ai-je dit, tentant de reprendre mes esprits. Je ne m'y attendais pas.

— Je sais, je sais. Désolée de te tomber dessus à l'improviste.

— Non, ce n'est pas grave.

— Je voulais te dire que je t'aimais.

C'était trop. J'avais aimé ma sœur, mais proclamer mes sentiments à une étrangère était trop difficile. J'avais l'impression de jouer dans une série télévisée.

— Merci.

Elle s'est mise à pleurer. Il fallait que je trouve un truc à dire.

— Georgia m'a dit que tu avais des enfants.

— Oui, a-t-elle reniflé.

Entendre sa voix, la voix de ma sœur, me perturbait.

— Un garçon nommé Spiro et une fille. Cristina.

— Oh.

La tristesse m'a envahie. Le passé me rattrapait. Nous avions tant de choses en commun. Je partageais des souvenirs de Cristina avec cette femme devenue une étrangère.

— Quel âge ont-ils ?

— Spiro a presque quinze ans, incroyable. Et Cristina quatre ans.

— Ton mari n'a pas protesté quand tu leur as donné des noms grecs ?

Pour la première fois, elle a ri.

— Non. Je leur parle même en grec parfois, exactement comme…

Elle a soupiré.

— … exactement comme chez nous.

— Super.

— André et moi serions ravis que tu viennes dîner et fasses leur connaissance. A moins que tu ne préfères qu'on se voie seules… Peut-être ne veux-tu pas me voir. Moi j'en ai vraiment envie.

— D'accord.

Mais je n'étais pas prête à m'engager.

— … Donne-moi ton numéro.

— Tu appelleras, n'est-ce pas ?

— Oui.

En notant le numéro, je savais que j'appellerais. Mais je ne savais pas quand.

— Comment va ta mère ?

En grec, la question était posée correctement. Mais je me suis demandé si elle ne cherchait pas à éviter le « notre » mère anglais. Je ne la blâmais pas, mais quelqu'un devait défendre maman.

— Ça va, tu sais. Comme d'habitude.

Je savais qu'elle ne m'interrogerait pas sur notre père.

— Tu vas au mariage de Georgia ?

La cérémonie aurait lieu dans un an mais autant m'y préparer.

— Nous en parlerons quand nous nous verrons, a-t-elle dit. Je ne voudrais pour rien au monde bouleverser Georgia un des jours les plus importants de sa vie. Elle peut se joindre à nous lors de notre rencontre. Si tu préfères.

— Je te le dirai.

Avions-nous besoin d'un arbitre ?

— Je te téléphone dans un ou deux jours.

— D'accord. J'espère que tu le feras. Je t'aime, Voula.

— A bientôt.

C'est après avoir raccroché que j'ai réalisé que personne ne m'avait jamais dit qu'il m'aimait. Voilà pourquoi les mots m'avaient paru si étranges. Une étrangère m'aimait. J'aurais voulu me coucher et ne jamais me relever. Il était plus de 19 heures. Jamie n'appellerait pas. J'aurais pu l'appeler moi. Mais elle avait dit qu'elle appellerait. C'était un jeu stupide, mais je ne voulais pas me poser en quémandeuse, ni servir de simple récepteur.

J'ignorais quand Kelly rentrerait, mais je ne voulais pas qu'elle me voie dans cet état. J'ai emporté le téléphone dans ma chambre et me suis allongée sur mon lit.

Les gros cafards noirs étaient de retour. Je vivais régulièrement ces phases dépressives, enfin, depuis la mort de Cristina. J'éprouvais alors le besoin de tout arrêter, tout simplement. Peut-être était-ce une façon de m'apitoyer sur moi-même. Peut-être était-ce nuisible à mon mental, comme l'avait suggéré un jour Georgia. Mais si je m'accordais une pause, je finissais par me lever et tout allait bien.

J'ai allumé la radio et me suis assise sur la moquette de ma chambre, m'autorisant pour une fois à penser à Cristina, Helen et tout le reste. Et à sangloter. C'était l'avantage des gros cafards noirs. La sensation était pénible, mais de temps à autre, une bonne séance de pleurs vous soulageait.

Avant que je ne comprenne le processus des gros cafards noirs, ils me terrorisaient. Je me souviens d'avoir manqué une semaine entière d'école, incapable de sortir de mon lit. Ma mère n'avait posé aucune question. Tant que je n'avouais pas la raison de mon état, elle le tolérait. En fac, j'avais manqué une semaine d'examens. Mes professeurs avaient été sympas. Je leur avais parlé de ma sœur, tout en culpabilisant de l'utiliser comme excuse. Ils m'avaient autorisée à repasser les examens si je promettais de consulter un psy spécialisé dans le deuil. J'ai acquiescé, mais je n'ai jamais donné suite.

Ce n'était pas grave. Seulement psychosomatique. J'avais volé le terme à Maura qui se plaignait sans cesse de ses maux d'estomac. Et j'avais l'impression de contrôler la situation. Mon état misérable aurait affligé n'importe qui, mais j'avais élaboré un traitement. Les pleurs étaient suivis par une journée au lit, puis une journée à regarder à la télé les talk-show auxquels le coup de fil de ma sœur m'avait fait penser. *Springer* et *Judge Judy* avaient le pouvoir de vous réconforter.

Je pleurais, mais je savais que j'allais aller mieux. J'entrevoyais la porte de sortie. J'étais capable de voir plus loin que le moment où Judge Judy traitait une femme d'idiote parce qu'elle s'était fait implanter des prothèses mammaires.

La partie sanglots achevée (une heure et demie environ), j'étais épuisée. Je n'avais pas mangé, mais je n'avais pas faim. Il n'était que 22 heures, pourtant j'avais envie de dormir. Le téléphone a sonné. J'ai craint que ce ne soit pas le moment de parler à Jamie, mais j'ai décroché, juste afin de m'assurer qu'elle allait bien.

— Allô.

— Allô, pourrais-je parler à Voula ? a dit une voix masculine.

— Voula à l'appareil, ai-je reniflé.

— Vous n'avez pas l'air bien. Vous êtes malade ?

— Qui est-ce ? ai-je demandé un peu agacée.

— Pardon, c'est Paul.

— Le pompier ?

Il a ri.

— Bonjour. Comment avez-vous obtenu mon numéro ?

— Je connais votre adresse et je travaille pour la ville. Votre téléphone est noté dans le rapport. Beaucoup plus facile qu'on ne le croirait.

— J'imagine.

J'avais tant pleuré que je peinais à respirer.

— Vous avez un petit rhume ?

— J'en ai l'impression.

Je n'avais pas l'habitude de recevoir des coups de fil de garçons. Des hommes – il s'agissait d'un homme – non plus. J'émettais une vibration, disait Jamie. Je rétorquais qu'il s'agissait d'une vibration grecque, mais Jamie, à chaque rendez-vous que je refusais, parlait de mauvaise vibration.

— Voula, pensez-vous que vous pourriez avoir envie de sortir un soir… Boire une bière par exemple ?

— Une bière ?

Il m'invitait à sortir ? La vibration lui avait échappé ?

— Oui, ou un café, ou n'importe quoi.

N'importe quoi ? Qu'est-ce que c'était que ça, n'importe quoi ? Est-ce que Daniel Auteuil invitait les femmes à sortir en leur proposant n'importe quoi ? Ça sonnait mieux en français ?

— Bien sûr, ai-je répondu sans réfléchir.

J'avais encore deux jours de gros cafards noirs à gérer et j'acceptais des rendez-vous pour faire n'importe quoi. Où avais-je la tête ?

— Ou dîner peut-être ?

— Je préférerais certainement dîner à n'importe quoi.

Il a ri de nouveau.

— Vous êtes très drôle, vous savez.

— Merci. J'imite parfaitement Joe Pesci.

Il a encore ri.

Il avait compris la plaisanterie, ce qui me plaisait. Il a cité une réplique de *Goodfellas*, puis s'est arrêté, au bon moment. J'avais assisté à assez d'exhibitions de la part des ex de Jamie récitant des films entiers pour savoir combien cela pouvait être agaçant. Sa retenue me plaisait.

— Ce soir je travaille, mais pourquoi pas demain ?

Demain était la journée où je restais couchée. Hors de question de plaisanter avec ça.

— Je ne me sens pas très bien. Je ne crois pas.

— Et jeudi ?

Jeudi était la journée télé, sauf que j'avais l'impression d'oublier quelque chose. Jeudi déclenchait une sonnette d'alarme. Je me suis levée pour consulter mon calendrier. Deux cents mots à rendre lundi pour *NY by night* au sujet d'un nouveau restaurant. Un truc simple et court, mais je devais me déplacer. D'habitude, je m'y rendais seule, ou bien j'invitais Jamie ou Raj. Serait-ce bizarre de passer notre premier rendez-vous en note de frais ? Une façon de m'assurer qu'il n'espérerait rien de moi peut-être.

A qui voulais-je faire croire ça ? Je *voulais* qu'il espère quelque chose.

— J'ai un article à rédiger au sujet d'un restaurant. Vous voulez venir ? Un restaurant typiquement américain. Si vous n'aimez pas ce genre de cuisine, nous pouvons dîner ailleurs.

— C'est génial. Vous êtes critique culinaire. J'adore manger.

— Non, je suis auteur free-lance. *New York by night* m'a commandé un article sur cet endroit.

— Super boulot. Vous devez être vraiment calée.

Je m'entendais déjà dire à Jamie que Paul n'était pas assez intello pour moi. Et je la voyais déjà lever les yeux au ciel. Il semblait plutôt sympa. Il était trop tôt pour juger.

— J'aime écrire, c'est tout. Alors ?

— Ça me semble génial. Je passerai vous prendre.

— Pourquoi ne pas se retrouver là-bas ?

Je ne tenais pas à ce qu'il voie mon appartement, même si en fait il l'avait déjà vu. Je lui ai donné l'adresse.

— Une femme moderne. Ça me plaît, je vous retrouve là-bas.

Après avoir raccroché, je me suis étendue dans mon lit. D'étranges événements s'étaient succédés. Soudain le passé et un inconnu canon (peut-être pas assez intello) faisaient irruption dans ma vie bien rangée. J'ignorais si je réussirais à tenir ce rythme.

Ma journée au lit ne s'est pas déroulée comme je l'espérais. Pour commencer, difficile de se reposer quand la musculature du mec vraiment canon avec qui vous avez rendez-vous le lendemain vous obsède. L'autre raison était que j'avais Maureen Soltero aux trousses.

— Il faut vous remettre dans le bain, mon petit. C'est dur, mais dans cette ville en mouvement, si on ne s'active pas on se noie. Je fais visiter l'appartement près de Union Square, et j'ai une affaire charmante sur Mulberry Street. Ce n'est pas votre quartier de prédilection, mais c'est dans vos prix. L'endroit nécessite juste quelques ajustements.

Pourquoi avais-je répondu au téléphone ? L'identificateur d'appels était dans le salon et j'avais été trop paresseuse pour me lever. Peut-être avais-je espéré un appel de Jamie à qui j'aurais raconté l'appel de Paul pour qu'elle m'empêche d'annuler, ce que j'envisageais de faire. Ou alors j'avais espéré que Paul allait annuler. Mais les cinq appels que j'avais pris provenaient de Maureen, m'implorant de la retrouver le lendemain pour visiter des appartements. Au cinquième appel, j'ai perdu patience.

— Je ne veux pas habiter si loin du centre-ville.

— Vous avez un petit ami, Voula ?

— Quoi ? Quel rapport ?

— A mon avis, celles qui font les difficiles avec les hommes sont aussi exigeantes avec les appartements. Je l'ai vérifié avec pas mal de clientes dans votre situation.

— Qu'est-ce que vous racontez, Maureen ? Quelle « situation » ?

Je préférais ne pas savoir où elle voulait en venir.

— Je ne suis pas une fille qu'on lève dans un bar. Gardez vos analogies, j'irai visiter ce fichu appartement.

— Super. Je vous envoie toutes les infos demain et on se retrouve là-bas à 15 heures.

Elle a raccroché avant que je ne puisse changer d'avis.

Dans la soirée, Kelly est apparue à ma porte avec une toute nouvelle coupe de cheveux, qu'elle m'a présentée sous tous les angles. J'ai sifflé d'admiration.

— Si tu ne peux pas changer ta vie, change de coiffure, a-t-elle dit.

— Je devrais y réfléchir.

Son regard est tombé sur mon jogging et mon T-shirt.

— Tu te sens bien ? Tu es sortie de l'appartement aujourd'hui ?

— Non. C'est un genre de rituel auquel je m'adonne parfois.

Je ne lui ai pas expliqué que mon rituel avait été perturbé par une invitation ainsi que par ma recherche d'appartement.

— Il fait trop chaud ici, a gémi Kelly. Tu veux venir avec moi écouter un groupe latino à la Knitting Factory ? Je parie qu'il y fait plus frais que dans ce four.

Deux heures plus tard, je me trouvais downtown, dans une pièce étouffante dépourvue de sièges, applaudissant cinq mecs en costumes multicolores qui jouaient de la musique comme personne. Malgré la chaleur, Kelly dansait comme une folle. Debout au bar, j'observais son dos bouger en rythme tandis que des mecs lui parlaient à l'oreille. Elle les ignorait, continuant de danser. Danser n'avait jamais été mon fort. C'était Jamie qui, quand nous sortions, dansait en levant sa bière au-dessus de la tête et s'époumonait avec énergie. J'accompagnais une amie différente, mais mon comportement lamentable n'avait pas évolué.

Kelly est revenue au bar boire un verre d'eau. Les hommes se retournaient sur son passage pour la suivre des yeux. Bien sûr elle avait un corps superbe et exhibait sa nouvelle coupe, mais c'était autre chose qui la rendait désirable : elle semblait se moquer des regards.

— Qu'en penses-tu ? a-t-elle demandé en passant un glaçon dans son cou.

— Ce groupe est génial.

— Tu veux danser ?

— Je ne suis pas une super danseuse.

— Ce n'est pas un concours. Allez.

Elle m'a prise par la main et m'a traînée avec elle sur la piste.

J'ai dansé un moment, essayant de ne pas penser à mon allure dégingandée. J'ai suivi la musique et bougé en rythme. De temps en temps, je battais des mains en souriant à Kelly. J'avais l'impression d'être la petite sœur qu'on l'avait obligée à emmener avec elle, mais elle se comportait comme si ma compagnie lui faisait vraiment plaisir.

Après deux rappels, les lumières se sont rallumées. Mes oreilles bourdonnaient, mes pieds étaient douloureux et je dégoulinais de sueur. Je ne m'étais pas autant amusée depuis longtemps. Les bières que Kelly n'avait cessé de me tendre ne m'avaient même pas soûlée.

— Encore un verre ?

Sa nouvelle coupe accentuait son sourire coquin.

— D'accord, un seul.

Nous nous sommes assises au bar pour nous reposer un peu. Elle m'a avoué que grâce aux nouvelles lois anti-tabac, arrêter de fumer devenait plus facile, mais que son histoire avec son preneur de son lui donnait des envies irrépressibles de cigarette.

— Mais c'est fini entre nous. Il n'aime pas les femmes aux cheveux courts. Ma coupe va le faire fuir.

J'ai ri.

— Il l'a déjà vue ?

Elle a fait non de la tête.

— Elle te va sacrément bien. A mon avis, il va oublier ses principes sur le sujet.

— Je me montrerai forte. Un roc. J'ai besoin d'un break avec les hommes. Je vais te rejoindre au couvent.

Elle m'a adressé un clin d'œil.

— En fait, demain j'ai un rendez-vous, ai-je lâché.

J'éprouvais une certaine superstition au sujet de ce rendez-vous. Tout comme j'évitais d'évoquer le bébé de Jamie, j'évitais de penser à ce rendez-vous.

Kelly a feint l'horreur.

— Toi ! s'est-elle exclamée. Mais quel genre de fille grecque es-tu donc ?

Je me suis pris la tête entre les mains.

— Mon Dieu, je suis une fille perdue.

Ce cycle de gros cafard noir se révélait franchement atypique. Je m'amusais trop.

— Salut, les filles, nous a interrompues une voix.

Deux mecs se tenaient debout derrière nous.

— Nous vous avons remarquées pendant que vous dansiez. Ça vous dirait de continuer ? Nous allons chez Bongo. Vous avez envie de venir ?

Quand je sortais en compagnie de Jamie, ce genre de propositions affluaient mais les hommes s'adressaient toujours à elle. Ceux-là nous regardaient toutes les deux. Je ne savais même pas quoi répondre. Kelly a pris la situation en main.

— Merci, mais nous passons une soirée entre filles.

— Dommage, a répondu celui avec les cheveux longs.

Il était mignon, mais cinq ans trop vieux pour le look Ashton Kutcher.

— Nous cultivons notre côté féminin.

— J'en suis persuadée, a répondu Kelly. Mais je ne veux pas vous faire perdre votre temps. J'en ai fini avec les hommes et elle est amoureuse.

J'ai rougi et les mecs ont éclaté de rire. Ils nous ont souhaité bonne soirée d'un ton un peu ironique avant de tenter leur chance plus loin.

— Et tu t'inquiétais de ta coiffure.

— Et toi de rester vieille fille.

— Je t'assure, ai-je dit en désignant les deux mecs

qui sortaient. Ce genre de truc ne m'arrive jamais. C'est parce que tu es là.

— Laisse tomber, ils te dévoraient des yeux toi aussi.

— Tactique connue pour que tu acceptes l'invitation.

Elle a levé les yeux au ciel.

— Fais-moi confiance. Je ne sais pas m'y prendre avec les mecs. Ils ne s'intéressaient pas à moi.

— Il ne s'agit pas de savoir s'y prendre, Voula. Tu ne te mets pas en situation pour que ça t'arrive, c'est tout. Et tu ne t'en portes probablement pas plus mal, crois-moi.

Elle avait confiance en elle. Voilà ce qui attirait les gens chez elle. Comme chez Jamie. Quels que soient ses déboires amoureux, Kelly ne vacillait pas. Elle restait elle-même. Je me cachais depuis si longtemps derrière mes complexes que je ne m'étais pas rendu compte à quel point j'exagérais leur importance.

Quand j'ai retrouvé Maureen le lendemain devant le bâtiment de Mulberry Street, elle semblait contrariée.

— L'autre intermédiaire est toujours en retard, a-t-elle déclaré en guise d'accueil. J'aurais dû vous dire 15 h 30.

— Ce n'est pas grave.

Mais ça l'était un peu. Je m'étais habillée pour mon rendez-vous avec Paul. J'avais pas mal de choses à faire après la visite de cet appartement et de celui de Union Square et je n'étais pas certaine d'avoir le temps de repasser chez moi. Par cette chaude après-midi d'août, j'avais presque envie d'ôter ma jupe d'été et mes sandales de toile à petits talons. La transpiration perçait mon chemisier plutôt sage. Je voulais paraître à mon avantage, sans montrer que j'avais réfléchi à ma tenue. Comme si je pouvais espérer qu'on me prenne pour une fille habituée à sortir avec un homme !

— Vous êtes très jolie, Voula.

J'ai souri.

— J'ai un rendez-vous ce soir.

— Super. Ne vous montrez pas trop difficile.

J'étais toujours étonnée qu'elle prenne de telles libertés avec moi. Une fois, tandis que nous visitions un appartement vendu pour cause de naissance, elle s'était interrogée tout haut sur mon horloge biologique.

— Vous devriez mettre un peu de rouge à lèvres, a-t-elle ajouté.

Elle ignorait que j'avais prévu de m'arrêter chez Sephora pour acheter un nouveau brillant à lèvres. Le rouge à lèvres n'était pas mon truc, mais un brillant à lèvres sympa mettait ma peau naturellement bronzée en valeur.

— Maureen ! l'a interpellée l'agent du propriétaire, apparu au coin de la rue.

Elles se sont embrassées, mais en pressant sa joue contre celle de son confrère, Sandy Firestein, Maureen a fermé les yeux avec résignation. Nous avons échangé une poignée de main. Tout en montant l'escalier, Sandy vantait les lieux comme seuls savent le faire les agents immobiliers.

— C'est un appartement plein de charme.

Traduisez *tout petit.*

— Il s'agit d'un immeuble d'avant-guerre.

Soit *vieux et en piteux état.*

— Il suffit de l'aménager.

C'est un trou à rats!

— L'assemblée des copropriétaires est très sympa.

Composée de dégénérés qui vont réduire à zéro la valeur de la propriété et ruiner votre qualité de vie.

— Le prix est imbattable pour un tel emplacement.

Le quartier est le seul point positif.

— Et il vient juste de baisser.

Personne n'en veut.

Ce qu'elle n'avait pas mentionné mais qui devenait une évidence, au fur et à mesure que nous montions l'escalier, c'était qu'il s'agissait d'un sixième sans ascenseur. Personne ne m'avait prévenue, et apparemment personne n'avait prévenu Maureen non plus. Au troisième étage, elle était déjà à bout de souffle, ce qui ne l'empêchait pas de tenter d'arracher une affaire en association avec cette autre maniaque de l'optimisme.

— Cet escalier est mieux qu'une salle de sport! s'est exclamée Maureen d'une voix enjouée.

— Oui, c'est un grand avantage. Tout comme les

frais économisés par l'absence d'ascenseur, a ajouté Sandy.

Mon sort était scellé. Mes espoirs de visiter un bel appartement tout comme d'être un minimum présentable à mon rendez-vous s'étaient envolés. Je transpirais même derrière les genoux.

L'appartement était beaucoup plus vaste que je ne l'avais imaginé. Il comportait une chambre de taille franchement raisonnable contiguë à un salon plutôt spacieux. C'était un vrai deux pièces.

— Une telle superficie pour ce prix, c'est introuvable.

Sauf qu'y régnait un vrai chantier. Des ordures traînaient partout. Le bois apparaissait par plaques entières sous la peinture écaillée des placards de la cuisine. Il n'y avait pas de lavabo dans la salle de bains.

— Un lavabo sera installé avant que vous n'emménagiez ! s'est écriée Sandy.

Elle déambulait à travers l'appartement, émettant des commentaires qui semblaient concerner un autre lieu.

— Il faut être visionnaire.

Maureen devait s'en mordre les doigts. Elle savait que je n'avais rien d'une visionnaire. Elle me le répétait continuellement. « Soyez visionnaire ! » Ma vision me soufflait que pour la somme d'argent – durement gagnée – que j'allais dépenser, je préférais emménager dans un appartement ne nécessitant aucuns travaux.

La lumière de la salle de bains a clignoté, puis s'est

éteinte. Super. Même l'électricité ne fonctionnait pas. Je suis revenue dans le salon. Là aussi il faisait noir. J'ai trébuché sur une pile de journaux, abandonnée sans raison au milieu de la pièce.

— Le propriétaire se trouve à l'étranger. Je suis certaine qu'il emportera une partie de tout ça.

Les dents blanches de Sandy luisaient dans le noir.

— Il doit s'agir d'un court-circuit, a dit Maureen.

Elle semblait la seule à ne pas considérer l'absence d'électricité comme un détail.

Sandy a manœuvré l'interrupteur.

— Si nous ne parvenons pas à rallumer, vous pourrez toujours revenir. Je suis sûre que l'électricité va se rétablir dans une minute.

— Je crois que j'ai tout vu, merci.

J'anticipais déjà la longue descente des six étages. Mais quand j'ai ouvert la porte, j'ai découvert que le couloir aussi était plongé dans l'obscurité. Heureusement, Maureen était munie d'une lampe de poche-porte-clés servant également de sifflet et de bombe lacrymogène.

Nous avons descendu avec précaution les six étages. Les quelques occupants des autres appartements passaient la tête dans le couloir. La lumière avait sauté dans tout le bâtiment.

Mais cela ne s'arrêtait pas là.

12

Dans la rue, le son d'un autoradio s'échappant d'une voiture m'a appris que toute la ville et la majorité de la région étaient plongées dans le noir. Une foule s'était agglutinée autour de la voiture, à la recherche des mêmes informations que moi.

D'abord, Maureen et moi avons pensé que la panne ne concernait que l'immeuble. Ce n'est qu'après avoir pris congé de Sandy à la station de métro que nous avons compris qu'il ne fonctionnait pas et commencé à craindre le pire. Maureen a immédiatement tenté d'entrer en contact avec sa nounou, mais son téléphone portable ne fonctionnait pas.

J'avais encore environ deux heures devant moi avant mon rendez-vous avec Paul dans West Village. J'ai décidé d'accompagner Maureen à pied jusqu'à Gramercy Park. Sur Broadway, j'ai acheté une paire de tongs à un vendeur de rue. La randonnée dans l'escalier m'avait valu des ampoules aux pieds. Ces chaussures ne s'harmonisaient pas exactement avec ma tenue, mais rattacher les lanières de mes sandales se révélait mission impossible.

— C'est peut-être une attaque terroriste, a dit Maureen, les larmes aux yeux.

J'ai calculé que lors de l'attentat du 11 septembre, elle devait être enceinte. Elle frôlait la crise d'angoisse.

— Les gens disent que non. Je crois que les choses se passeraient différemment dans ce cas.

Je ne croyais pas à un attentat terroriste. Je ne voulais pas y croire.

— Continuez de sourire, mesdames, nous a crié un homme, faisant signe à une voiture de s'arrêter pour nous laisser traverser.

Il ne s'agissait pas d'un policier. Son sac à dos et sa bicyclette appuyée contre le feu en panne donnaient à penser qu'il était coursier. Il avait décidé de se rendre utile.

— D'accord, ai-je répondu avec un sourire plus large que celui que je réservais d'ordinaire aux étrangers.

De vrais policiers étaient présents et souriaient eux aussi. Je tentais de me persuader qu'en cas d'attentat, un plan anti-terroriste aurait été mis aussitôt en œuvre. Tout le monde paraissait aussi désorienté que nous, mais pas apeurés. Je m'effrayais facilement, pourtant je ne pensais pas autre chose que : « Je suis bien éveillée, il fait encore jour et je veux savoir ce qui se passe. »

— Cinq dollars, cinq dollars l'eau fraîche ! Achetez de l'eau. Le frigo est en panne !

Des gens vendaient des bouteilles d'eau stockées

dans des glacières. J'avais la gorge desséchée mais cinq dollars était un prix exagéré.

— C'est une arnaque pire qu'un deux pièces dans Greenwich Village, ai-je dit à Maureen, lui arrachant enfin un sourire.

Nous nous sommes arrêtées à un arrêt de bus, mais le bus était bondé. Nous avons repris notre marche. Durant tout le trajet, Maureen n'a cessé de tenter de contacter sa nounou, pétrifiée de terreur à l'idée qu'il puisse arriver un malheur à ses triplés. Elle énumérait une série d'inquiétudes délirantes.

— Et si Leona était sortie acheter un truc pendant leur sieste ? Et si elle était bloquée dehors ?

— Et s'ils tombaient dans l'escalier parce qu'il n'y a pas de lumière ?

— Et si elle ne pouvait pas trouver les lampes de poche ? Est-ce que j'ai mis des piles dedans d'ailleurs ?

Je découvrais un nouvel aspect de Maureen, toujours si sûre d'elle en apparence. Ces craintes n'étaient pas rationnelles, mais peut-être était-ce le cas quand on avait des enfants. Je me suis inquiétée au sujet de Jamie. Pourvu que tout aille bien pour elle. Je ne parvenais pas à la joindre. Mon portable ne marchait pas. J'ai tenté de l'appeler d'une cabine, mais sa ligne non plus ne fonctionnait pas.

Nous sommes enfin parvenues chez Maureen. Elle habitait l'un de ces grands bâtiments donnant directement sur le parc. Malgré ses peurs maternelles irrationnelles, elle a réussi à m'expliquer qu'elle possédait l'un des appartements tant convoités de Gramercy Park. Au jeu de l'immobilier, elle avait gagné le jackpot. Son portier nous a appris que l'ascenseur ne fonctionnait pas, donc une fois de plus, je me suis retrouvée en train de gravir trop de marches pour mon goût.

Je m'attendais plus ou moins à ce que la nounou de Maureen se révèle une travailleuse clandestine, mais la femme qui a ouvert la porte arborait quelques années de plus que Maureen, un sourire doux et un chignon. Elle s'appelait Leona. Un doigt sur les lèvres, elle a désigné la pièce voisine.

Dans l'immense salon décoré avec goût de Maureen, trois marmots dormaient sur le canapé. Dehors, la foule paniquait, s'effrayait, mais ici le monde était en paix.

A la vue de ses trois chérubins, le visage de Maureen s'est éclairé. Elle a remercié Leona et lui a demandé comment elle comptait rentrer chez elle. Leona vivait à Long Island et nous savions que les trains ne fonctionnaient pas.

— Mon mari est venu en voiture aujourd'hui. Comme tous les jours depuis son opération, a-t-elle ajouté d'un air sombre.

Maureen a hoché la tête, mais sans quitter ses enfants des yeux. Leona est sortie entamer la longue descente de l'escalier.

— J'ai du champagne au frigo, a dit Maureen. Il est encore frais. Autant le boire avant qu'il ne réchauffe.

Maureen disposait d'une vaste cuisine dans laquelle on pouvait prendre ses repas. J'avais rarement vu ça.

Tout l'équipement était en acier brossé. Le genre de cuisine que s'offrait un vrai chef, alors que Maureen m'avait dit qu'elle détestait cuisiner.

Elle a versé le champagne dans des verres en cristal. Puis a trouvé une glacière qu'elle a remplie de la glace poudreuse qui restait dans le freezer pour y mettre des cartons de lait maternisé. L'idée du gâchis de nourriture ne m'avait même pas effleurée. Le restaurant sur lequel j'étais censée écrire un article était-il ouvert ? Comment contacter Paul ? D'ailleurs, il devrait peut-être travailler ce soir.

— A quelle heure avez-vous rendez-vous ?

J'ai consulté ma montre.

— Dans une heure environ. Qui sait s'il sera là.

Elle m'a adressé un clin d'œil.

— Je sais qu'il sera là.

— Pourquoi ? Vous l'avez engagé pour qu'il me séduise ? ai-je plaisanté.

Maureen a ri.

— … comme dans une comédie romantique ?

— Vous êtes un sacré personnage, Voula.

Etonnant commentaire de la part d'une mère de triplés qui avalait son second verre de Moët comme s'il s'agissait d'eau.

— Je voudrais être jeune de nouveau. Ne gâchez pas votre jeunesse avec des doutes idiots.

— D'accord.

J'ai terminé mon champagne.

— Vous possédez un superbe appartement.

— Ne vous inquiétez pas, nous allons vous en trouver un.

Elle m'a embrassée sur le front.

J'ai décidé qu'il était temps de partir.

J'ai trouvé mon chemin dans la cage d'escalier sombre, puis me suis enfoncée dans la ville. L'atmosphère s'était encore allégée. Tout le monde semblait gai. L'air était encore oppressant mais le soleil avait baissé dans le ciel. Des gens se baladaient en discutant et en buvant des bières dissimulées dans des sacs en papier. Un groupe de femmes en tailleur, toutes chaussées des mêmes espadrilles multicolores, s'était arrêté pour aider un couple de personnes âgées.

J'ai croisé mon reflet dans une vitrine et j'ai constaté les dégâts. La chaleur avait anéanti mon look – si j'en avais jamais eu un. J'ai prié pour que Paul m'ait posé un lapin ou qu'il soit retenu par son travail. Parce que j'avais une drôle d'allure.

Quand je suis arrivée au restaurant, il était fermé. Il était 18 heures pile – un petit peu tôt pour dîner à mon goût, mais Paul avait suggéré que nous nous retrouvions de bonne heure. Je me suis brièvement demandé s'il avait deux rendez-vous dans la soirée et retrouvait une autre fille à 21 heures. Vous me trouvez peut-être parano, mais c'était le genre de trucs dont Jamie était coutumière à sa grande époque.

Juste à côté, un traiteur distribuait ses glaces bio au lait de soja, impossibles pour eux à conserver. J'en ai pris deux (au cas où, s'il se montrait, Paul soit affamé) et me suis adossée contre une boîte aux lettres. J'allais accorder quelques minutes à Paul. J'ai mangé mon faux dessert en dansant d'un pied sur l'autre et en regardant les gens passer. De loin en loin, j'apercevais un camion de pompiers et me demandais si Paul avait été réquisitionné.

J'ai sorti mon téléphone portable, au cas où Paul aurait appelé, mais il s'obstinait à « chercher » sans jamais trouver un signal. Soudain une ombre est passée sur moi et m'a privée de soleil. J'ai levé les yeux sur un camion de pompiers, et sur Paul, revêtu de son équipement au complet, sourire aux lèvres.

— Vous avez peu de chance que ce truc fonctionne, a-t-il dit en descendant du camion.

— Bonjour.

— Je ne suis pas vraiment habillé pour dîner.

— Ce n'est pas grave, le restaurant est fermé.

— Comme tous les autres restaurants de la ville.

Je lui ai tendu la crème glacée bio au lait de soja.

— Tenez. Si vous avez faim.

Il a pris la glace en souriant.

— Merci ! Comment saviez-vous que j'étais allergique au lactose ?

J'étais pleinement consciente que les pompiers du camion au grand complet m'observaient et me détaillaient. Si j'avais eu la moindre idée de ce qui m'attendait, je me serais arrangée pour repasser chez moi et me changer avant le dîner – sincèrement.

— De toute façon, on dirait que vous allez être obligé d'annuler.

— Je n'en peux plus, a-t-il avoué. Je partais pour notre rendez-vous quand la panne s'est déclenchée. Nous avons dû répondre à une fausse alerte. Heureusement, j'ai convaincu DiPaolo de faire un détour.

Sans réfléchir, j'ai fait un signe à DiPaolo, que j'ai supposé être l'homme au volant. J'ignorais pourquoi j'avais fait ça et l'ai immédiatement regretté.

— Nous pourrions reporter à un autre moment, quand la lumière sera revenue.

— Oui. J'espère que la date de remise de mon article sera repoussée, ai-je pensé tout haut.

Avais-je donné l'impression de ne pas être emballée par notre rendez-vous ?

— Je suis sûr que vous trouverez une solution.

Il devait cuire dans cette tenue, pourtant il a soutenu mon regard un moment.

— Allez, Torrisi ! a appelé un des autres pompiers.

— Bon, ils n'ont pas fini de se moquer de moi parce que je n'ai pas décroché un baiser, mais comme nous n'avons même pas dîné ensemble, je ne vais pas me montrer présomptueux. A moins qu'on ne compte cette glace comme un dîner.

L'expression de mon visage l'a fait sourire.

— C'est bien ce que je pensais. Soyez prudente en rentrant.

— Je ferai attention.

— Vérifiez que vous avez assez d'eau sur vous. Et tenez, prenez ça.

Il a tiré une lampe de poche de l'intérieur de son accoutrement de cosmonaute et me l'a tendue.

Je m'en suis emparée comme s'il s'agissait d'un bouquet de roses.

— Merci.

— De rien.

Il avait déjà regagné le camion et me faisait signe en guise d'au revoir. J'ai terminé ma glace au lait de soja en imaginant combien il devait être pénible d'être allergique au lactose. Peut-être que si je casais un article sur le sujet, je pourrais l'interviewer et le forcer à sortir avec moi, même après que ses collègues lui auront fait remarquer que j'étais plutôt bizarre, dépenaillée et transpirante.

Sur le chemin du retour, je me suis arrêtée chez Jamie, mais elle n'était pas là. J'ai remonté la Huitième Avenue. Aux abords de Penn Station, la foule s'épaississait. Les banlieusards commençaient à accepter l'idée qu'ils étaient bel et bien coincés en ville. Partout, les gens s'asseyaient dans la rue, s'éventant avec des journaux. Ils n'avaient pas tellement le choix.

Dans ma rue, j'ai aperçu Kelly et Armando en compagnie de quelques locataires de notre immeuble. Quelqu'un avait sorti un barbecue du sous-sol. Kelly m'a fait signe.

— Tu arrives juste à temps ! s'est-elle exclamée en me tendant une bouteille de vin blanc tiède que j'ai reconnue comme provenant du restaurant. L'appartement est un four. Nous allons dîner dehors.

— Comment ?

— Si, *bella,* je fais un barbecue, a expliqué Armando.

Il m'a souri. Depuis l'incendie, il me traitait avec précaution. Je n'étais pas certaine de lui faire confiance quand il manipulait des flammes, mais l'idée d'un barbecue dehors par cette journée torride était excellente. Ma balade à travers la ville m'avait ouvert l'appétit.

Quand le soleil s'est couché, le feu a éclairé l'obscurité. Armando avait prélevé une imposante quantité de viande dans le congélateur du restaurant et invité tout le quartier à manger des côtes de bœuf, du poulet fermier et de tendres morceaux de veau. Je me suis servie d'un peu de tout. Il avait également prévu un gros stock de bon vin.

— Vive le miracle de la multiplication des pains, ai-je déclaré quand Armando a extrait une nouvelle bouteille de Pinot Grigio de son sac de marin. Je crois qu'Armando est peut-être bien Jésus.

— Je crois que Voula est peut-être bien soûle, a ri Kelly, soûle elle aussi. Hé, tu n'avais pas rendez-vous ce soir ?

— Il a été reporté, mais j'ai reçu ça en cadeau, ai-je dit en sortant ma lampe de poche.

— Un vibromasseur, a pouffé Kelly.

J'ai braqué la lumière sur ses yeux.

— Vous devriez l'économiser, a conseillé notre voisin de palier.

Il m'a tendu une bougie.

J'ai hésité une seconde avant de m'en emparer. On semblait en sécurité ici. Aucun incendie n'allait se déclarer.

La nuit devenait de plus en plus dense. Les locataires de notre immeuble faisaient connaissance avec ceux de l'immeuble voisin. Notre voisin du dessus, que je croyais chaussé de semelles de plomb, était en fait un designer industriel qui s'exprimait avec soin. Le couple d'en face allait se marier à l'automne, et la femme du second étage possédait un adorable chiot beagle acheté en contrebande.

L'atmosphère était très détendue. Des passants munis de bougies s'arrêtaient pour nous parler. Une femme du bâtiment d'à côté a rencontré quelqu'un avec qui elle était allée au lycée. Kelly discutait avec un homme d'affaires qui passait par là. Il faisait incroyablement chaud, mais cela importait peu. J'étais heureuse de me trouver là, en compagnie des autres. Les deux derniers jours avaient été riches en surprises, et même si cette soirée était la plus grande, je me sentais en paix. Pour une fois, aucune groupie italienne ne s'enroulait autour d'Armando et nous pouvions discuter tranquillement. Il m'a raconté qu'il avait vécu de fréquentes coupures d'électricité dans son village lorsqu'il était jeune. A minuit, Kelly m'a lu les lignes de la main à la lueur de la bougie, avec un accent qui se situait entre l'anglais et le transylvanien.

— Je vois un homme aux cheveux sombres qui vient pour t'emporter.

— Tu ne racontes que des bobards.

— Il t'emporte dans un gros camion.

— Je crois que tu en sais un peu trop sur moi pour te montrer objective. Si tu possèdes vraiment un don, d'ailleurs.

— Il est si près de toi…

Elle fixait un point dans le noir derrière moi.

— Et il éteint le feu en moi avec son gros tuyau ?

Je prenais goût à ces plaisanteries imbéciles.

— Je vois ton avenir, a-t-elle déclaré avec sérieux en pointant le doigt derrière moi.

Je croyais qu'elle plaisantait. Que Paul se tienne juste derrière moi et ait entendu mes dernières paroles relevait trop du sitcom télévisé. Je me suis retournée brusquement, manquant heurter Paul et laisser échapper ma bougie.

— Ouch ! s'est-il exclamé en faisant un pas en arrière.

Il avait troqué son uniforme contre un T-shirt et un jean.

— Je pensais que vous seriez devenue plus prudente avec le feu. D'où la lampe de poche.

— Je la gardais pour plus tard.

Je ne m'exprimais pas clairement.

— … au cas où la lumière ne reviendrait pas.

— Elle devrait revenir au milieu de la nuit. L'électricité est déjà rétablie à plusieurs endroits.

— Oh, super.

J'étais soulagée qu'il n'ait pas entendu ma plaisanterie à Kelly.

— Mais vous devriez faire attention avec ça.

J'ai hoché la tête.

— … Je détesterais avoir à me servir de mon grand tuyau.

J'ai fermé les yeux et inspiré un grand coup. J'ai senti Kelly qui s'éloignait derrière moi. Quand j'ai rouvert les yeux, Paul était toujours là, sourire aux lèvres.

— Pas de problème, a-t-il dit.

— D'accord.

— Je vais dormir chez un copain. Je n'ai pas envie de rentrer chez moi à pied et traverser le pont de Brooklyn.

— On ne vous raccompagne pas ? Impossible de réquisitionner un camion de pompiers ou un truc de ce genre ?

— Si j'y tenais, je suppose que je pourrais le faire, mais ça ira. Et puis je voulais vérifier que vous étiez bien rentrée et convenir d'un autre rendez-vous.

Le reste de l'équipe du camion m'avait-elle agréée ?

— Vous pouvez rester un peu si vous voulez.

Jamais de ma vie je ne m'étais montrée aussi audacieuse avec un homme. Ce devait être à cause de tout ce vin hors de prix.

— J'en serais ravi, mais je suis épuisé. J'y vois à peine. Il faut que je sois au top lors de notre prochaine rencontre, pour répliquer du tac au tac à vos traits d'esprit.

Il parlait avec ce drôle d'accent new-yorkais (spécifique à Brooklyn ?), mais j'aimais bien l'écouter.

— Jeudi prochain ?

— Pourquoi pas plus tôt ? a-t-il objecté. Mardi, par exemple.

J'ai de nouveau fermé les yeux. Puis j'ai souri en acquiesçant.

— D'accord. Super. Je vous appellerai. Bonne nuit. Et attention avec le barbecue. Ne me donnez pas une nouvelle raison de revenir.

— D'accord, je ferai attention. Au barbecue. A bientôt.

Il a fait mine de partir, puis s'est retourné.

— Je voulais vous dire, vous êtes très belle dans cette lumière.

J'ai voulu le remercier, mais il s'est penché pour m'embrasser sur la joue. Un baiser rapide et doux. Sa joue s'est attardée contre la mienne.

— A la semaine prochaine, a-t-il murmuré contre mon oreille.

— Oui, à la semaine prochaine.

Et alors, bien que nous n'ayons pas dîné ensemble (encore que j'avais décidé de compter les glaces comme un dîner), j'ai tourné la tête et l'ai embrassé sur la bouche. New York était plongé dans le noir. J'avais embrassé un mec. Tout pouvait arriver.

Cette fois, il s'est éloigné en passant devant Armando et Kelly dont les bougies éclairaient les bouches bées.

J'ai sorti ma lampe de poche réglementaire des pompiers de New York et me suis inondée de lumière afin qu'ils voient le sourire géant qui s'étalait sur mon visage.

L'électricité est revenue le lendemain matin à 6 heures. Quand la lumière a brutalement illuminé ma chambre, je me suis réveillée, avec la gueule de bois. J'avais dû oublier de tourner l'interrupteur la veille en partant. J'ai appelé ma mère pour m'assurer qu'elle allait bien. Elle m'a brièvement rassurée avant de s'arranger pour que je me sente coupable de mon absence.

Comptez sur ma mère pour ça.

Je me suis rendormie quelques heures. A mon réveil, j'ai écouté la radio et découvert que plusieurs parties de la ville n'avaient toujours pas l'électricité et que certains trains étaient encore coincés. Le métro ne fonctionnait pas et personne n'était censé aller travailler.

Dans la cuisine, Kelly buvait du jus de fruits et mangeait une barre de céréales énergisante. A l'expression de son visage, j'ai compris qu'elle aussi avait la gueule de bois.

— Dieu merci, la ville est bloquée, a-t-elle dit.

Je me suis affalée dans le divan et ai composé le numéro de Jamie.

— Salut, a-t-elle dit en décrochant. Tu t'en es sortie ?

— Oui, et toi et le bambino ?

— Ça va. J'ai passé quelques heures aux urgences, mais ça va.

— Aux urgences ? Qu'est-il arrivé ?

Elle m'a raconté toute la saga. Elle s'était réfugiée chez une collègue, pensant que l'électricité allait être rétablie d'une minute à l'autre. Quand elle avait compris que non, elle avait décidé de rentrer chez elle à pied. Il faisait trop chaud et elle avait vomi au milieu de la rue. Un type s'était inquiété et elle lui avait répondu qu'elle était enceinte. Le bon Samaritain avait paniqué. Quelques années auparavant, sa femme avait fait une fausse couche. Avant d'avoir compris ce qui lui arrivait, Jamie s'était retrouvée à l'arrière d'une ambulance, sirène en marche, la totale. Durant le trajet, Jamie elle aussi s'était mise à craindre le pire. Etendue sur la civière, elle avait éclaté en sanglots en se demandant si elle n'avait pas déjà vu cette scène dans un épisode d'*Urgences*.

— Heureusement, on m'a emmenée aux urgences de Saint Vincent, juste en face de chez moi. A peu près. Impossible de joindre Raj, alors j'ai été obligée d'y rester. On m'a examinée, assuré que tout allait bien, puis refusé de me laisser partir sans que quelqu'un ne vienne me chercher.

— Ouah !

— L'air conditionné ne fonctionnait que dans la chapelle. C'est là que j'ai attendu, avec une foule de dingues. Une femme a découvert que j'étais enceinte – elle avait dû entendre les infirmières – et s'est mise à hurler des horreurs sur mon vagin qui allait devenir tout mou…

— Comment ça ? De quoi souffre-t-elle ?

— Je ne sais pas de quelle maladie elle souffre, mais quand l'infirmière a tenté de la raisonner, elle a répété que…

Jamie a pris le ton d'une scientifique démontrant sa théorie.

— … que durant la grossesse le vagin perd de son élasticité.

— Vraiment ?

J'étais sincèrement intriguée. J'allais devoir vérifier dans mon livre, même s'il fallait sauter quelques chapitres.

— Oui.

— Et ensuite ?

— Raj a fini par arriver. Nous sommes rentrés et avons dîné de bretzels et de chips.

J'avais envie de raconter à Jamie ce qui m'était arrivé ces derniers jours, et aussi lui demander pourquoi elle ne m'avait jamais rappelée. Le temps que je décide par quoi commencer, Jamie a fondu en larmes.

— Tout va bien, Jamie ?

Le séjour aux urgences avait ébranlé ses nerfs. Je m'estimais heureuse qu'elle et le bébé se portent bien.

— Il fallait vérifier que tout allait bien. Or tout va bien. La lumière est revenue.

— Mais, Voula, a-t-elle geint, si je me retrouvais vraiment avec un vagin tout mou ?

13

J'avais donné rendez-vous à Helen dans un restaurant thaï sur Smith Street. Près de chez elle, mais pas chez elle. Je préférais un terrain neutre.

La veille, Paul et moi étions convenus de notre rendez-vous. Je lui avais dit que je me rendais à Brooklyn. Trois semaines s'étaient écoulées depuis la panne d'électricité mais nous n'avions toujours pas réussi à nous revoir – il travaillait trop. Mais nous parlions presque tous les jours, projetant chaque fois de nous voir, mais son travail ne cessait de contrarier nos projets. Mon article à propos du restaurant avait été repoussé, ce qui me permettait de continuer à m'en servir comme prétexte. Je me demandais si j'étais en train de franchir la démarcation entre petite amie potentielle et fille dont il voulait être l'ami.

Nous parlions de tout et de rien. Il m'appelait à l'improviste, dès que c'était le calme plat à la caserne. J'aimais nos échanges, sa vision particulière des choses. Il semblait avoir tant compris, à propos de New York, des gens, de tout. C'était facile de lui parler. Nos conversations duraient des heures.

Même si je craignais que notre relation ne se soit muée en amitié, le téléphone constituait pour moi le moyen idéal d'apprendre à connaître quelqu'un. Au téléphone, je restais moi-même et pouvais tester la compatibilité de nos sens de l'humour respectifs sans m'inquiéter de mes sourcils ou des épinards coincés entre mes dents. Nous apprenions à nous connaître en douceur, comme à l'époque où les gens se faisaient la cour. Je ne connaissais pas de meilleur moyen de communiquer. A part le mail. Je suis quand même auteur. Mais Paul ne possédait pas d'ordinateur. Il possédait une adresse électronique, mais l'utilisait rarement parce que certains de ses collègues monopolisaient l'ordinateur de la caserne.

Je l'avais catalogué non intello mais il possédait un vocabulaire impressionnant. Il n'était pas allé à l'université, donc je supposais qu'il avait beaucoup lu. Parfois, il prononçait un mot de travers, ce qui me charmait. De toute évidence, c'était un autodidacte. Difficile de faire coller la voix pleine d'esprit du téléphone avec l'image du pompier costaud massant sa cuisse impressionnante.

Quand je lui ai précisé la station de métro où j'avais rendez-vous avec ma sœur, Paul m'a appris qu'il habitait une station plus loin et que le restaurant où je me rendais était l'un de ses favoris.

— Je devrais y débarquer demain et te surprendre avec l'autre mec.

— Il ne s'agit pas d'un autre mec, il s'agit de…

Le mot paraissait étrange dans ma bouche.

— … de ma sœur.

— Ah, ah ! Je te prends en flagrant délit de mensonge. Tu as dit que, de Brooklyn, tu ne connaissais que Park Slope. C'est décidé, je vais faire le guet.

— Ecoute, Columbo, il s'agit réellement de ma sœur. Et dans Brooklyn, je ne connais que Park Slope. C'est la première fois que je vais dans Smith Street.

— Si ta sœur y vivait, tu y serais déjà allée. Je ne suis pas idiot.

— Tu n'es certainement pas idiot. Mais je ne connais que Park Slope.

— Ta sœur vient de déménager ?

— Non.

J'avais envie d'en rester là. Cette conversation ne faisait que renforcer ma conviction que l'irruption des autres dans votre existence compliquait les choses.

— Un de ces trucs de famille compliqués, a-t-il dit, comme s'il ne connaissait que trop bien.

— Oui.

— Ecoute, si ça se passe mal, tu connais mon numéro. Je serai chez moi demain soir. Je peux venir te retrouver n'importe où.

Pouvait-il entendre mon sourire ? Je le connaissais à peine, c'est vrai, mais il me communiquait un tel sentiment de protection et de sécurité… J'aimais ça.

— Merci.

C'est le seul mot qui m'est venu à l'esprit.

La femme assise près de la fenêtre ressemblait à ma tante Effie lorsque j'étais enfant. Il m'a fallu un moment pour comprendre qu'il s'agissait de ma sœur. Elle s'est levée pour me serrer dans ses bras. J'ai répondu à son étreinte avec un peu de raideur. Je m'étais demandé si j'allais vivre ces retrouvailles comme dans les talk-show. J'ai plutôt éprouvé la même sensation que lorsque je rencontrais un responsable de rubrique pour la première fois. Le responsable allait m'interroger, simplement il ressemblait à un membre de ma famille. Nous nous sommes dévisagées quelques secondes avant de parler.

— Tu as trouvé sans problème ?

— Oui.

Elle regardait derrière moi, comme si elle cherchait à lire la question suivante sur le mur.

— Comment ça va, ton boulot ?

— Ça va.

J'aurais dû broder un peu, mais c'était mon tour de poser une question. Je ne savais pas trop quel était son métier. J'ai deviné.

— Tu enseignes, n'est-ce pas ?

— Oui.

Elle m'a demandé où je me trouvais durant la panne d'électricité et s'est lancée dans une histoire interminable, m'expliquant qu'elle avait dû partir à la recherche de son fils. Elle essayait désespérément de dissiper notre gêne et réalisait, au fur et à mesure de son récit, qu'elle ne faisait que l'augmenter.

La serveuse nous a demandé ce que nous désirions boire, puis nous nous sommes plongées dans le menu. Je voulais le curry de poulet *massaman*, aussi pimenté que possible, avec du riz au jasmin à la place du riz habituel, et les bouchées au curry. Pourtant j'ai simulé une hésitation.

Quand la serveuse est revenue, Helen a commandé la première. Elle a choisi exactement la même chose que moi, jusqu'au curry très épicé.

— Et pour vous ? a demandé la serveuse.

J'ai hésité, puis commandé la même chose. Helen a souri, comme si nous venions de prouver nos liens. Je ne savais pas pourquoi je m'obstinais à maintenir une telle distance entre nous.

— C'est une situation étrange.

— Je sais.

Elle semblait désespérée.

— Nous avons beaucoup en commun, mais je ne sais pas comment me comporter. Je n'ai pas été habituée à avoir une sœur.

— Tu en avais deux.

— Je ne l'ai pas oublié, crois-moi. Je n'aime pas y penser, c'est tout. Toi, tu as choisi de partir.

— Qu'aurais-je pu faire d'autre ?

— Je ne sais pas. Les écouter, jusqu'au moment de partir.

— C'est-à-dire combien de temps ?

Elle avait levé la voix.

J'ai jeté un coup d'œil à nos voisins de table.

Elle a baissé la voix.

— J'étouffais à petit feu. Ce n'était pas une vie. Ils ne m'auraient jamais autorisée à aller à la fac. Ils t'ont autorisée à aller à la fac ?

— J'ai étudié à Columbia. Pas mal, n'est-ce pas ? Je vivais à la maison, c'était plus économique.

Elle a haussé un sourcil. Elle connaissait ce prétexte.

— Tu veux me faire croire qu'avec tes notes, tu n'aurais pas pu obtenir une bourse pour une fac tout aussi prestigieuse, mais en dehors de New York ? D'après Georgia, tu n'as déménagé que depuis quelques années. Il est temps de couper le cordon.

— Facile à dire pour toi.

— Pas facile, je l'ai fait, c'est tout.

— Que voudrais-tu que je fasse ?

— Rien…

La serveuse a apporté nos plats et nous nous sommes reculées, le temps qu'elle dispose devant nous des assiettes identiques. Elle nous a souhaité bon appétit et Helen a plié sa serviette en un carré parfait sur ses genoux.

— Je voulais juste te revoir. Tu es ma sœur, je t'aime. Tu m'as sauvé la vie.

Je ne savais pas quoi répondre à ça. J'ai pris quelques bouchées de curry. C'était sacrément pimenté et j'avais la bouche en feu. Je me suis dépêchée d'avaler et ma gorge me brûlait. Je savais à quoi elle faisait allusion… A l'une des nombreuses nuits où je m'étais éveillée avec des sueurs froides.

— Je ne sais pas si je t'ai sauvé la vie. Je ne me souviens de rien.

— Papa allait me tuer.

— Non.

Je secouais la tête.

— … Non.

Helen a étendu le bras par-dessus la table pour prendre ma main. J'ai remarqué nos nuances de peau si semblables, nos ongles rongés à l'identique. Je n'ai pas pressé sa main en retour.

— Nous partageons tant de souvenirs. Nous partageons Cristina.

— S'il te plaît, ne parle pas de Cristina.

Je ne reconnaissais pas ma propre voix. Georgia avait dû lui exposer ma façon de fonctionner. Georgia me poussait toujours à parler de Cristina, mais je ne parvenais toujours pas à m'y résoudre.

— Ce n'était pas si affreux de vivre là-bas.

— Non, je sais. Mon mari ne cesse de me répéter que sa famille est la mienne, que lui et les enfants constituent ma famille, que nous sommes des parents différents des nôtres.

J'ai senti les larmes perler à mes yeux. Je voulais défendre notre famille.

— Il a raison, a continué Helen. Avoir des enfants

change les choses, mais je ne changerais pas tout. Nous ne formions pas l'heureuse famille américaine type, mais c'était ma famille, et elle a fait de moi ce que je suis. Tout n'était pas affreux. Je me souviens quand nous regardions le foot, tard dans la nuit. Tu t'en souviens ?

— Bien sûr.

Je me rappelais que je restais éveillée très tard, tandis que mon oncle et mon père applaudissaient ou huaient chaque mouvement des joueurs. Et aussi des plats de *keftedes* sortant du four, de mon père me soulevant de terre et me faisant tournoyer dans les airs quand notre équipe marquait un but.

Elle a hoché la tête, comme si elle avait raison. Peut-être avait-elle raison.

— Pourrions-nous…

Mon regard errait autour de moi.

— … parler seulement de maintenant.

— D'accord, a-t-elle répondu.

Et c'est ce que nous avons fait. Elle m'a parlé de ses enfants et de son boulot. Elle m'a montré des photos de ses magnifiques enfants dont les yeux sombres semblaient abriter des âmes bien plus âgées qu'eux. Je lui ai parlé de mon métier. Elle m'a dit avoir lu quelques-uns de mes articles. Elle m'a même cité des passages de ma critique cinglante de *Un mariage grec*. J'étais flattée et j'ai ri avec elle, réalisant qu'elle avait le sens de l'humour de mon père, le visage de ma tante, et que je l'accepte ou non, le sourire de Cristina. J'ai passé un moment délicieux avec elle, mais la regarder me faisait presque mal.

A la fin de la soirée, elle m'a raccompagnée à la station de métro.

— Tu ne veux pas venir goûter une pâtisserie italienne ? Elles sont délicieuses dans ce quartier.

— La prochaine fois.

Elle a hoché la tête, doutant que je parle sérieusement, mais je crois que j'étais sincère.

— D'accord, la prochaine fois. Rentre bien.

Nous nous sommes embrassées.

— Merci, ai-je dit en descendant les marches du métro qui me ramènerait à Manhattan.

Le lendemain, j'étais bien plus excitée à l'idée de retrouver Paul chez Esme. Il m'attendait devant ce restaurant de West Village avec un bouquet de tournesols, pas les petits tournesols qu'on voit chez les traiteurs, mais quatre immenses fleurs qui allaient probablement nécessiter un siège à part entière.

Il a souri à mon approche. J'aimais sa façon de me regarder, et je l'ai regardé, moi aussi. Il était si beau ! Il avait coupé ses cheveux plus court et son visage paraissait plus carré. Sa chemise à manches courtes vert écossais et son pantalon marron éclaircissaient ses yeux brun. Je n'ai pu m'empêcher de repenser à sa cuisse musclée. Il fallait que je cesse de fantasmer.

Son étreinte m'a surprise. Il était tellement plus imposant que moi. Il mesurait plus de un mètre quatre-vingt-cinq et se tenait devant moi, solide comme un roc.

Il s'est penché pour m'embrasser sur la joue. J'ai rougi au souvenir du baiser échangé devant chez moi. Il m'a tendu les fleurs avec cérémonie.

— Merci.

— Tu es superbe, a-t-il dit sur le ton d'une simple constatation.

Il semblait tellement plus à l'aise que moi. Je ne savais quoi dire. Je l'avais déjà remercié pour les fleurs.

— On entre ? ai-je demandé.

— Bien sûr.

Il m'a tenu la porte.

Des bougies abritées dans des sachets de papier brun éclairaient le petit restaurant. Je trouvais toujours les restaurants new-yorkais trop petits. La conversation de vos voisins, pratiquement assis sur vos genoux, interfère avec la vôtre. Cet endroit ne comptait qu'environ une douzaine de tables, de deux personnes pour la plupart. Deux des tables pouvaient accueillir quatre personnes et une grande table ronde jusqu'à six. Un four à bois trônait, dans lequel on avait disposé des bougies. L'espace avait été très bien utilisé et le restaurant regorgeait de couples qui semblaient en être à leur troisième rendez-vous.

— Votre nom, s'il vous plaît ? nous a demandé l'hôtesse après avoir bavardé avec un autre couple.

— Pavlopoulos, j'ai une réservation pour 20 heures.

Je ne pouvais pas révéler que j'étais envoyée par *NY by night*. Je ne voulais bénéficier d'aucun traitement spécial.

— Par ici.

Elle a poussé ma chaise et nous a tendu les menus, puis a désigné les fleurs.

— Elles sont ravissantes. Je vais vous apporter un vase. Bonne soirée.

— Bel endroit, a dit Paul en m'observant par-dessus son menu.

J'ai alors compris que je désirais que ça marche. Sans trop savoir de ce que j'entendais par « marcher ». Mais je voulais terminer la soirée en sachant que ça avait marché.

J'ai disposé les tournesols dans le vase et nous avons commandé une bonne bouteille de vin australien. Les plats étaient excellents. J'ai choisi du poulpe farci à la ratatouille avec des frites de pois chiches, et Paul un risotto de petits pois. J'ai commandé du poisson et lui du steak. La conversation a roulé sur la panne d'électricité. Un magazine m'avait embauchée afin de rédiger les légendes de photos prises aux quatre coins de la ville pendant cette panne. Puis Paul m'a raconté plusieurs incendies sur lesquels il avait été appelé. Aucun de nous deux n'a mentionné le 11 septembre, dont on venait de dépasser, deux jours plus tôt, la date anniversaire. Je préférais ne pas lui demander où il se trouvait ce jour-là.

Nous avons dîné tranquillement et personne ne

nous a pressés. Les serveurs se montraient attentifs mais pas pesants.

— C'est vraiment charmant comme endroit, ai-je déclaré, presque deux heures plus tard.

— C'est l'endroit, a demandé Paul avec un clin d'œil, ou c'est nous ?

J'ai souri. Il s'est penché sur la table et m'a pris la main. Je n'étais pas habituée aux contacts physiques, pourtant j'avais passé ces deux derniers jours à prendre des mains dans les miennes.

— Tu veux un dessert ? Un café peut-être. Je parie que vous aimez le café, vous, les Grecs. Pardon, les Chypriotes.

Qu'il ait corrigé son erreur m'a plu.

— Tout était comme vous le désiriez ? a demandé l'hôtesse.

— Oui, parfait.

— La nourriture était excellente, a renchéri Paul.

Un homme en pantalon écossais, coiffé d'une toque de chef cuisinier, est sorti de la cuisine et a enlacé la taille de l'hôtesse.

— Vraiment délicieux, a dit Paul au cuisinier.

— Merci, heureux que la cuisine vous ait plu. Nous espérons que vous reviendrez.

L'hôtesse le regardait en souriant.

— Mon steak était vraiment tendre.

— Merci. Ben est un grand cuisinier, a dit l'hôtesse.

— C'est certain. Vous êtes Esme ?

— Non.

Elle a souri avec timidité.

— Je m'appelle Rebecca. Nous avons baptisé l'endroit en hommage à quelqu'un qui nous est très cher.

— En tout cas, vous êtes une hôtesse hors pair.

— Alors que ce n'est pas son vrai boulot, a expliqué Ben.

Il l'embrassa. Ces deux-là se dévoraient des yeux.

— La journée elle enseigne à des enfants de CE2, a-t-il ajouté.

— Ouah ! Ça fait beaucoup de temps passé debout.

Ben et elle nous ont regardés en souriant avant de se tourner l'un vers l'autre. J'ai eu l'intuition que Ben était doué pour lui masser les pieds.

— C'est la première fois qu'ils dînent ici, a dit Rebecca à Ben. Tu sais ce que cela signifie.

— Le dessert est offert par la maison, a dit Ben en souriant.

— Je propose son gâteau au chocolat, a renchéri Rebecca avec un clin d'œil à mon attention.

J'ai quitté le restaurant avec un sentiment de plénitude, et l'impression de vivre dans une de ces pubs pour parfum où tout le monde est amoureux et se roule dans l'herbe. J'enviais la façon qu'avaient Ben et Rebecca de se regarder. J'avais été sur le point de renoncer à l'idée de vivre un jour la même chose. La perspective d'une vie en solitaire ne m'effrayait pas.

J'aimais être seule. Ça limitait les surprises. Mais en remontant Hudson Street, enlacée du bras solide de Paul, j'avais l'impression que ma vie était en train de basculer.

— A quoi penses-tu ? a demandé Paul.

— Au repas, ai-je menti (un peu).

— C'était délicieux.

Il m'a pressé l'épaule.

— Tu sais, j'ai réfléchi à ce baiser que tu m'as donné la nuit de la panne d'électricité.

Il s'était exprimé comme s'il présentait le journal télévisé. J'ai ri sans répondre. Devais-je avouer que moi aussi cela m'avait plu ? Accuser la boisson ? Répondre que c'est à cause de ce baiser que j'avais trouvé la panne d'électricité géniale ?

Mais avant que je ne me décide, il s'est arrêté au signal « ne pas traverser » de la 14e Rue et m'a embrassée. J'avais maintenant été embrassée par quatre hommes différents, mais ce baiser-là était différent. J'avais les jambes toutes flageolantes.

Il a interrompu son baiser pour enfouir ses mains dans mes cheveux, attirer mon visage près du sien et m'embrasser sur la tempe. Je l'ai serré dans mes bras, plus ivre que quelques minutes plus tôt. Je flottais, en proie à une douce euphorie, mais tout de même un peu nauséeuse. J'ai alors fait un truc que je n'avais jamais fait de ma vie : je l'ai invité chez moi.

C'est évidemment cette nuit-là qu'Armando et Kelly ont décidé de faire plus ample connaissance. Armando était censé travailler. Et Kelly ? Kelly n'avait-elle pas un tournage de nuit prévu ? Mais tous deux squattaient le salon, devant une rediffusion d'*Urgences*. Kelly est restée la bouche ouverte et Armando s'est levé, évaluant Paul du regard, ce que j'ai trouvé mignon comme tout. Etre passé au crible n'a pas déstabilisé Paul.

— Vous vous souvenez de Paul ? me suis-je entendue dire d'une voix mal assurée.

Avant d'enchaîner d'une traite :

— … Paul, je te présente Kelly et Armando. Tu veux une bière ?

— Avec plaisir.

Je me suis dirigée vers la cuisine. Mon cœur résonnait dans tout mon corps et je transpirais abondamment. J'ai sorti deux bières du frigo. Kelly m'a rejointe presque aussitôt. Autre raison d'avoir des colocs : exprimer sa joie en chœur, en sautillant de façon délirante mais silencieuse.

— Tu veux qu'on s'en aille ? a-t-elle demandé dans un murmure rauque.

Elle sautillait encore, accrochée à moi.

Je n'avais jamais vécu ça auparavant.

— Je ne sais pas. Non, non. Restez.

— D'accord. Mais décontracte-toi.

Nous sommes revenues dans le salon où Armando et Paul regardaient un clip vidéo. J'ai tendu une bière à Paul qui, tout en me remerciant, s'est décalé sur la banquette libérée par Kelly pour que je m'assoie à côté de lui. Ses mains ont tout de suite caressé mes cheveux, en un geste naturel ne surprenant personne, sauf moi. J'ai accepté le verre de vin proposé par Armando.

— Voula, a dit Paul, sa bière terminée, je pourrais voir ton bureau ?

— Bien sûr, ai-je répondu en me levant un peu trop vite.

J'ai jeté un coup d'œil à Kelly qui pinçait les lèvres pour ne pas rire. Si je croisais son regard, j'allais exploser moi aussi.

Dans mon bureau, Paul a examiné les murs brûlés, posant ses mains à plat sur la surface encore sombre.

— Cette fois-ci, tu te trouves chez moi en de meilleures circonstances.

— L'appart pourrait être en piteux état, tu sais. Vous êtes tous indemnes, mais l'appart aurait pu être plus touché. Comment est la chambre d'Armando ?

— Je ne sais pas. Je n'y suis pas entrée depuis l'incendie.

Il a souri.

— … mais ça doit aller parce que d'autres y sont entrés.

— Et ta chambre ?

— Oh ! Personne n'entre dans ma chambre.

Il a ri.

— Je parlais des dégâts.

— Non, non, pas de dégâts.

Et comme je ne pouvais pas m'en empêcher, comme une force inconnue me poussait vers lui, vers l'inévitable, j'ai ajouté :

— Tu veux la voir ?

— Je ne suis pas celui que tu crois.

— Oh. D'accord. Ce n'est pas grave.

J'avais soudain l'impression de m'être transformée en Ally McBeal. Cela me ressemblait si peu. Pouvais-je reprendre de zéro ?

— Je plaisante. Bien sûr que je veux la voir.

Il m'a prise par la main et m'a menée vers ma chambre. Il a refermé la porte derrière nous et a parcouru la chambre du regard. Elle était décorée de tableaux de Georgia O'Keefe et d'une croix grecque en argent. Trop érotique ? Trop religieux ? Son opinion m'importait tellement. Pourquoi mes murs étaient-ils de cette couleur blanc cassé bizarre ?

— J'aime ta chambre. Elle te ressemble.

Il m'a souri et a repoussé mes cheveux derrière mon oreille. Je mourais d'envie qu'il m'embrasse, mais il se contentait de me regarder. C'était presque insupportable.

— Tu es très jolie, Voula. Tu es très beaucoup de choses.

J'ai ri en me cachant le visage.

Il a écarté ma main.

— Tu veux que je parte ?

— Non. Je n'ai pas l'habitude. Je ne sais pas… je n'ai jamais eu de petit ami… je ne veux pas dire que tu es mon petit ami. Je n'y connais rien.

J'avouais ma gaucherie. Autant qu'il sache qu'il avait affaire à un amateur.

— Je ne veux pas te pousser à faire quoi que ce soit que tu n'as pas envie de faire.

J'ai hoché la tête. Pour une raison inexplicable, je lui faisais confiance.

Je n'ai rien fait.

Il a tout fait. Il m'a assise sur le lit et m'a caressée, simplement caressée, jusqu'à ce que je me détende. Il dardait ses yeux sur moi. Je ne crois pas qu'il ait parlé. Il se contentait de me regarder chaque fois qu'il osait un nouveau geste. Je savais qu'il cesserait dès que je le voudrais. Mais je ne le voulais pas.

Il a gardé son T-shirt blanc et son caleçon. J'ai gardé mes chaussettes, et il m'a enroulée dans ma couverture crochetée pour que je n'aie pas froid.

J'avais entendu Jamie et ses amies parler de toutes sortes d'expériences amoureuses avec des hommes qu'elles aimaient, des hommes qu'elles désiraient ou des hommes si nuls qu'ils étaient super. Je n'avais jamais rien compris. Je ne pouvais pas m'identifier vraiment. Il y avait eu la nuit avec Warren, mais je ne m'étais préoccupée que de lui. Avec Paul, c'est moi qui comptais. Une fille avait dû lui apprendre comment rendre une femme heureuse. Je n'étais pas jalouse. J'avais plutôt envie de lui serrer la main.

Paul avait bouleversé mon univers.

14

Réfugiée dans la salle de bains du studio, je me suis aspergé le visage. Maureen avait insisté pour que je la retrouve au studio à 10 heures. Elle voulait me le faire visiter en l'absence de l'autre agent. Que pensait-elle en m'attendant à l'extérieur, assise sur le canapé démesuré qu'elle avait déclaré « trop grand pour cet espace » ?

Mon corps se rebellait. Je ne pouvais pas le blâmer. Il ignorait comment gérer un excès d'émotions positives. Il était habitué à souffrir. J'avais des crampes d'estomac et l'impression qu'un fil de fer bloquait ma mâchoire.

Ce matin, Paul et moi avions déjeuné de yaourt au soja et de toast. Enfin, il avait déjeuné. Moi j'avais à peine touché à mon yaourt parce que je ne pensais pas que mon estomac supporterait la moindre nourriture. Et la cuisine de Esme n'y était pour rien. J'étais une vraie boule de nerfs. Mon univers évoluait trop vite.

Au matin, Paul s'était montré tout aussi adorable. Ça aurait été presque plus facile s'il avait installé une distance. C'était trop de bonheur. Je ne savais pas gérer le bonheur. Un malheur allait frapper. J'ai pensé appeler ma mère, histoire de me conforter dans l'idée que le monde était sombre.

Même cette salle de bains me paraissait chaleureuse. Le plafond était bordé de carreaux d'un bleu éclatant. La baignoire ancienne à pieds était de celles qu'on ne trouvait normalement que dans des appartements trop cher pour moi. Un porte-revues bleu était placé face aux toilettes. J'ai imaginé le remplir des magazines pour lesquels j'écrivais.

— Tout va bien, mon petit ? a appelé Maureen.

— Oui, juste une minute.

J'ai ouvert la porte. Maureen téléphonait à d'autres clients afin d'organiser des rendez-vous. Parfaite opportunité d'examiner l'endroit tranquillement.

La porte d'entrée ouvrait directement dans la cuisine. La salle de bains s'était révélée parfaite. Trois marches accédaient à un espace assez vaste pour mon lit et ma commode. Je pouvais même le séparer par un rideau si je le désirais. Le salon était de taille décente. Il y avait assez de place pour mon bureau et un classeur. Je parviendrais peut-être même à caser une petite table. J'ai ouvert le placard. Il n'y en avait qu'un, mais de taille suffisante.

J'ai étudié la feuille avec le plan et les renseignements financiers que m'avait donnés Maureen. L'appartement incluait l'accès à un espace rangement et une buanderie au sous-sol. Et à une terrasse sur le toit. De l'espace en plein air représentait un plus fantastique !

Maureen a mis un terme à ses coups de fil afin de me présenter l'appartement.

— La cuisine est petite, mais équipée d'un lave-vaisselle.

Je ne l'avais même pas remarqué.

— De plus, Voula, cet endroit jouit d'un superbe éclairage. Il est orienté plein sud.

Une exposition plein sud faisait exploser les prix de plusieurs milliers de dollars.

— On peut y emménager sans travaux.

Maureen connaissait mon aversion pour toute « vision ».

J'ai de nouveau consulté la feuille. L'appartement se situait dans mon ordre de prix.

— Il n'y a pas de portier, ai-je fait remarquer.

— Mais le gérant vit sur place. D'ailleurs je croyais que vous vouliez éviter les portiers.

— C'est vrai.

J'ai reconnu l'étincelle dans le regard perspicace de Maureen, étincelle qui devait refléter ce qu'elle voyait dans mes yeux à moi.

— Montrez-moi la terrasse.

La terrasse mesurait au mieux le double de la salle de bains. Elle était aménagée de deux chaises longues vertes et d'un minuscule barbecue. Un mur de plâtre assez bas cernait l'espace. Une pièce attenante semblait avoir un but utilitaire.

Nous nous trouvions huit étages au-dessus de

la 13e Rue Ouest. J'ai regardé la rue en bas. En me tordant le cou, j'apercevais l'Hudson. Une vue sur le fleuve ? Incroyable. C'était l'extase. Il devait y avoir un truc quelque part. Je me suis sentie faiblir.

— Ils en demandent vraiment cent quatre-vingt-dix-neuf mille dollars ? Ou est-ce juste un truc pour attirer les clients ?

— Par sécurité, mieux vaudrait proposer un peu plus, a dit Maureen.

— Je peux utiliser de nouveau les toilettes ?

— Cela dépend, a dit Maureen avec un grand sourire. Vous allez faire une offre ?

— Proposez cent quatre-vingt-dix. Et donnez-moi les clés. J'ai besoin de m'asseoir sur ce grand divan.

Trois jours plus tard, je regardais Jamie se préparer pour se rendre chez Alice, qui nous avait invitées à déjeuner dans son appartement de Chelsea Mercantile. Je n'y étais jamais allée, mais en parlant de boom de l'immobilier…

— Je suis grosse et moche ! a gémi Jamie, rejetant le troisième chemisier qu'elle essayait.

Elle avait pris huit kilos en quinze semaines. Aucun de ses vêtements ne lui plaisait plus et ses chevilles enflées encore moins. Je me demandais quel moment serait bien choisi pour faire allusion à mon rendez-vous amoureux. Jamie a pointé du doigt une de ses chevilles géantes en gémissant. Je me suis demandé comment on pouvait se mettre dans une telle situation.

— Qu'est-ce que c'est que ça ? ai-je demandé en désignant ses seins tandis qu'elle changeait une fois encore de chemisier.

Le port de ce chemisier allait nécessiter un soutien-gorge différent.

— Quoi ?

— Tes seins… ils sont…

Jamie avait toujours eu une poitrine enviable. Des bonnets B haut placés et harmonieux. Maintenant ses seins étaient nettement plus gros et dangereusement lourds.

— Je sais. C'est normal et ça ne va pas s'arrêter là.

Je n'avais guère envie d'en entendre davantage. J'ai jugé préférable de consulter plus tard mon livre sur la grossesse et changé de sujet.

— On y va à pied ?

— Je ne crois pas que j'en aurai le courage.

— Métro ?

— Voula, je crois qu'il me faut un taxi, désolée.

Je considérais blasphématoire de prendre un taxi pour parcourir moins d'une vingtaine de pâtés de maisons avant minuit. Mais le ventre de Jamie était devenu plus rond et son corps entier avait gonflé : on ne l'aurait pas dite enceinte, plutôt enflée. J'ai accepté d'enfreindre ma règle concernant les taxis.

Au milieu des embouteillages de la Huitième Avenue, je lui ai raconté les détails de mon rendez-vous avec Paul et glissé que j'attendais de savoir si quelqu'un avait enchéri sur mon offre. Le week-end entravait le processus. Pour une raison inconnue, dans l'immobilier personne n'était habilité à prendre une décision le dimanche. Comme je m'y attendais, Jamie n'a pas commenté mes aventures immobilières.

— Attends ! Tu as fait l'amour cette semaine ? Et tu ne m'as rien dit ?

J'aurais apprécié qu'elle baisse la voix. Pour qui allait me prendre le chauffeur de taxi ?

— On a à peine eu le temps de se parler.

— Mais hier ?

Elle semblait profondément blessée.

Je me suis abstenue de lui faire remarquer qu'hier, je l'avais écoutée débiter deux diatribes d'une demi-heure chacune. La première à propos des changements intervenus dans la texture de sa chevelure, la seconde sur ses difficultés à dormir. Cette dernière conversation avait été divisée en deux parties – première partie, la fréquence de ses pauses pipi, et la deuxième, la pénible obligation de dormir sur le côté alors que d'habitude elle dormait sur le dos.

Je me suis contentée de dire :

— L'occasion ne s'est pas présentée.

— C'est un événement, Voula.

Comme si je ne le savais pas.

— Je sais.

J'ai levé la main.

— Je vais bientôt être obligée de compter sur ma deuxième main.

Nous avons pouffé en chœur.

— Je n'ai plus assez de doigts, ni de rien, a dit Jamie, baissant le regard sur ses orteils enflés. J'ai cessé de compter à soixante-trois.

— Mon Dieu !

Que pensait le chauffeur de taxi maintenant ? Mais je me sentais quand même mieux de m'être confiée à Jamie. Cette soirée prenait une bonne tournure.

Elle m'a donné un coup de coude.

— C'était bien ou tu avais oublié comment on *schtoop* ?

— Ta grossesse te fait parler yiddish ?

— Je n'en serais pas surprise. Allez ! Des détails. En clair, quand vas-tu le revoir ?

— Il est très pris. Avant notre premier rendez-vous, il s'était inscrit pour un tas d'heures sup et ne peut pas annuler. A part en cas d'incendie, son job est génial. En gros, il consiste à manger et faire du sport.

— On dirait ton boulot. Mais sans le sport.

— La ferme ! Bon, en bref, il est adorable. Tu te rends compte que j'ai dit *adorable* ? Mais il l'est, c'est vrai. Je me demande quand les choses vont se gâter.

Maintenant que j'avais commencé à parler de lui, impossible de m'arrêter. J'avais répondu aux questions de Kelly par des sourires entendus parce que je voulais lui cacher l'étendue de mes névroses. Mais avec Jamie, je pouvais disserter à l'infini.

— Ne te persuade pas de bousiller cette histoire,

Voula. Vas-y. Mets-y du tien. Ne recommence pas comme avec Super Dan.

— Quoi ?

— Tu sais bien… Ne joue pas celle qui s'en fiche.

— Tu penses vraiment que c'est mon comportement qui a fait foirer mon histoire avec Super Dan ? Tu trouves que j'aurais dû le saouler de déclarations ?

— Arrêtez-vous ici, à gauche, a indiqué Jamie au chauffeur avant de se retourner vers moi.

— Non. Ne te mets pas en colère. Je te dis simplement de te montrer décontractée, certes, mais pas *trop*. Pas indifférente. Pas froide comme un glaçon.

— Moi, froide comme un glaçon ? Tu veux dire frigide ?

— Ne sois pas bête.

Jamie est descendue du taxi, vacillant sur ses talons hauts.

— … mais ne te comporte pas comme si tous les mecs cherchaient à profiter de toi. Certains mecs sont supers.

— Je sais. Si je me fie à tes expériences, je sais aussi que beaucoup sont des cons.

— C'est vrai, mais pas forcément celui-ci. On dirait que tu peux lui faire confiance. Alors fais-lui confiance.

Le portier d'Alice nous a fait signe d'entrer avec un geste de sympathie. Dans l'ascenseur, Jamie a soupiré.

— Alors, le sexe proprement dit, c'était comment ?

Que ne donnerais-je pas pour embrasser et toucher quelqu'un pour la première fois. C'est tellement bon quand ça fonctionne entre deux personnes. On peut boire l'autre des heures et des heures.

Jamie a fermé les yeux comme si elle revoyait ses soixante-trois « premières fois ». J'ai su alors (si j'en avais jamais douté) que je ne serais jamais branchée sexualité comme l'était Jamie. Je n'avais aucune intention de « boire » qui que ce soit. Tandis qu'elle restait les yeux fermés, j'ai observé son corps gonflé. Pour la deuxième fois de nos existences, Jamie m'enviait. Difficile à croire.

Alice avait fait un beau mariage. Le temps consacré à se pomponner et faire de la gym, les sommes d'argent extravagantes dépensées en vêtements, lui avaient permis de décrocher un spécialiste des investissements superbooké, superimportant, superbeau – et extrêmement ennuyeux. Ils avaient acheté un trois pièces dans Chelsea Mercantile au tout début, avant même que la chaîne Whole Foods n'ouvre un magasin dans le quartier. Bien qu'Alice prétende qu'ils l'avaient obtenu pour une bouchée de pain, j'étais certaine qu'ils l'avaient payé un million et demi. Et il n'était même pas orienté plein sud.

Alice avait accouché trois semaines plus tôt. Ce brunch était un prétexte pour examiner sous toutes les coutures la petite Lucinda. Alice employait une nounou à plein temps et avait prévu de travailler à mi-temps. Elle s'était toujours montrée sympa avec moi. Elle n'était pas obligée de m'inviter, mais elle avait fait l'effort. Je l'aimais bien. Mais à mon avis, elle appartenait à cette catégorie de personnes qui aiment vous éblouir de leur supériorité et être contemplées avec émerveillement. Le genre de personne qui signalait négligemment qu'elle avait confectionné elle-même son voile de mariée, que ses pâtes à tarte étaient faites maison et qu'au boulot, elle était la prochaine sur la liste pour une promotion.

Elle a complimenté Jamie sur sa bonne mine et a glissé, toujours aussi nonchalamment, n'avoir pris que sept kilos durant sa grossesse. Elle a livré ce détail durant une conversation sur la perte des kilos après-bébé. Selon son mari, l'ennuyeux Peter, elle en avait déjà perdu cinq.

Je me suis dirigée dans la cuisine pour me servir un verre. J'ai examiné l'équipement rutilant (hors de prix) et j'ai remarqué les plats. J'aurais parié qu'au lieu de rouler elle-même chaque petit sandwich individuel, Alice avait passé commande chez Whole Foods. Signe pour moi que quelque chose n'allait pas.

J'ai retrouvé les autres dans le méga-salon au plafond haut de trois mètres. Jamie racontait quelques-uns de mes récents exploits, entre autres l'offre que j'avais faite pour un appartement. J'étais un peu embarrassée, mais dans un sens cela ne me déplaisait pas. Pour une fois, je pouvais parler d'autre chose que mes articles que personne ne lirait. Mais ça n'a pas duré. Les lèvres pincées, Alice m'a posé une question sur Paul, puis s'est empressée de régaler le groupe d'anecdotes concernant son accouchement, lâchant au passage que le ravissant jeté de lit sur le canapé avait été confectionné par ses soins entre deux contractions.

A notre arrivée, le bébé dormait, mais une fois terminés la mousse légère à l'aneth et les samosas, des pleurs ont retenti.

— Je vais la chercher, a dit Peter.

Et il a disparu dans les profondeurs de l'immense appartement.

J'étais certaine que la chambre du bébé occupait une superficie bien supérieure à celle des appartements que je pouvais m'offrir. Peter sorti, Alice a pu s'émerveiller du père fabuleux qu'il était devenu.

— L'autre jour, il a regretté de ne pas pouvoir allaiter afin de me soulager des tétées de nuit. Vous avez déjà entendu des paroles plus romantiques ?

J'ai retenu une grimace.

— Je crois que je redoute l'allaitement plus que l'accouchement lui-même, a déclaré Jamie.

— Cela ne présente vraiment aucune difficulté, a laissé tomber Alice d'un ton neutre. Je sais que certaines rencontrent des problèmes, mais Lucinda a trouvé le truc tout de suite. Il paraît que c'est parce que j'ai accouché sans péridurale.

— Je serai probablement obligée d'en demander une, a dit Jamie d'une voix plus éteinte que d'habitude.

Peter est revenu dans le salon avec Lucinda, parée d'une grenouillère de peluche rose.

J'ai compris que la décence commandait de suivre le mouvement de foule et gazouiller devant le bébé. Tout le monde a tout de suite réclamé d'avoir la chance de la prendre dans ses bras. Passer mon tour ne m'a pas dérangée. La créature se révélait bien trop minuscule à mon goût. Je pouvais parfois me montrer maladroite et préférais ne pas risquer de faire tomber la joie et l'orgueil d'Alice. Je me suis tout de même résolue à répéter à Alice combien Lucinda était jolie, en alternant avec des gazouillis à l'intention du bébé, comme si ses petits yeux tout plissés me distinguaient.

Jamie n'a pas demandé à porter le bébé, mais la sœur d'Alice, Jen, le lui a tendu. Alors seulement Jamie s'est emparée de Lucinda avec timidité et lui a souri.

— Fais attention à sa tête, a dit Alice.

Jamie a immédiatement ajusté son étreinte. J'ai regretté qu'elle se soit fait reprendre ainsi.

— Tu possèdes un don inné, ai-je dit pour la réconforter.

La belle-mère d'Alice a fait son entrée, tendant immédiatement les bras pour prendre le bébé des bras de Jamie.

— Je vais devoir kidnapper ma petite-fille.

J'ai détourné le regard tandis que Jamie lui passait le bébé. J'avais peur qu'elle ne le laisse tomber. Quand Alice l'a reposée dans le berceau où elle serait enfin à l'abri de toutes ces femmes gazouillantes, j'ai été soulagée.

— Elle est ridicule, a murmuré Alice. Elle ôte le bébé des bras de tout le monde.

— Syndrome du premier petit-enfant, a marmonné l'une de ses collègues.

Elle parlait d'expérience, ayant elle-même deux enfants. Elle s'est tournée vers Jamie.

— Tu devrais vraiment envisager un accouchement naturel. Ce n'est pas si terrible que tu le crois.

A mon avis, quel que soit l'angle sous lequel on considère les choses, il n'y avait rien de « naturel » à extraire un tel volume hors de son corps. Les vingt minutes qui ont suivi, j'ai écouté les trois femmes déjà mères discuter des dangers de la péridurale, des docteurs mâles et de la joie ressentie à pousser un bébé de trois kilos et demi dans le canal étroit de la naissance. Selon ces expertes, la douleur était quantité négligeable.

— Sincèrement, une fois que ça a été fini, j'étais prête à recommencer, s'est vantée Alice.

— Elle m'a complètement émerveillé, est intervenu Peter, la contemplant avec extase.

J'avais la nausée. J'ai regardé Jamie en pensant qu'elle découvrait combien il était pénible de devoir subir l'attitude : « Comment peux-tu ne pas comprendre l'importance de l'acte de procréer ? »

— Mon docteur m'a conseillé de ne pas chercher à jouer les héroïnes.

— C'est un homme, n'est-ce pas ? a dit la collègue baba-cool je-sais-tout.

Jamie a acquiescé et les autres ont hoché la tête. Jamie aurait dû réfléchir avant de choisir un médecin masculin.

— Je suppose, a dit Alice, qu'il s'agit vraiment d'un choix personnel.

Puis elle s'est levée et a annoncé que le déjeuner était servi.

J'avais cru que pendant le repas la conversation allait s'éloigner du sujet bébé, mais elle a tourné principalement autour des différentes marques de couches et du manque éprouvé par les petites en cas de séparation d'avec leur mère, même durant quelques heures.

— Je sais, a dit Alice avec conviction. Je ne supporterais pas de la quitter même une minute.

J'ai regardé la sœur d'Alice et l'autre amie de Jamie. Morgan, la deuxième jumelle Olsen. Aucune des deux n'avait d'enfant ni n'était enceinte. La sœur d'Alice paraissait jalouse, et Morgan donnait l'impression qu'elle aurait préféré assister à un brunch digne de ce nom où on aurait pu boire un coup.

Au café, Morgan s'est affalée près de moi sur le canapé. Nous avons échangé un regard en haussant les épaules. Depuis dix ans que nous nous connaissions, je ne croyais pas m'être jamais sentie plus proche d'elle.

Lucinda s'est mise à pleurer. Quand elle a vomi un liquide blanc caillé, personne n'a semblé troublé. Bientôt une odeur caractéristique de caca s'est répandue, mais tout le monde était bien trop occupé à gazouiller avec le bébé pour remarquer l'odeur difficile à ignorer de couches souillées. Je ne l'avais toujours pas prise dans mes bras et le moment semblait mal choisi. Alice se comportait comme si sa fille récitait du Shakespeare au lieu d'émettre des sons haut-perchés qui auraient fait fuir un chien à toutes pattes.

A propos de chiens… L'une des autres expertes maternelles (j'essayais de ne retenir aucun nom car je caressais l'espoir de ne jamais les revoir) expliquait à Jamie que bientôt son Sparky bien-aimé – qui dormait dans le lit entre Raj et elle et n'ingurgitait pas moins de deux toasts beurrés par jour – serait bientôt relégué à sa place réelle de chien, et non plus de substitut d'enfant. Puis elle a déclaré à Jamie qu'elle aussi avait souffert d'une acné terrible tout le long du second trimestre de sa grossesse. L'acné de Jamie se remarquait, de là à le lui signaler…

Après m'être resservi une part de tarte au citron vert, j'ai fait signe à Jamie. Ravie, elle s'est empressée d'échapper à l'experte en maternité/dermatologie/animaux de compagnie et exclamée qu'il était temps de partir. J'ai pris congé, échangé une accolade émue avec Morgan et me suis penchée pour embrasser Alice qui tenait dans ses bras une Lucinda épuisée et grognon.

— Oh, Voula, tu ne l'as pas portée, a murmuré Alice. Je suis désolée.

— Ce n'est pas grave, ai-je dit.

A sa grimace, j'ai compris que j'avais parlé trop fort. J'ai baissé d'un ton.

— Je profiterai du bébé la prochaine fois.

Jamie et moi sommes descendues par l'ascenseur (six mille dollars de plus), passées devant le vigile (au moins quinze mille, étrennes non incluses), et avons atterri sur le trottoir dans un silence total. J'ai décidé de la raccompagner chez elle.

— Taxi ?

— Non, a répondu Jamie. J'ai envie de marcher.

— Super. Tu es sûre ?

Elle a hoché la tête.

— Que penses-tu du nom Lucinda ? a-t-elle demandé.

— C'est bien, ai-je répondu, méfiante.

Je ne comprenais pas où elle voulait en venir.

— C'était l'un de mes noms.

— Quoi ?

Pour autant que je sache, le deuxième nom de Jamie était Kathleen.

— J'avais dit à Alice avant qu'elle ne devienne enceinte que c'était l'un de mes noms préférés. Et elle me l'a volé. Tu serais surprise du nombre de gens qui volent les noms.

— Oui, mais je ne trouve pas que ce soit le seul problème.

Elle a hoché la tête. Peut-être n'était-ce pas la chose à dire. J'ai essayé autre chose.

— Elles aiment vraiment parler de leurs seins, non ?

— Ouais.

— Et des couches, elles aiment parler des couches.

Un sourire s'est étalé sur le visage de Jamie.

— Je suis vraiment contente que tu m'aies accompagnée, Voula. Imaginer tes commentaires a rendu ce déjeuner presque supportable.

Elle était sincère. J'ai voulu m'arrêter sur la Septième Avenue, mais rien ne pouvait stopper Jamie. Elle semblait désespérément désireuse de faire assez d'exercice pour se débarrasser de son poids de grossesse. Pour la première fois, j'ai vraiment lu le doute sur son visage enflé et couvert d'acné.

15

Durant sept semaines, tout s'est déroulé presque à la perfection. L'appartement que je convoitais a déclenché une mini guerre des enchères. Pour commencer, le propriétaire a contré mon offre. Ils ont réussi à me faire monter jusqu'à deux cent cinq mille. Puis quelqu'un a surenchéri à deux cent dix mille, mais Maureen m'a transmis que les vendeurs me donnaient la priorité si je proposais deux cent vingt. C'était trop, alors j'ai laissé tomber.

Sentant Maureen perdre patience, je me suis accordé un congé provisoire du marché de l'immobilier. Heureusement, ce marché présentait beaucoup d'aspects propres à alimenter ma série d'articles pour *Financial Woman*. Evoquant les taux des emprunts et la façon d'en tirer parti pour une aspirante propriétaire, je devenais poétique.

A ce train-là, je ne trouverais jamais d'appartement, alors que j'en avais visité un paquet. Je devais proposer davantage. Cesser de sous-enchérir. Mais j'avais du mal à accepter de dépenser autant pour si peu d'espace. Il s'agissait des économies de mon existence entière, je ne voulais pas les gaspiller. Je voulais qu'un appartement s'impose à moi.

Sans Paul pour me distraire, j'aurais éprouvé la sensation d'être une ratée de l'immobilier. Je le voyais pratiquement un soir sur deux. Quand il était stationné à la caserne, nous nous téléphonions sans relâche. Il venait aussi chez moi et nous marchions le long de l'Hudson ou prenions le métro jusqu'à Central Park. L'automne était arrivé mais je voulais profiter au maximum de la longueur des journées. J'étais en pleine béatitude.

Je parlais à peine avec Jamie. Elle était fatiguée en permanence mais travaillait comme une folle. Elle se décarcassait pour prouver que sa maternité n'affecterait pas son job. Je crois aussi qu'elle redoutait les conséquences de son congé maternité. Notre seul échange à cœur ouvert avait eu lieu quand elle attendait les résultats de je ne sais quel triple examen. J'ignorais tout de l'objet du test, sauf qu'il concernait trois maladies qui la faisaient flipper. Quand les résultats s'étaient avérés bons, elle m'avait laissé un message.

Kelly sortait avec un nouveau mec, Joël, qui semblait vraiment attaché à elle. Deux fois, Paul et moi sommes sortis avec eux. Je n'avais jamais expérimenté ce genre de situation, me trouver en couple avec un autre couple.

Mes pieds ne touchaient plus le sol et, à part quelques accès de nervosité, tout était super.

Le jour du changement d'heure, j'ai fait une minidépression quand le ciel s'est obscurci si tôt, mais je crois que c'était juste une réaction à tant de bonheur. Dieu merci, Paul travaillait ce soir-là.

Je tentais de ne pas faire le « glaçon », comme disait Jamie, mais deux choses m'inquiétaient dans ma relation avec Paul : nous ne parlions jamais de ce qu'il avait vécu le 11 septembre, ce qui, me disais-je, n'avait pas pu être anodin pour quelqu'un exerçant son métier. Et je n'étais jamais allée chez lui. Je ne voulais pas forcer la résolution du premier mystère, mais allais bientôt remédier au second. Paul m'avait invitée à goûter à sa spécialité : pâtes et poivrons farcis. Nous avions passé un temps fou ensemble, mais être admise dans son espace privé représentait pour moi un événement.

Lors de ma séance chez Diane, je lui ai demandé de m'épiler le maillot. J'avais déjà ôté mon pantalon lorsqu'elle m'a révélé sa récente conversion religieuse. Elle appartenait maintenant aux chrétiennes ressuscitées. Toute au récit de sa grande révélation, elle m'a épilé deux fois la même jambe. Je craignais tant qu'elle ne me questionne sur mon soudain désir de m'épiler le maillot que je n'ai pas osé le lui signaler.

Tandis qu'elle étalait la cire aux endroits les plus sensibles de mon corps, je lui ai raconté mes malheurs immobiliers et l'ai remerciée une fois de plus d'avoir fait entrer Maureen dans ma vie.

— Voula, a-t-elle dit, approchant son visage un petit peu trop près du mien pour me regarder droit dans les yeux, tu crois que c'est moi, mais maintenant, j'ai compris que c'était le Seigneur.

Elle a entamé une litanie à propos de la façon dont le Seigneur avait transformé sa vie. Dans un sens, ça a marché, pendant que la cire séchait, j'ai effectivement prié. Quand elle l'a arrachée, ça m'a fait un mal de chien, mais je jure qu'une fois rhabillée j'ai murmuré « Amen ».

Comme je voulais que ce soit une soirée pas comme les autres, je me suis offert une nouvelle tenue. Rien d'extraordinaire, un simple pantalon de coton noir et un pull rouge près du corps. Kelly a dit pour plaisanter qu'il me fallait une tenue de banlieusarde puisque Paul vivait à Caroll Gardens. Ce n'était pas si loin du cœur de New York, mais sonnait comme un monde différent. Quand nous avions évoqué mes aventures à la recherche d'un appartement, Paul m'avait expliqué que beaucoup de jeunes cadres sup s'installaient dans son quartier, où sa famille vivait depuis presque un siècle. Quand il avait loué son appartement, le bail avait été signé par un échange de poignées de mains.

J'ai poussé la porte et traversé le jardin décoré pour Halloween. Paul habitait un appartement avec jardin dans un immeuble de briques de la ville. Quand j'ai sonné, il est venu m'ouvrir en embrassant. Je m'habituais à ces attentions, je m'habituais à être avec lui.

— Tout est presque prêt.

Une odeur accueillante régnait dans l'appartement. J'ai traversé un grand salon avec cheminée (une vraie cheminée). La température autorisait un feu. J'ai été submergée de fantasmes de nous deux étendus près de la cheminée. L'appartement comportait une chambre et une salle de bains attenante, plus un autre couloir qui semblait mener à une autre chambre. J'ai suivi Paul jusqu'à la cuisine et lui ai tendu les deux bouteilles de vin que j'avais apportées. Sur les conseils d'Armando, j'avais choisi un chianti et un barbera. Paul a ouvert les deux et a versé le barbera dans une carafe. Il m'a embrassée de nouveau. Je n'avais jamais vraiment eu de petit ami. Paul m'avait dit une fois qu'à cause de ça, il éprouvait vraiment la sensation que j'étais sienne.

— Tu veux goûter la sauce ?

— Bien sûr.

Il a ouvert une marmite géante et y a trempé un morceau de pain croustillant. Il a soufflé dessus puis me l'a tout naturellement mis dans la bouche. Le goût était tel que j'imaginais celui d'une sauce rouge dans un petit village d'Italie – frais, acide, léger.

— C'est vraiment toi qui l'as fait ? C'est génial.

— Vieux secret italien. Je crois que j'en ai fait trop. J'ai l'habitude de cuisiner pour mes copains. Au vingtième poivron j'ai réalisé que je ne savais pas cuisiner pour deux.

J'ai souri. Cela signifiait qu'il n'avait jamais cuisiné pour une fille.

— Je peux en emporter chez moi pour mes déjeuners ?

— Oui.

Quelque chose semblait le préoccuper. Peut-être désirait-il que le dîner soit parfait, mais il recherchait moins mon regard que d'habitude.

— Comment ça va le boulot ?

— Ça va. C'est plutôt tranquille. La femme du capitaine Shinner vient d'avoir un bébé, Une fille de quatre kilos. Aujourd'hui il distribuait des cigares. Shinner a été promu capitaine après le 11 septembre.

— Tout le monde a des bébés en ce moment, ai-je dit stupidement.

Ce n'était pas la réplique qui s'imposait, mais je ne savais pas comment l'interroger au sujet du 11 septembre.

— Oui, c'est vrai que ça donne cette impression. Trois types au boulot ont des femmes enceintes.

— C'est peut-être contagieux. Méfions-nous.

J'ai pris un nouveau morceau trempé dans la sauce.

Paul m'a fixée.

— Que penses-tu des enfants ?

— Les enfants ? ai-je répété en riant. On verra ça après le dîner.

Il a à peine souri. Qu'est-ce qui lui arrivait ?

— Eh bien, mon amie est enceinte, ai-je repris. Elle ne s'éclate pas vraiment. Je m'inquiète à l'idée que quelque chose se passe mal. La grossesse me semble un état difficile et dangereux.

— Tu veux un enfant ? Tu imagines des enfants dans ta vie ?

Ses questions m'ont surprise. J'ai pris une nouvelle bouchée de pain. J'aurais préféré que nous nous embrassions plutôt que d'entamer une conversation sérieuse sur un sujet où je ne connaissais même pas ma propre position. J'aimais répliquer avec esprit, or je n'avais pas encore travaillé mon répertoire concernant les enfants.

— Je ne sais pas. Je n'ai jamais beaucoup réfléchi aux enfants. Je crois que je serais très heureuse sans en avoir. J'aime ma vie telle qu'elle est, tu sais, sans sautes d'humeur, sans prise de poids…

Je me suis interrompue avant de parler de vagin mou et de peste hurlante faisant pipi et caca. Paul se comportait vraiment étrangement.

— Tu ne crois pas qu'un enfant représente plus que ça ? Qu'il peut t'apporter de la joie ?

— Peut-être. Je ne sais pas. Je vais avoir trente ans, et sincèrement, j'ai l'impression que ce n'est pas pour moi. Je sais à peine comment gérer un petit ami.

— Tu te débrouilles très bien.

J'ai ri et tenté de changer de sujet.

— Tu n'as aucune idée de ce qui se passe dans ma tête.

— Je crois que si.

Toujours pas l'ombre d'un sourire.

Je me sentais un peu mal à l'aise, un peu comme quand Diane me regardait dans les yeux en me parlant de son éveil religieux. Pourvu que Paul n'essaie pas de me convertir à la maternité.

— S'il te plaît, ne me fais pas un bébé ce soir. Je viens de m'acheter un nouveau pantalon.

Toujours rien, pas même un petit gloussement. Je n'étais pas habituée à ce genre de réaction. Je visais constamment le rire de Paul et l'apparition de son sourire.

— Je crois que je veux juste savoir si tu aimes les enfants.

— Eh bien, si tu veux le savoir, je crois que pas vraiment. Je ne me vois pas comme quelqu'un de maternel.

J'entendais la voix de Jamie dans ma tête, m'expliquant combien il était difficile d'évoquer le sujet de l'engagement avec un homme. Or, voilà que j'en trouvais un qui allait beaucoup plus loin. Mais je n'avais jamais menti à Paul, et puisqu'il désirait mon opinion sincère, je la lui donnais. Autant qu'il sache que je n'avais rien d'une maman poule.

— Je peux visiter le reste de ton appartement ? ai-je demandé tandis qu'il nous versait deux verres de vin.

— Bien sûr.

Il m'a fait visiter le jardin, incroyablement grand. Nulle part à Manhattan je n'aurais pu trouver une telle superficie. Peut-être devrais-je chercher à l'extérieur. Tandis que je couvrais d'un regard envieux tout cet espace, j'ai senti mon estomac se contracter et j'ai prié (merci, Diane !) d'être capable de parvenir au bout du dîner sans problème. Comment attendre de moi que je change des couches alors que je maîtrisais à peine mes fonctions digestives ? Paul est passé dans sa chambre, vaste et sobre, meublée d'un grand lit et d'un banc de musculation, d'une netteté immaculée.

— Tu as une femme de ménage ?

— Non, j'ai rangé avant que tu n'arrives.

— Merci. J'espère me révéler digne de tes efforts.

Il m'a souri et m'a caressé la joue. Quelque chose le tracassait. Mon manque d'instinct maternel allait-il le pousser à rompre avec moi ? Pour la toute première fois, je me sentais mal à l'aise en sa présence. Une gêne s'était installée. Je devais la dissiper. Peut-être que si je parlais sans cesse il ne réussirait pas à me plaquer.

— Qu'y a-t-il au bout du couloir ?

— Une autre chambre.

— Montre-la-moi.

J'ai haussé mes sourcils récemment redessinés. Je me sentais idiote. Qu'est-ce que je sous-entendais ? Que je voulais faire l'amour avec lui dans sa deuxième chambre ? Etait-ce ainsi que je pensais changer le sujet ?

— Euh… elle est très en désordre.

— Je vois, ai-je dit d'un air que j'espérais séducteur.

— Vraiment ?

— Oui, c'est là que tu as fourré tout ton bazar.

— Tu m'as eu.

Il a souri et a jeté un coup d'œil dans la cuisine.

— Je crois que le dîner est prêt.

— Super. Allons manger.

Durant le dîner, le malaise a persisté. Nous parlions, mais quelque chose ne fonctionnait pas. Je suivais la conversation, mais j'imaginais ce qui se passerait quand il y mettrait fin. Je ne parvenais pas à croire que j'étais responsable d'un tel désastre. Pourquoi ne pas avoir menti et assuré adorer les enfants ? Exhibé mes larges hanches en expliquant qu'elles étaient idéales pour produire des marmots. Je m'entendais déjà rapporter à Jamie la moindre de ses paroles. Sept semaines représentaient-elles ma date de péremption niveau des relations amoureuses ? J'imaginais Kelly passant la tête dans ma chambre pour me demander si nous voulions sortir avec elle et son nouveau mec et devoir lui annoncer que j'avais tout fichu en l'air.

Le pire : mon estomac me torturait. Ma bouche jugeait le plat délicieux, mais je ne l'appréciais pas. Je m'obstinais tout de même à l'ingurgiter. Inutile qu'il ajoute « ingrate » à la liste des raisons pour lesquelles il allait rompre. Mon Dieu ! Jamie dirait que tout était ma faute. Je le savais.

— C'est vraiment délicieux, ai-je dit tandis que nous ouvrions notre deuxième bouteille de vin.

— Je suis heureux que tu aimes. En dessert, nous avons des *cannoli* qui viennent d'une boulangerie où travaillait ma grand-mère lorsque j'étais enfant.

Donc je restais pour le dessert.

Il me fixait depuis l'autre bout de la petite table. Il préparait ses paroles, je le voyais bien. Continuer de bouger. Il fallait que je continue de bouger. Si je restais constamment en mouvement, la balle ne m'atteindrait jamais. Je me suis levée pour débarrasser la table.

— Voula, laisse.

Il s'est levé pour me prendre l'assiette des mains. Il a gardé ma main dans la sienne et m'a attirée près du feu. Nous nous sommes assis tout près. Il m'a serrée contre lui et nous avons contemplé le feu un moment. Mon inquiétude m'avait fait oublier ma peur des flammes.

Un feu est hypnotique, surtout à l'intérieur. On peut le contempler des heures durant avant de réaliser qu'on pleure. Je tenais vraiment à Paul, mais jamais je ne connaîtrai ce stade où je me sentirai à l'aise chez lui. Je ne déambulerai jamais dans cet appartement vêtue de l'un de ses T-shirts. J'allais savourer des *cannoli*, puis il allait rompre. Quelle cruauté quand on y pensait. Quel genre d'homme était capable de faire déguster d'authentiques pâtisseries italiennes à une femme juste avant de la plaquer ? Le genre d'homme qui désire des bébés, comme tous les gens normaux, ai-je entendu répondre la voix de Jamie dans ma tête. Suivie de son rire signifiant : « Tu ne te rends pas compte que le monde entier veut des bébés, sauf toi ? » Arrgh. Pourquoi avais-je fait mon glaçon ? Pourquoi n'avais-je pas davantage chéri tous ces moments avec Paul ?

— Voula…, a commencé Paul.

Des mots graves allaient suivre. Il n'avait même pas attendu de satisfaire ma gourmandise.

— Oui.

— Je voulais… euh… te dire…

Je l'ai embrassé en plein balbutiement. C'était nul, je le savais, mais si c'était fini, que ce soit à mes conditions. Peut-être était-ce la dernière fois. Alors j'ai continué de l'embrasser et il ne m'a pas arrêtée. Nous avons rejoint sa chambre et j'ai embrassé sa jambe, celle blessée sur le terrain de football, celle que j'avais envie d'embrasser depuis ce soir-là dans le parc. C'était ma dernière chance. Je l'ai embrassé et embrassé jusqu'à ce qu'il m'attire contre lui.

Nous avons fini par tomber endormis. En sombrant dans le sommeil, je me suis souvenue que nous n'avions pas mangé les *cannoli*, mais ce n'était pas grave. J'étais toujours là.

A mon réveil flottait une odeur de café. Je me suis étirée dans le lit déserté par Paul. Il était 10 heures passées. C'était l'un des avantages de mon métier d'écrivain et de l'emploi du temps farfelu de Paul. Le matin, nous n'étions pas obligés de courir comme la plupart des gens. Encore que ce matin-là, ça aurait peut-être été préférable.

Si c'était la rupture, autant vivre mon fantasme d'avoir un véritable petit ami. J'ai enfilé le T-shirt de Paul avant d'aller dans la cuisine. Il avait rangé et fait la vaisselle, et contemplait son jardin, toujours en pantalon de pyjama. Cherchait-il les mots pour rompre ?

— Bonjour, ai-je dit.

Il s'est tourné et m'a souri. Ses yeux étaient très verts ce matin. Mon Dieu, comme il allait me manquer ! J'ai envisagé de jeter avec cérémonie sa boîte de préservatifs dans le feu et de lui proposer, si c'était ce qu'il désirait, de donner naissance à une équipe de base-ball. J'aurais dit n'importe quoi pour empêcher la rupture. Au lieu de ça, j'ai réclamé un café et il m'en a versé une tasse.

— Je n'ai que des céréales pour le petit déjeuner, s'est-il excusé.

Finalement, peut-être n'avait-il pas prévu que je reste avec lui cette nuit.

— Ou nous dégustons les *cannoli* de la nuit dernière.

— J'adore les céréales, ai-je menti.

Peut-être que si nous faisions l'impasse sur la pâtisserie, il ne me quitterait pas. Peut-être que si nous renoncions à toute pâtisserie, nous célébrerions nos noces d'argent.

Durant le petit déjeuner, tout semblait de nouveau normal. Nous avions à peine terminé qu'il a débarrassé la table. Reste en mouvement, ai-je pensé, surtout reste en mouvement.

Une idée m'a traversé l'esprit.

— Tu sais tenir une maison, c'est vrai. Mais je sais où trouver la preuve que tu n'es pas si parfait.

Je me suis élancée dans le couloir.

— Voula, l'ai-je entendu crier derrière moi.

Mais j'avais été rapide et je poussais déjà la porte de la seconde chambre. Je croyais y découvrir un capharnaüm, mais elle était meublée d'un petit lit en forme de tente d'Indien, d'une PlayStation, d'un bureau et d'une commode d'enfant. Je ne comprenais rien. Je me suis tournée pour demander une explication à Paul qui se tenait derrière moi.

— J'ai essayé de t'expliquer hier soir. J'aurais dû le faire plus tôt.

Il s'est avancé dans la pièce.

— J'ai un fils.

Il a soulevé du bureau la photo d'un père (lui) et d'un fils (le sien) munis de casquettes et de gants de base-ball.

— Il s'appelle Joseph.

Tout est allé si vite. Une minute il était mon plus ou moins petit ami, celle d'après il était le père de quelqu'un.

Et celle d'après encore, j'étais dans le métro en direction de Manhattan.

16

La colère me rendait extrêmement productive. Cette journée s'est révélée l'une des plus productives de ma vie. J'ai appelé Jamie et laissé un message obscur disant que j'avais besoin de la voir. Quand elle a appelé, je n'ai pas décroché. Je n'avais pas envie d'entamer mon récit puis d'être interrompue à cause d'une réunion quelconque sur la meilleure façon de promouvoir un brillant à lèvres. Je lui ai envoyé un email la prévenant que je serais chez elle à 19 h 30.

Dans le fond, je n'étais pas surprise que tout soit allé de travers. C'est bien ainsi que s'achèvent toutes les histoires, non ? Pourquoi ne m'étais-je pas contentée de mes fantasmes concernant Warren Tucker ? Ils ne m'avaient jamais déçue. Aucun enfant n'y avait jamais fait irruption.

Ce moment n'était pas plus mal choisi qu'un autre pour visionner la cassette de l'audition de Warren. Mon besoin de le voir tenait de la fringale. La vue de Warren me serait familière. Mes rêves à son sujet représentaient du solide.

J'ai déconnecté la télévision du lecteur DVD pour la reconnecter au magnétoscope. Et j'ai glissé la cassette. Je l'ai fait défiler en accéléré jusqu'au moment où apparaissait Warren, brandissant une feuille de papier blanc sur laquelle son nom s'inscrivait en épaisses lettres noires.

— Donnez-nous vos nom, âge et profession, a dit une voix off.

— Warren Tucker, trente et un ans, conseiller financier pour une importante firme de Manhattan.

— Warren, que cherchez-vous chez une femme ?

— Le sens de l'humour. J'aime les filles qui ont le goût de l'aventure, je crois…

— Sexuellement parlant ? a suggéré l'interviewer.

Cette émission était ridicule. Je ne parviendrai jamais à la regarder.

— Hum.

Warren a semblé désarçonné, avant de comprendre ce qu'on attendait de lui. Il a souri droit dans l'objectif.

— Je suppose que oui.

— Quel physique vous attire ?

— Une fille au physique tonique, peut-être un peu plus petite que moi, blonde, les yeux bleus.

Difficile de faire plus différente de moi. Il décrivait Jamie.

— Vous vous définiriez comme un homme à fesses, seins ou jambes ?

— J'aime les belles carrosseries.

Jamais je ne l'avais entendu utiliser cette expression.

Il avait vu ma carrosserie dans le détail. Visionner cette cassette allait peut-être me guérir à jamais de mes sentiments pour lui.

— Pourquoi voulez-vous être dans cette émission ?

Bonne question.

— Je suis prêt à prouver à l'Amérique que je suis le mari idéal, pas seulement un mari qui se marie.

Je ne comprenais rien à ce qu'il racontait, mais c'était atroce. Il a expliqué qu'il avait parié avec des copains – que pouvait-on bien parier contre un truc pareil ? Puis la voix de Raj a résonné.

— En quoi consiste votre idée d'un moment romantique ?

— Romantique ?

Génial. Exactement ce qu'il me fallait.

— Oui, quel est le moment le plus romantique que vous ayez jamais vécu ?

— Euh.

Warren Tucker séchait.

Sa chance de prouver à l'Amérique qui il était allait-elle lui échapper ? Il s'est frotté le menton. Mon cœur s'est accéléré. Tous ses petits gestes familiers de cet été où je l'avais connu me sont revenus. Il a semblé avoir une illumination.

— L'été, quand j'étais étudiant, je travaillais comme barman. La dernière année, j'ai travaillé à Block Island, dans un pub. Une des filles me plaisait. Elle travaillait comme serveuse.

C'est pas vrai ! Il n'allait pas évoquer cet été-là ! Pour couronner le tout, j'allais découvrir que Jamie lui plaisait.

J'ai interrompu la cassette. Je ne pouvais pas. Mon idéalisation de Warren était trop chère à mon cœur. Je ne la détruirais pas. J'avais eu ma dose de déception pour la journée.

A exactement 19 h 05, je suis partie retrouver Jamie dans son appartement de la Huitième Avenue.

Comme elle n'avait pas répondu à mon email, je ne m'attendais pas vraiment à la trouver – ces jours-ci, elle avait de la chance quand elle rentrait avant 22 heures –, mais j'espérais qu'elle serait là, qu'elle avait entendu l'urgence dans ma voix et répondrait à mon appel. Et c'est ce qui s'était passé : quand j'ai sonné elle a pressé l'Interphone pour m'ouvrir la porte. J'ai grimpé les escaliers jusqu'à Sparky qui aboyait, retenu par une femme enceinte.

— Ouah ! me suis-je exclamée.

Maintenant l'expression « avoir le ballon » se justifiait. Non seulement ma copine était enceinte, mais elle portait un bébé là-dedans.

— Ne m'en parle pas. J'ai gonflé d'un coup. C'est dingue, non ?

A notre dernière rencontre, elle était couverte d'acné. Aujourd'hui, elle… rayonnait.

Je l'ai embrassée. Elle m'a examinée avec attention.

— Que se passe-t-il ?

J'ai inspiré profondément.

— Je meurs de faim. Je viens de me rendre compte que je n'ai rien avalé depuis le petit déjeuner.

— Tu veux aller chez Two Boots ?

— Oui ! ai-je crié, une pizza, exactement ce qu'il me faut.

En chemin jusqu'à la pizzeria au bout de la rue, je lui ai tout raconté. Je lui ai rapporté ce que je savais de Joseph, que j'avais appris par la multitude de messages laissés par Paul sur ma messagerie. Joseph avait cinq ans, Paul en avait la garde partagée. Certains jours où Paul m'avait dit travailler, il ne travaillait pas, il remplissait son rôle de papa. Paul voulait que je vienne avec lui accompagner Joseph de porte en porte le soir d'Halloween.

J'ai arrêté mon récit le temps de commander une part de pizza normale et une part de ma pizza préférée, la Night Tripper – tomates séchées, ail rôti et piment sur une croûte fourrée aux épinards. Si cette pizza échouait à me remonter le moral, rien ne le pourrait.

Jamie a choisi une part de sicilienne sans fromage et une Earth Mother. Je me suis retenue pour ne pas lever les yeux au ciel. Est-ce qu'elle était accro à tout ce qui évoquait la maternité ? Il s'agissait d'une pizza aux légumes sans aucune originalité.

— A emporter ? a demandé notre caissier barbu préféré.

Je savais que, comme d'habitude, il nous offrirait une

part gratuite. Ce petit geste m'a fait un bien immense. Tout n'était pas matière à déception.

— Il fait beau dehors, installons-nous sur mon perron, j'ai besoin d'air.

Il faisait un peu frais, mais son perron offrait plus d'intimité que ce petit restaurant et plus de calme que les aboiements de Sparky.

Retenant mes larmes, j'ai mangé ma pizza tout en parlant de Paul. Tout s'était déroulé à merveille pendant une courte période et maintenant, j'étais en colère qu'il ne m'ait pas parlé de son fils.

— Je ne peux pas croire qu'il m'ait menti.

— Il n'a pas vraiment menti.

— Jamie, tu ne passes pas un tel détail sous silence.

Elle a respiré à fond.

— Voula, je ne dis pas qu'il n'aurait pas dû te le dire, mais vous commenciez à peine à sortir ensemble. Tu n'as pas autant d'expérience que moi. Dans ce genre de relations, les gens jouent des jeux. Lui non. Seulement il n'a pas mis cartes sur table. Mais c'est un peu normal en l'occurence. Comment pouvait-il deviner que ça allait marcher entre vous ?

— Il aurait dû me le dire dès notre première nuit ensemble, dès qu'il a compris que c'était sérieux entre nous. Or je crois que cette nuit-là, il l'a compris. Je refuse de croire qu'il ne l'ait pas compris en même temps que moi. Je ne pense pas m'être imaginé des choses. Or il s'est tu. C'est malhonnête. Il a manqué d'intégrité.

— Voula, il ne s'agit pas d'un personnage de ton film préféré. Tu ne vas pas rencontrer Daniel Auteuil. Et même si tu le rencontrais, il ne ressemblerait en rien à ses rôles. Ces hommes parfaits n'existent pas dans la réalité.

— Je sais, je sais, mais quelque part j'espérais qu'il n'appartiendrait rien qu'à moi. Maintenant, je sais que je passerai toujours après l'enfant. C'est ma faute. J'ai attendu trop longtemps. Si j'avais vingt-deux ans, rencontrer un homme libre comme l'air serait encore possible. Là il existe déjà une autre femme – la mère.

— Il n'est plus avec elle. Elle appartient au passé.

— Pourquoi je ne rencontre pas quelqu'un sans passé ?

— Voula, tout le monde a un passé.

— Pas moi.

— Voula.

Elle avait presque crié. Puis elle s'est tue et a déplacé son volume invraisemblable afin de laisser passer quelqu'un dans l'escalier.

— … chérie, tu as un passé plus lourd que n'importe qui d'autre de ma connaissance.

J'ai avalé ma salive de travers et ai porté la main à mon front.

— Ce n'est pas grave, a-t-elle repris en m'enlaçant. Tu es comme ça, ce n'est pas grave.

J'ai de nouveau inspiré profondément. Un poids

énorme pesait sur ma poitrine. Je détestais mon comportement, je me détestais d'avoir autorisé une chose pareille à se produire.

— Pourquoi suis-je tombée aussi amoureuse ? Cela ne m'arrive jamais. Tu me connais. Cela ne m'arrive *jamais*. Soudain, la seule chose qui comptait, c'était que nous restions ensemble. Il a essayé de me le dire plus tôt, enfin hier soir, mais j'ai refusé d'écouter. Alors je l'ai distrait. Je voulais continuer d'être la petite amie de quelqu'un.

— Si tu désirais uniquement être la petite amie de quelqu'un, ce serait fait depuis longtemps. Tu n'es pas difforme. Tu en as eu l'opportunité. Mais ce n'est pas ton truc. Par contre tu as voulu être *sa* petite amie. La sienne, pas celle de n'importe qui. Il n'y a rien de répréhensible à désirer quelqu'un, à désirer l'amour ou désirer montrer sa vulnérabilité. A faire confiance. Tu es si dure avec toi-même, Voula. Personne ne t'oblige à maintenir la barre aussi haut. Tu passes beaucoup de temps seule et tu analyses les choses, peut-être trop. Parfois…

Elle s'est interrompue pour laisser passer un autre de ses voisins.

— … Parfois, il faut redémarrer le disque dur. Tu sais, tout éteindre et redémarrer. La vie n'est qu'une succession de moments. Tu voudrais effacer le moment qui t'a fait fuir, mais alors tu devrais aussi renoncer à tous les autres merveilleux moments. Tu comprends ?

— Oui…

Je reniflais et des larmes emplissaient mes yeux.

— … et puis il y a les moments où on s'assied sur le perron avec sa plus vieille amie et où on réalise qu'on n'est pas si seule qu'on le croyait.

J'ai entendu renifler. J'ai su alors pourquoi j'aimais Jamie. Je n'y avais pas réfléchi depuis un moment. Et l'aimer *elle* ne faisait pas trop souffrir, alors peut-être que je pouvais aussi aimer Paul.

Elle avait cessé un instant d'être une future maman pour redevenir mon amie. Elle n'avait jamais vraiment cessé de l'être.

Ce soir-là, j'ai dormi avec Jamie dans son lit, comme lorsque nous étions lycéennes. Raj travaillait toute la nuit sur le montage de l'émission. Au milieu de la nuit, j'ai senti la jambe de Jamie passer par-dessus la mienne, me prenant pour lui, et j'ai souri dans mon sommeil.

Le lendemain matin, une odeur délicieuse m'a réveillée. J'ai trouvé Jamie dans la cuisine, enroulée dans sa robe de chambre molletonnée, tandis que Raj confectionnait des crêpes. Raj cuisinait à merveille. Tout aurait été parfait si leur chien n'avait pas sauté partout sur moi.

— Sparky ! ont crié ensemble Jamie et Raj.

Raj a souri et s'est penché pour m'embrasser.

— J'apprends que ma femme et toi avez donné libre cours à vos instincts lesbiens hier soir.

— Oui, ça faisait longtemps.

— Pauvre Raj ! est intervenue Jamie. Chacun ses fantasmes.

— Tu restes pour le petit déjeuner ? Je fais des crêpes aux pépites de chocolat.

— Alors je reste.

— Au fait, il s'est passé quelque chose avec ce pompier ?

J'étais surprise que Jamie ne l'ait pas briefé sur le sujet.

— Mon Dieu, Raj, je t'ai tout raconté le mois dernier. Tu n'écoutes donc jamais ?

— Non, jamais…, a souri Raj.

Il connaissait la chanson.

— … ça entre par une oreille et ça ressort par l'autre. Tu pourrais aussi bien parler au chien.

Jamie a levé les yeux au ciel mais elle souriait. Le second trimestre de sa grossesse lui allait bien. Ce matin, elle était une fois de plus radieuse.

— Tu es très jolie, ai-je murmuré.

Raj m'a entendue et a souri.

— Le gros ventre m'a manqué cette nuit.

— Je ne veux pas en savoir plus, ai-je crié.

Raj nous a servi nos crêpes avant de s'asseoir sur un tabouret à la table de la cuisine.

— Alors, réalises-tu que nous allons avoir un bébé ?

— Pas vraiment, ai-je répondu.

J'ai tartiné mes crêpes de beurre et de sirop d'érable et dégusté mes premières bouchées. Un délice.

— Ces crêpes sont exquises.

— Tu aurais dû inviter ton pompier, a dit Raj. Tu crois que cette fois c'est le bon ?

— Raj, est intervenue Jamie. Pas maintenant. Elle est furax après lui.

— C'est un con, s'est empressé de dire Raj.

Il était bien dressé.

Jamie lui a tapoté le bras avant de pencher la tête en scrutant mon expression.

— Nous ne savons pas trop s'il est plus con que la plupart des autres. Le jury n'a pas encore rendu son verdict.

— Voula est le juré qui hésite encore, n'est-ce pas ? a demandé Raj. N'est-ce pas, Voula ?

— Oui, mais…

Je me suis interrompue. Je n'étais pas certaine de ce que je désirais. Avec l'âge, je m'adoucissais. J'ai décidé de changer de sujet.

— Vous avez choisi des noms ?

— Voula si c'est une fille, a dit Raj dans un grand sourire.

— Voulo si c'est un garçon, ai-je contre-attaqué.

Raj et moi nous sommes tapé dans la main.

— J'espère que ce n'est pas un garçon, a dit Jamie.

J'ai cru qu'elle plaisantait, mais elle n'en avait pas l'air.

— Pourquoi ?

Je me suis rappelé que l'une des mères, chez Alice,

racontait avec délice avoir été aspergée de pipi en plein visage chaque fois qu'elle changeait une couche durant les trois premiers mois.

Jamie et Raj ont échangé un regard.

— Eh bien, nous n'avons pas pris de décision au sujet du prépuce, a expliqué Jamie.

— Ce qui ne signifie pas que nous ne serons pas heureux si c'est un garçon.

J'ai senti que j'évoluais en terrain miné.

— Bien sûr, tout ce que nous désirons, c'est un bébé *en bonne santé*, a ajouté Jamie.

— Exact, ai-je approuvé avec prudence. Sur quoi n'êtes-vous pas d'accord ?

— Je refuse qu'il soit circoncis, a dit Raj.

— La plupart des hommes américains le sont, Raj. Je ne veux pas qu'il se sente bizarre.

— Il ne le sera pas. Je ne suis pas circoncis et ça ne te dérange pas.

Même si je connaissais déjà ce détail par Jamie, j'avais envie de dire que je ne souhaitais pas en apprendre davantage. Mais ils étaient déjà plongés jusqu'au cou dans leur dispute. Je savais que Jamie préférait les hommes circoncis aux non circoncis, mais le moment me semblait peu approprié pour évoquer le sujet. Raj s'est lancé dans un plaidoyer en faveur de la non-circoncision du gamin. Il avait travaillé une fois sur une émission où les participants subissaient un changement total de look. Dans l'un des épisodes, on parlait d'une crème très, très chère à base de prépuces.

— Je n'ai pas envie qu'un riche crétin ne s'enduise du prépuce de mon fils afin de se rajeunir. Tout ça est ridicule.

— Raj, personne ne va récupérer le prépuce de notre fils.

Sa colère montait. Elle s'est tournée vers moi.

— Je ne vois d'ailleurs pas pourquoi nous discutons de ceci maintenant.

— Oui, je préfère éviter de penser au prépuce de votre enfant pour l'instant, merci. Papa et maman, s'il vous plaît, cessez de vous disputer.

— On ne se dispute pas ! se sont-ils exclamés à l'unisson.

Nous avons éclaté de rire. Pour l'instant, le débat était ajourné. Tout le monde s'est resservi des crêpes. J'aurais pu rester là, dans leur cuisine, pour l'éternité.

En rentrant chez moi à pied, j'ai consulté les messages de mon portable. Paul en avait laissé trois. Je me suis soudain sentie idiote. J'avais envie de lui parler. D'accord il avait un fils, détail dont je me serais passée. Mais étais-je bien placée pour le lui reprocher ? Ma famille était sacrément perturbée. Si notre histoire durait (si c'était encore possible), Paul finirait par faire la connaissance de ma mère, bien plus difficile à gérer qu'un gamin de cinq ans.

C'était Halloween. Paul allait passer chercher Joseph à l'école et l'accompagner de porte en porte vêtu de son véritable uniforme de pompier. Impossible de me joindre à eux, j'avais bien trop de travail. J'ai tout de même appelé Paul.

— Hé, je suis si heureux de t'entendre.

Il n'avait même pas dit allô.

— … J'ai raison d'être heureux, non ? Tu ne m'appelles pas pour rompre ?

— Non, je suis désolée d'être partie ainsi hier. J'étais un peu surprise. J'aurais aimé que tu m'en parles avant.

— Je sais, j'aurais dû t'en parler au téléphone, avant notre premier rendez-vous. Mais en général les femmes flippent. La preuve ! Je voulais sortir avec toi d'abord et voir comment se déroulait le premier rendez-vous.

— Il s'est déroulé à la perfection.

— Oui, et ensuite je ne savais plus comment te le dire. Juste qu'il fallait le faire.

— Et tu me l'as dit.

— Alors… qu'en penses-tu ?

J'ai soupiré. Cette conversation allait me prendre plus de temps que je ne l'avais prévu.

— Je ne sais pas trop ce que je ressens à propos des enfants. Je ne me sens pas prête à jouer les belles-mères.

— Je ne te demande pas de le faire.

— Je crois que la situation m'angoisse. Tout allait si bien. J'avais réussi à te persuader que je te plaisais. Maintenant, il faut que j'impressionne un gamin.

— Joseph est un gosse facile.

— Oui. Bon.

Je ne savais pas quoi dire sur Joseph.

— As-tu jamais imaginé revivre avec sa mère ?

— Non, elle est remariée. Rien n'aurait jamais dû se passer entre Angela et moi. Notre relation a duré très peu de temps. Nous étions totalement inconscients. Je ne vais pas dire que Joseph était une erreur, mais il n'était pas prévu, c'est certain.

— Je ne sais pas vraiment m'y prendre avec les enfants. Pourrais-je sortir un temps avec le papa avant de rencontrer le fils ?

— Mais tu le rencontreras ?

J'ai respiré à fond. Pourquoi tant d'histoires ?

— Oui.

— Quand ?

Oh, *panayia mou*.

— Avant la fin de l'année.

— Tu as besoin de deux mois ?

Il semblait horrifié.

J'ai pensé aux *cannoli*, à me faire larguer.

— Avant Noël. Ainsi je pourrai l'acheter avec des cadeaux.

— Tu es vraiment un peu tordue.

Mais il riait.

Cela devait signifier que nous n'avions pas rompu. J'avais jusqu'à Noël pour m'habituer à l'idée de rencontrer Joseph.

17

Comme d'habitude, les fêtes m'ont prise par surprise. Soudain, j'ai compris qu'il me restait moins de trois jours avant de rencontrer l'enfant. Moins de trois jours avant de trouver les cadeaux idéaux pour acheter son affection sans pour autant paraître désespérée aux yeux de Paul.

C'était le dimanche avant Noël, le dernier vrai week-end pour effectuer des achats. J'aurais mieux fait de patienter jusqu'au lundi, quand les gens seraient retournés au boulot. Mais une sourde angoisse commençait à m'envahir. Et Paul ne m'aidait pas beaucoup.

— Qu'est-ce qui te ferait plaisir ? Et à Joseph ?

— Tu sais ce qui me ferait plaisir.

J'avais fait l'erreur de poser la question au lit le matin.

— Je suis sérieuse. J'ai besoin de savoir.

— Sérieuse ? Ah, d'accord.

Il s'est assis dans le lit.

— … Tu n'es pas obligée de nous faire un cadeau.

— Mais je le veux. Je veux vous offrir un cadeau. Alors dis-moi. Il n'a pas fait de liste ?

— Non, il n'est pas si matérialiste. Pourquoi pas un maillot de l'équipe des Yankees ? Il adore le joueur Jeter. Ou un jeu pour sa PlayStation.

— Trop commun, trop impersonnel. Je souhaiterais lui offrir un truc qui montre que je sors de l'ordinaire, que je ne suis pas une nana à la noix qui lui vole l'attention de son père.

— Ne t'inquiète pas à ce sujet.

Il a commencé à m'embrasser.

— Si on s'amusait un peu ce matin avant d'aller patiner à Prospect Park ?

— Patiner ? Paul, je dois faire mes achats.

— D'accord, on se promènera dans Smith Street.

Il continuait de m'embrasser tout en tirant sur le caleçon que j'avais enfilé pour dormir.

J'ai gloussé.

— Tu as de la suite dans les idées.

— Dis au Père Noël ce que tu veux pour Noël.

— Je veux qu'il fasse vite afin de partir faire mes courses.

— C'est vraiment ce que tu veux ? Comme tu as été très vilaine, Papa Noël t'offrira tout ce que tu désires.

— Je ne devrais pas. D'accord. Fais ce que tu veux de moi, Papa Noël, mais à midi, je rentre en ville. Je ne trouverai rien de ce que je veux dans Smith Street.

— J'ai tout ce que tu veux ici, a rétorqué Paul en tirant les couvertures sur notre tête.

Je suis arrivée chez Macy's à 14 h 30, bien plus tard que ce que j'avais prévu. Le magasin envahi par la foule tenait de l'asile de fous. Les articles jonchaient le sol et tous les rayons affichaient une réduction quelconque. Je ne savais par où commencer.

D'abord, le parfum de ma mère, présenté dans un joli coffret cadeau. J'étais certaine qu'il lui plairait. J'y ai ajouté une robe de chambre et des pantoufles.

Heureusement, j'avais déjà acheté le cadeau de Jamie. Quelques semaines plus tôt, une petite boutique de Smith Street m'avait emballée et j'avais choisi un tas de produits pour futures mamans, comme du lait pour le bain et des huiles de massage. Je m'étais également procuré son chocolat préféré chez City Bakery. Pour Raj, je m'étais décidée comme toujours pour un livre humoristique, du genre de ceux qu'on laisse dans les toilettes. C'était une vieille blague entre nous.

Ma mère et moi étions toujours invitées chez les Jacobs pour Noël, mais en général ma mère refusait, prétendant que la messe de minuit l'avait fatiguée. J'ai acheté des ornements sympas pour leur sapin, ainsi qu'une décoration en forme de cigogne pour Jamie et Raj. La plaie, chez Macy's, c'est que chaque article doit être réglé dans le rayon où on l'achète. J'ai dû faire trois fois la queue.

Au rayon hommes, j'ai trouvé une jolie chemise

pour Paul. Enfin jolie à mon goût. La file d'attente était gigantesque et le personnel à la caisse s'activait à la vitesse de tortues. D'après Paul, Joseph désirait un truc en rapport avec une tortue. Qu'est-ce que c'était ? L'espion tortue ? Non, tortue Ninja. J'allais devoir courir chez Toys 'R'Us. J'avais déjà trop chaud. J'étais cernée de poussettes et de gosses hurlants. Les parents semblaient dépassés. Comment Jamie se débrouillerait-elle quand elle aurait eu son bébé ?

— Vous attendez depuis longtemps ? ai-je demandé à la femme qui me précédait.

Elle poussait une poussette double où dormaient deux enfants et était enceinte d'un troisième.

— Au moins une demi-heure. Je hais Noël.

J'ai hoché la tête. Mon portable a sonné. Jamie.

— Que devrais-je offrir à Paul ? Qu'offres-tu à Raj ? ai-je demandé, moitié hystérique.

— Une pipe chacun.

J'ai éclaté d'un rire sonore. La mère épuisée s'est retournée pour me fusiller du regard. Rire pendant les fêtes n'était pas de mise.

— Sérieusement, j'ai besoin d'aide.

— Où es-tu ?

— Chez Macy's.

— Beurk. J'en ai fini avec les nausées mais ça me donne envie de vomir. Quand apprendras-tu à planifier tes achats ? Tu es tellement organisée pour le reste.

— Je sais. Si ça peut te faire plaisir, je me suis procuré tes cadeaux il y a des semaines.

— Bon, au moins tu as déterminé tes priorités.

— Comment te sens-tu ?

— Grosse. Je n'en peux plus.

J'ai compté sur mes doigts.

— Encore deux mois, c'est ça ?

— Plutôt trois. La grossesse dure plus longtemps qu'on ne le dit. Quarante semaines plutôt.

— Merde, alors.

Par décence, j'ai attendu deux secondes.

— J'ai besoin que tu m'aides à choisir un cadeau pour Paul.

— Le premier Noël que j'ai passé avec Raj, je lui ai offert une montre. Il la porte encore. Paul porte une montre ?

— Une montre sport.

— Tu lui as déjà acheté autre chose ?

— Je suis sur le point de lui acheter une chemise. C'est bateau ?

— Un peu.

— Et une montre, ça dit quoi ?

— Ça dit l'heure.

Elle a ri toute seule.

— Par pitié, ne te lance pas dans le show-biz. Une montre signifie-t-elle que je suis trop sérieuse ?

— Non, mais c'est vrai que tu es trop sérieuse.

— Je sais. Et si lui ne m'offrait rien ?

— Et s'il t'offrait une bague de fiançailles ?

J'ai écarquillé les yeux.

— Je ne veux même pas y penser.

— Mais s'il t'offrait une bague de fiançailles ?

Elle se moquait de moi ?

— Bon, pour Raj, j'avais choisi une Fossil, mais elle fait un peu trop jeune. Essaie la marque Skagen.

— Macy's vend des Fossil mais où trouver Skagen ?

— Cherche. Ils la font aussi. On trouve tout chez Macy's.

— Ça c'est la pub pour Bloomingdale.

La file a avancé d'un millimètre.

— Comment fais-tu pour être de si bonne humeur ?

— J'ai terminé mes courses de Noël et je déguste un chocolat chaud avec des marshmallows géants.

— Garce !

La mère devant moi s'est retournée, le regard noir.

— Pardon, ai-je murmuré.

Jamie a cru que je m'adressais à elle.

— Ce n'est pas grave, on m'a traitée de bien pire.

— Tu es bien pire, ai-je laissé froidement tomber.

Je suis enfin parvenue en tête de la queue. Quand j'ai enfin réglé la chemise, j'avais passé près de trois heures chez Macy's. Je suis descendue voir les montres au rez-de-chaussée, tellement bondé que je respirais à peine. Aucune montre ne me plaisait et rester penchée sur les présentoirs de verre était pénible. Il était impossible de dénicher un vendeur disponible. Les montres Swiss Army ont attiré mon regard. Assez le style de

Paul. Belles, mais pas trop chic. L'idée d'une montre me plaisait, mais j'ai décidé de revenir le lendemain.

J'étais bien décidée à me rendre jusqu'à Toys 'R'Us. Le cadeau de Joseph était bien le seul sur lequel je ne pouvais pas faire l'impasse. Paul se chargeait du maillot des Yankees et le lui donnerait de notre part à tous les deux. Mais je voulais ajouter un truc super de ma part. Seulement un coup d'œil sur les files d'attente chez Toys 'R'Us m'a suffi. Je me suis résolue à lui acheter le jeu que, d'après Paul, il désirait. Plus un truc visqueux présenté à la caisse, une batterie électrique, des figurines du *Seigneur des anneaux* et un dinosaure en peluche. Ce n'était qu'un enfant, mais autant être parée.

Times Square grouillait de monde. Par moment je restais debout sans pouvoir bouger du tout. Autour de moi, tout le monde poussait tout le monde avec arrogance. Et autant pour l'esprit de Noël. Il m'a fallu quarante-cinq minutes pour rentrer chez moi. Il faisait si sombre et si froid dehors que je ne rêvais que de me glisser dans mon lit.

Armando travaillait au restaurant. Les fêtes étaient la période la plus chargée de l'année. A cette époque, il souffrait particulièrement du mal du pays. Parfois, je regrettais de ne pouvoir l'emmener avec moi pour Noël, mais d'ordinaire il passait la matinée à parler au téléphone avec sa mère en larmes en Italie et dînait chez le chef cuisinier.

Kelly séjournait chez sa mère à Long Island pour la semaine et ne s'en réjouissait pas. Bizarre que personne ne vive une situation idéale. J'aurais adoré que ma mère se trouve à Chypre. Mon père et moi parlions davantage en nous souhaitant un joyeux Noël le temps d'un appel international que nous ne l'aurions fait s'il avait vécu ici.

Je me suis couchée, épuisée. Jamais je n'avais expérimenté un sommeil aussi profond. Chaque fois que je piquais un somme digne de ce nom, les pires événements semblaient se produire. Depuis que je sortais avec Paul, j'avais l'impression de veiller en permanence. Impossible de dormir. Je ne voulais rien manquer de ce que je vivais avec lui.

J'ai pensé à la remarque de Jamie concernant la bague de fiançailles. Approcher la trentaine devait accélérer le processus. Paul avait trente-deux ans et, croyez-le ou non, j'étais certaine qu'il tenait à moi autant que je tenais à lui. Même si le mot fatidique avec un grand A n'avait jamais été prononcé, ni nos noms tatoués sur nos fessiers respectifs, je le savais. Quand ses yeux se posaient sur moi, il me regardait vraiment. Quand je parlais, il m'écoutait. Je n'avais jamais connu une relation aussi simple. Etait-il possible que Paul envisage de passer à l'étape supérieure ?

Bien sûr, ce n'était pas si facile. Il me restait à faire la connaissance de Joseph. Dans quelle mesure l'opinion de Joseph influencerait-elle les sentiments de Paul à mon égard ?

Et s'il repoussait le moment de me dire qu'il m'aimait,

ou de s'engager pour de bon, au moment où je rencontrerais Joseph ? Je craignais qu'il ne s'agisse d'un genre de test, mais j'avais oublié de m'interroger sur les conséquences si j'échouais. L'autre jour chez Paul, une peur panique de la rupture m'avait submergée, mais depuis je n'avais pas imaginé que quoi que ce soit puisse se dresser entre nous.

Obsédée par cette idée, j'étais terriblement agitée. Quand j'ai enfin réussi à m'endormir, j'étais terrorisée.

Le jour de Noël, je devais changer de métro à la station Quatrième Avenue dans Park Slope. J'avais passé le réveillon de Noël chez ma mère et j'allais dîner chez les Jacobs. Paul nous rejoindrait pour le dessert. Le présenter à la famille de Jamie se révélait plus facile que le présenter à la mienne.

Sur un quai en plein air, j'ai écouté les messages sur mon portable. L'un provenait de ma sœur Helen, qui me souhaitait un joyeux Noël. Touchée, je l'ai rappelée en attendant mon métro.

— Allô ? a grésillé une voix masculine.

S'agissait-il d'André, mon beau-frère ? L'idée d'avoir un beau-frère me perturbait.

— Euh, je cherchais…

Quel était le nom d'épouse d'Helen ?

— … euh, Helen Pavlopoulos…

— Qui ? Oh, ne quittez pas.

J'ai entendu la voix crier :

— Mamaaan !

Mon neveu était déjà presque un homme et je ne le connaissais pas.

J'ai entendu Helen s'approcher du téléphone et Spiro murmurer qu'il ignorait de qui il s'agissait.

— Allô ?

— Bonjour, Helen. C'est Voula.

— Bonjour !

Elle paraissait ravie de m'entendre. Je me suis sentie coupable. L'idée de l'appeler ne m'avait pas traversé l'esprit alors qu'elle semblait si heureuse que je lui retourne son coup de fil.

— Joyeux Noël ! J'ai peine à croire que ton fils soit si âgé.

— Moi aussi. Difficile de me rappeler que j'ai eu son âge un jour. Je devrais connaître tous les trucs, mais il parvient à m'avoir. A part ça, c'est un bon gamin.

— Tu as passé un bon Noël ?

— Oui. Nous avons réveillonné chez les parents d'André à Sunset Park. Et aujourd'hui les enfants ont ouvert leurs cadeaux. Tu es allée à la messe hier soir ?

— Comme si maman m'aurait permis de la manquer !

— Que fais-tu aujourd'hui ?

— Je suis invitée chez les parents d'une amie. Jamie Jacobs, tu te souviens d'elle ? Nous allions au lycée ensemble. Elle habitait Park Slope.

— Non.

Des pans entiers de la vie de ma sœur et de la mienne ne s'étaient jamais croisés.

— Bref, je vais chez eux.

— Et maman ?

— Elle est fatiguée.

C'était étrange de dire ça à ma sœur. J'avais l'habitude d'inventer des excuses pour ma mère, mais Helen devinait-elle que « fatiguée » signifiait « de mauvaise humeur » ?

— Alors tu viens à Brooklyn aujourd'hui. Je l'ignorais, mais je comptais justement t'inviter à dîner chez nous. André cuisine superbien.

— Je suis en route pour chez les Jacobs. J'ai plein de cadeaux pour eux.

Ce qui était vrai mais ressemblait à une mauvaise excuse.

— Oh, ce n'est pas grave.

Elle croyait qu'il s'agissait d'une excuse. J'ai soupiré. Le moment crucial était venu. Une nouvelle année commençait. Je ne prenais jamais de bonnes résolutions, mais ne pas passer une autre année sans mon neveu et ma nièce me paraissait une bonne idée.

— Puis-je passer pour le dessert ? Est-ce que vous avez prévu un dessert d'ailleurs ?

— Oui, vers 19 heures, je pense.

Parfait. Si les Jacobs déjeunaient à 13 heures, puis prenaient le dessert vers 17 heures, je pouvais sauter dans un taxi pour Boerum Hill à 19 heures, si elle était d'accord.

— Puisque c'est impossible pour le déjeuner, qu'en penses-tu ?

— Ce serait parfait.

Ma sœur avait l'air ravie.

Puis je me suis rendu compte que je serais avec Paul.

— Euh, je peux amener quelqu'un ?

— Oui, qui ?

Elle pensait peut-être que je parlais de notre mère.

— Un garçon.

— Oh, a-t-elle répondu d'une voix coquette.

Je souriais et j'ai senti qu'elle aussi. Elle m'a donné son adresse juste au moment où le métro arrivait.

L'immeuble ancien des Jacobs dans Brooklyn tenait du paradis. J'avais toujours pensé qu'y grandir au lieu d'y venir en simple invitée devait avoir été merveilleux. Situé tout près de Prospect Park et des transports en commun, il ne donnait pas l'impression d'être en ville et pourtant en était très proche.

J'ai salué tout le monde d'un baiser. M. et Mme Jacobs, Mike, Raj et Jamie étaient tous enveloppés d'écharpes géantes vert pomme aux formes étranges.

— Ana et Crystal les ont tricotées pour nous, m'a murmuré Jamie à l'oreille.

— Noël, Noël, ont chanté Raj et Mike.

— Très jolies, ai-je dit à Ana et Crystal.

Même si elles étaient loin de l'être.

— … Je ne savais pas que vous faisiez du tricot.

— C'est extrêmement thérapeutique, a expliqué Crystal.

Mais avant qu'elle n'ait le temps de se lancer dans une longue histoire embarrassante, Ana m'a tendu un paquet-cadeau.

— Pour toi.

J'ai ouvert. Une écharpe. Moche. Mal tricotée. Mon écharpe à moi. Je l'adorais. Je m'y suis enveloppée.

— Merci, les filles.

J'aimais éprouver la sensation que j'appartenais à la famille. Je leur ai tendu le cadeau que j'avais pour elles, un vase acheté dans une boutique de Smith Street.

— Pour votre nouvel appart.

— Quand le beau mec va-t-il arriver, Voula ? a demandé Maura.

— Maman, je t'ai dit qu'il venait pour le dessert.

Jamie semblait exaspérée.

— D'accord, d'accord, a dit Maura.

Elle m'a fait un clin d'œil et s'est penchée vers moi.

— Elle a hâte que ce bébé fasse son entrée.

Jamie ne vivait pas son troisième trimestre aussi bien que le second. Impossible de l'imaginer grossir davantage. Son ventre tenait de la pastèque et le reste de son corps tentait de compenser. Elle semblait malheureuse et mal dans sa peau. Dieu merci, elle ne vomissait plus, mais d'après elle, quelle que soit sa position, la sensation était inconfortable.

Nous avons pris place pour le repas et M. Jacobs a

prononcé une courte prière. Crystal a paru embarrassée. Mike lui a paru mortifié quand Maura en a parodié les paroles.

Nous avons avalé la soupe et tout le monde sauf Mike a réussi à en renverser sur sa toute nouvelle écharpe. Mme Jacobs avait cuisiné sa dinde de Noël. Et comme à peu près chaque Noël précédent, elle a prononcé des répliques extraites d'un film traditionnel de Noël durant tout le dîner.

Le repas terminé, les Jacobs m'ont offert mes cadeaux. J'ai reçu des chaussettes de Noël et les chocolats préférés de Maura. Ils m'avaient aussi acheté un recueil d'essais extraits du *New Yorker* et un chèque-cadeau pour un magasin de disques. Jamie m'a adressé un clin d'œil en disant qu'elle me donnerait mes cadeaux plus tard.

— Ce qui signifie qu'il s'agit de cadeaux coquins, a décrété Maura.

M. Jacobs a rougi et Mike s'est agité sur son siège.

Entre le dîner et le dessert, j'ai averti Jamie que j'allais m'éclipser pour me rendre chez Helen.

— Ouah ! Incroyable. Tu vas connaître ton neveu et ta nièce.

— C'est un sacré événement, non ? Tu crois que c'est bien d'amener Paul ? Il ne sait pas ce qui l'attend.

— Ils ne vont pas le tuer, Voula. Mais c'est un sacré événement dans le sens où vous rencontrez tous les deux vos familles respectives. Vous découvrez les origines de l'autre. J'ai toujours dit que les fêtes consolidaient ou brisaient les relations familiales. Tu devrais écrire un article sur le sujet.

— Peut-être l'année prochaine.

J'avais envie de creuser l'idée mais on a sonné à la porte et Maura s'est précipitée pour faire entrer le « beau mec ». Jamie m'a adressé un grand sourire et donné un coup de poing dans l'épaule, comme si je montais sur le ring. Elle n'avait pas tort. Nous vivions une étape importante – Paul découvrait la famille Jacobs et allait rencontrer ma sœur. Le lendemain, je ferais la connaissance de Joseph. Je n'avais pas dormi de la semaine. Je suis descendue et ai trouvé une Maura souriante, flirtant pratiquement avec Paul. Elle s'est tournée vers moi.

— Quel homme, Voula. Il a apporté des *cannoli*.

Paul m'a adressé un clin d'œil. A ce moment, j'ai compris qu'il m'accompagnerait volontiers chez Helen. En fait, grâce à sa présence, ce serait plus facile. J'avais presque l'impression que tout irait bien.

De la musique espagnole filtrait de l'appartement de ma sœur. J'ai soupiré et senti la main de Paul presser la mienne.

— Tout va bien se passer, m'a-t-il assuré.

Une femme d'un certain âge a ouvert la porte et prononcé quelques mots en espagnol. Paul a répondu, l'appelant *abuela*. Travaillant à New York depuis si longtemps, il avait appris un peu d'espagnol. Je ne savais pas ce qu'il lui avait dit, mais elle a souri et appelé Helen.

Helen nous a étreints, moi et même Paul. Elle m'a fait entrer et m'a présentée à la famille d'André, sa famille. La dernière fois que j'avais vu André, c'était un ado aux cheveux longs qui portait un pantalon trop large. Maintenant le rectorat le considérait comme une personne importante. Il m'a souri, d'un drôle de petit sourire, et je me suis demandé s'il se rappelait la dernière fois que nous nous étions vus, sur le perron de l'immeuble de mes parents. Il ne savait pas trop comment se comporter et je ne pouvais l'en blâmer.

Helen nous a tendu des verres de *coquito*, un genre de grog relevé de noix de coco. C'était très bon, et comme le reste de la famille, je me suis resservie quand mon verre a été vide. Le *coquito* m'aidait à me détendre.

Spiro, l'air très sérieux, ressemblait à André. Je ne savais pas du tout quoi dire à un adolescent si sérieux. Paul l'a questionné sur ses cadeaux de Noël et Spiro l'a invité à jouer une partie sur sa XBox.

Avant de le suivre, Paul s'est tourné vers moi.

— Ça va aller ?

— J'espère, ai-je murmuré.

— Ça ira, a-t-il dit avant de m'embrasser sur la joue, me laissant seule avec ma famille.

— Cristina, je te présente tante Voula, a dit Helen à la petite fille qu'elle portait dans les bras.

Ma nièce s'est retournée et m'a envoyé un baiser. J'ai craqué. Et j'ai découvert sa ressemblance frappante avec celle dont elle portait le nom. Comment Helen supportait-elle de regarder chaque jour cette enfant sans avoir le cœur brisé ?

— Merci pour le bisou.

— De rien, a dit Cristina en m'ouvrant les bras.

— Elle est très affectueuse, surtout avec les femmes. Elle veut que tu la portes.

— D'accord.

J'ai soulevé Cristina qui a posé sa tête sur mon épaule.

— Elle est épuisée, a expliqué Helen. Elle n'a pas fait la sieste aujourd'hui. Prends garde qu'elle ne s'endorme pas sur toi.

J'ai dansé avec Cristina au son de la musique, tout en me dirigeant vers Paul et Spiro qui jouaient à un jeu de guerre.

— Tu es mignonne comme ça, a dit Paul.

— J'ai pensé que ça te plairait.

« Dessert » signifiait en fait dîner. Apparemment, la famille d'André dînait plus tard que celle de Jamie. Je n'avais plus faim, mais je n'ai pas pu résister à goûter un peu du porc cuisiné par André. Helen nous a fait le récit de leur matinée de Noël. Les deux sœurs d'André et sa mère ne cessaient de me jeter des coups d'œil à la dérobée. Moi aussi, à leur place, je me serais montrée curieuse. A eux tous, ils avaient cinq enfants et la maison était pleine d'animation. Exactement comme la maison de notre enfance.

J'avais tant mangé chez les Jacobs que le dessert ne

me faisait pas envie, mais je voulais me montrer polie. Après deux parts de tarte, j'ai commencé à entrevoir ce que Jamie devait éprouver. Je m'attendais presque à accoucher.

Puis la sœur d'André, Joanne, s'est mise à danser avec sa fille et les couples se sont formés. J'ignorais comment danser sur cette musique hispanique, alors j'ai observé ma sœur et André. Ils se mouvaient ensemble en rythme. Il la fit tournoyer avant de l'attirer en douceur vers lui.

— Je ne sais pas d'où elle tient son sens du rythme, ai-je annoncé. Mais c'est un gène dont je n'ai pas hérité.

Tout le monde a ri, même la mère d'André. La glace se brisait un peu. Paul en a profité pour me forcer à me lever de table et danser avec tout le monde dans la minuscule cuisine. Je n'ai pas protesté. Le *coquito* avait eu raison de mes inhibitions. J'étais assez maladroite, mais nous avons ri en chœur avec tous les autres.

Nous sommes partis à près de minuit. Cristina dormait, mais les autres enfants étaient encore éveillés. Quand la sœur d'André, Marisa, est allée chercher d'autres plats, j'ai déclaré que je devais vraiment partir. Grâce à la danse, je me sentais un peu moins lourde. Mais j'étais incapable d'avaler une bouchée de plus.

Helen m'a étreinte très fort et a embrassé Paul.

— Si Joanne baby-sitte un de ces soirs, nous pourrions sortir tous les quatre.

— Ce serait sympa, a acquiescé Paul.

— Je t'appelle la semaine prochaine, ai-je dit. Joyeux Noël !

Nous avons traversé Court Street et Paul m'a fait admirer les lumières de Noël du quartier. Le temps était glacial mais la marche m'a aidée à digérer.

— C'est sympa que tu puisses te rendre à pied de chez moi à chez ta sœur. Peut-être vous verrez-vous davantage. Quel est le problème entre vous ? Tu ne parles jamais d'elle. Ni de ton autre sœur.

Je lui avais dit que Cristina était morte, sans donner d'explications.

— Je sais. Je t'expliquerai. Mais pas ce soir, je préfère profiter de cet instant.

Il a hoché la tête.

— Merci de t'être montré si compréhensif. Ça s'est révélé beaucoup plus facile que je ne le craignais, mais je suis heureuse que ce soit terminé.

— Maintenant il ne te reste qu'à faire la connaissance de Joseph.

Il m'a souri en serrant ma main, comme il en avait l'habitude. Je n'allais pas dormir cette nuit, je le savais.

Quelqu'un tirait sur mes paupières pour les ouvrir. J'aurais pu dormir encore longtemps. La dernière fois que j'avais regardé l'heure, il était 6 heures du matin. Paul était-il d'humeur à folâtrer ? Impossible de paraître sexy. Mon œil a fixé celui qui le forçait à s'ouvrir. Le coupable était une version miniature de Paul.

— Bonjour, Joseph.

— Bonjour, chique molle.

Bon.

— Excuse-moi, ai-je répondu de ma voix la plus raisonnable (mais néanmoins amicale), je ne crois pas que ce soit poli.

— Joey! a crié Paul en faisant irruption dans la chambre.

Il nous a regardés, moi et le petit mal-poli juché sur mes jambes.

— Je t'avais dit de ne pas entrer ici.

Il s'est tourné vers moi.

— Je suis désolé. Il devait m'attendre dans le salon pendant que je me douchais. Je me suis réveillé un peu tard.

— Ce n'est pas grave.

Joseph s'est mis à sauter sur mes jambes, faisant trembler le lit.

— Je vois que tu as fait la connaissance de Voula, Joey.

Joseph a émis un genre de grognement et a suçoté sa figurine Star Wars. Peut-être était-il troublé par le fait que mon nom ne soit pas chique molle. Je n'ai pas jugé utile de moucharder.

Paul m'a adressé un sourire d'excuse.

— Pardon.

— Pas de problème.

Joseph sautait maintenant avec une ardeur accrue.

— Quelle heure est-il ?

— Presque midi. Je dormais encore quand Angela est arrivée.

— Maman ? a demandé Joseph.

— Oui, ta maman, a répondu Paul.

Joseph a repris ses bonds.

— Joey, je ne crois pas que Voula ait envie que tu sautes ainsi.

— Ça va, ai-je menti.

J'ai tenté un changement de position.

— … peut-être que comme ça… Voilà. Super.

Joseph a décidé que le lit ne lui suffisait plus et a amélioré sa chorégraphie en sautant du lit à la chaise. Au troisième saut, Paul l'a intercepté en plein vol.

— Joey, ça suffit.

Par pitié, que Joey ne se fasse pas punir à cause de moi, ai-je prié en silence. Si le cas se produisait, j'étais prête à tenir le rôle du flic sympa et abandonner celui du méchant à Paul. Joseph s'est échappé du lit pour courir tout autour de la maison. Il émettait des bruits de chimpanzé, en y mêlant les paroles d'une chanson de Beyonce. Cela aurait été tordant si c'était arrivé à quelqu'un d'autre que moi. Paul avait-il envisagé un cas d'hyperactivité ? Comment pouvait-on faire preuve d'autant d'énergie dès le matin ? Bon d'accord, il était presque midi.

— C'est son état normal ? ai-je demandé en sortant du lit.

— Bien sûr, ce n'est qu'un gamin. Il va se calmer dans cinq minutes.

Il me souriait avec nervosité.

Je n'avais jamais considéré les choses sous cet angle. Préoccupée à l'idée que Joseph soit une cause de rupture, je n'avais pas compris que Paul désirait simplement que son fils et moi nous nous plaisions. J'étais plus que désireuse d'essayer.

— Joseph, ai-je crié, le Père Noël m'a donné des cadeaux pour toi.

Joseph a resurgi dans la chambre. Avant que je n'aie pu le soudoyer avec mon jeu tortue je-ne-sais-quoi, il a repéré un truc par terre.

— Qu'est-ce que c'est ? a-t-il clamé avec enthousiasme en le ramassant.

Je comprenais ce qu'il trouvait attirant dans un emballage doré de préservatif.

— Donne-moi ça, a dit Paul en le lui prenant des mains.

Trop tard. Joseph avait intercepté mon expression et compris que l'objet n'était pas destiné à lui tomber entre les mains.

— C'est quoi ? C'est quoi ? C'est quoi ? a-t-il crié en sautant dans tous les sens.

— Rien, Joseph, a répondu Paul.

Il avait plaqué sur son visage l'expression d'un joueur de poker. Si je n'avais pas été impliquée, j'aurais été tordue de rire.

— Tu veux ouvrir tes cadeaux ?

— Papa, c'est quoi ?

Le doux chérubin s'est tourné vers moi.

— C'est un truc pour tes fesses ?

J'ai réussi à ne pas rire. Je me suis engouffrée dans la chambre voisine pour chercher mes cadeaux et laisser papa Paul se débrouiller.

— Ça s'est bien passé, tu ne trouves pas ? a demandé Paul après que la mère de Joey fut passée le chercher.

Quand son coup de klaxon avait retenti, j'étais restée à l'intérieur. Etendue dans le lit, le corps tout endolori, je pensais ne jamais avoir été si fatiguée.

— Il fait preuve d'une énergie certaine.

Je n'avais pas sauté partout ni hurlé en jouant à des jeux vidéo, mais le regarder avait suffi à m'épuiser. J'avais veillé sur ce gamin comme une louve, de peur qu'il ne se crève un œil ou ne se fende le crâne. La journée avait été bien remplie – jeux vidéo, pizza, courses dans Prospect Park.

Durant l'épisode Prospect Park, j'avais appelé Jamie à l'aide, mais elle se trouvait toujours chez sa mère.

— Tu pourrais rappliquer à Brooklyn ? J'envoie S.O.S. sur S.O.S., avais-je avoué sur la messagerie de son portable. Réfléchis bien à ce que tu fais en donnant naissance à ce gosse. A mon avis, le prépuce est le moindre des problèmes. J'ignore si je vais survivre à cette journée, mais sache que les derniers mots que je t'aurais adressés sont : Réfléchis bien.

Elle ne m'avait pas encore rappelée.

Paul avait soulevé ma jambe du lit pour la masser.

— Tu le gardes trois fois par semaine ? me suis-je renseignée.

— Il était un peu excité aujourd'hui à cause de ta présence.

Excité, hein ?

— Qu'allons-nous faire pour le réveillon du nouvel an ?

J'ai me suis assise dans le lit.

— Ça signifie que je suis reçue ?

— Quoi ?

— Au test.

— Ce n'était pas un test. Voula, j'espère que tu n'as pas pris ça dans le mauvais sens. Comment l'as-tu compris ?

— Je croyais que si je ne plaisais pas à Joseph, et je ne suis pas sûre de lui plaire, c'était fini entre nous.

— Voula.

Paul secouait la tête.

— Comprends-moi bien. J'avais envie que tu plaises à Joseph. Je crois que c'est le cas, d'ailleurs, mais si ça ne l'était pas, cela ne changerait en rien mes sentiments. Nous continuerions d'essayer, c'est tout. Joseph est ce qu'il y a de plus important dans ma vie, mais tu arrives juste après.

Le tour que prenait la conversation ne me déplaisait pas.

— Si tu faisais preuve de méchanceté envers Joseph, ce serait différent. Mais je te connais assez pour savoir que c'est impossible. Il ne s'agissait pas d'un test, bêtasse. Tu ne crois pas que nous avons dépassé le stade des tests ?

En fait non, mais à partir de ce moment-là, j'ai décidé que oui. J'ai hoché la tête.

— Tu as des tests en réserve à me faire passer ? a-t-il demandé d'une voix lente, comme s'il avait peine à croire qu'il était réduit à poser la question.

J'ai secoué la tête.

— Tu as cru que je te demandais d'être une mère pour Joseph ?

J'ai haussé les épaules.

— Voula, il a déjà une mère.

— Mais l'autre soir, tu m'as dit que…

— Je sais. Je ne savais pas comment aborder le sujet. J'ignore quelle impression tu en as retirée. Je voulais juste t'informer qu'il faisait partie de ma vie et être certain que cela ne te gênait pas. Avant même que tu t'en rendes compte, il t'adorera.

— J'espère bien.

— J'en suis certain, a-t-il affirmé en souriant.

Puis son visage a changé. Son regard m'a rappelé celui qu'il avait lors de la grande panne d'électricité.

— Je voulais te dire…

— Ouuuuui.

— Je t'aime.

J'ai respiré un grand coup.

— Merci.

Il a ri.

— Je voulais dire, je t'aime moi aussi.

— Super.

Etait-ce l'épuisement ou le bonheur d'être dans les bras de l'homme qui m'aimait, mais cette nuit-là, j'ai mieux dormi que n'importe quelle autre nuit de ma vie.

Et quand je me suis réveillée le lendemain matin, rien d'horrible ne s'était produit.

18

Un froid glacial a marqué le début de l'année. En temps normal, je haïssais le givre. Cette fois, je m'en moquais. Quand je ne brodais pas sur ma soi-disant recherche d'appartement pour mon article, j'étais lovée devant la cheminée de Paul. Avec un pompier à mes côtés, ma phobie des flammes avait diminué.

En couple, je découvrais un nouvel univers. La neige interdisait toute sortie ? Aucune importance. Nous nous nourrissions de plats cuisinés en nous enivrant de bières light. Hiberner à deux me plaisait. J'aimais avoir une excuse pour ne pas sortir du lit.

Parfois je regrettais mes lacunes dans l'art d'avoir un mec, mais la nouveauté de la chose me ravissait. Je m'émerveillais qu'il soit si fascinant d'apprendre qu'un jour Paul avait souffert d'une commotion cérébrale à la suite d'une chute de vélo, ou qu'il avait vu des seins nus pour la première fois dans *Witness.*

Je n'avais jamais connu ça. L'amour. C'était extraordinaire. La plupart du temps, j'évitais la présence de Joseph. Je ne m'en suis rendu compte que lorsqu'un soir au téléphone, Paul a abordé le sujet. Nous nous sommes disputés assez violemment. J'avais appelé Jamie en larmes, persuadée que nous allions rompre.

J'ai parlé vingt bonnes minutes, sans même évoquer sa grossesse. Elle ne m'a pas interrompue. Elle m'a conseillé de m'excuser et de faire un effort. Tellement simple. Avec une amie, je l'aurais fait spontanément, mais avec Paul l'enjeu m'effrayait.

J'ai suivi les conseils de Jamie et Paul l'a très bien pris. Il a été choqué lorsque je lui ai avoué que j'avais craint une rupture. J'ai compris la solidité de notre relation. Et j'ai aussi compris pourquoi Jamie évoquait avec extase les réconciliations sur l'oreiller.

Même la Saint-Valentin ne s'est pas révélée pénible. Pour la toute première fois, j'ai reçu des fleurs. Un jour, j'avais clairement exprimé à Paul que je détestais les cartes de Saint-Valentin achetées en magasin. Et le samedi matin, je me suis réveillée pour trouver une adorable carte fabriquée et écrite à la main. J'étais émue. C'était presque trop beau pour être vrai. Si quelqu'un m'avait avoué échanger les mêmes mots que ceux que nous murmurions parfois, j'aurais eu la nausée. Mais c'était notre secret.

Impossible de repousser indéfiniment la question appartement. Le rédacteur en chef de *Financial Woman* s'impatientait. Mon moi fictionnel était censé conclure la vente et emménager. J'avais fait du remplissage avec des articles concernant promesse de vente, copropriété et cosignataire. Il était temps de passer à l'étape suivante.

J'ai décidé d'appeler Maureen. J'espérais obtenir sa messagerie, mais elle a décroché dès la seconde sonnerie.

— Une revenante ! Bonjour.

J'avais planifié de laisser un message léger. Maintenant j'étais obligée de parler. Un atroce sentiment de culpabilité me rongeait. Maureen m'avait fait visiter tous les apparts possibles et imaginables et aucun n'avait trouvé grâce à mes yeux.

— Dites-moi que vous avez trouvé un appartement avec un autre agent, a-t-elle lancé.

— Non, je n'en ai pas visité un seul depuis novembre.

— Quel soulagement ! En fait, je pensais à vous. J'en ai en vue sur la 20e Rue Ouest. Un des appartements aménagés dans les anciennes remises de voitures à chevaux. Je vous conseillerais de visiter avant les journées portes ouvertes de ce week-end. On se retrouve là-bas vendredi ? Sans faux pas, Voula, sans tergiversation, ce pourrait bien être le bon.

J'avais cessé de croire qu'aucun appartement puisse se révéler le bon. La foudre ne frappe pas deux fois au même endroit. En ce qui concernait les hommes, j'avais eu de la chance. Je ne pouvais espérer trouver aussi l'appartement de mes rêves.

— Voula. Faites-moi confiance. Vous allez l'adorer.

J'en doutais. Mais j'avais l'impression de lui devoir quelque chose. J'ai noté l'adresse et ai promis de la retrouver vendredi.

— Alors, qu'est-ce qu'une ancienne remise de voitures à chevaux ? lui ai-je demandé deux jours plus tard.

Je l'avais retrouvée sur le perron d'un joli bâtiment. J'aimais le quartier : Chelsea à l'ouest de la Huitième Avenue. Les immeubles avaient du charme, dans le style ancien, comme un recoin oublié de New York. Je me suis tout de suite sentie à l'aise.

— Bonjour, Voula. Je vais vous montrer.

Je l'ai suivie jusqu'à une grille dont elle a ouvert la porte. Nous avons longé le bâtiment jusqu'à une cour, au fond de laquelle s'élevait un autre bâtiment de trois étages, où se nichait l'appartement.

Pendant que je parcourais les lieux, Maureen a entamé son baratin habituel. Je ne l'écoutais pas. L'endroit était petit, comme la plupart des autres appartements visités, plus petit même. Dans certains quartiers il aurait tenu lieu de garde-robe. Un mur séparait la cuisine d'une pièce plus vaste – le terme « vaste » étant très relatif. La cuisine était décorée d'un linoléum jaune et de carreaux jaunes et blancs. Dans la grande pièce, une petite table était collée contre le mur. La pièce principale formait un L, donc la chambre n'était pas indépendante. Mais le lit était invisible quand on pénétrait dans l'appartement. On ne voyait qu'un immense placard. Le seul, mais très grand.

Le soleil qui inondait la cour éclairait l'appartement. Oui, nous nous situions plein sud, mais à cet étage, je ne pensais pas que cela fasse une différence. Une atmosphère joyeuse imprégnait l'endroit. Le propriétaire récupérerait certainement la table et les deux chaises, mais je pouvais m'imaginer assise ici.

Maureen s'était tue – tactique inhabituelle (pour elle). Sa présence silencieuse produisait un effet étrange. Elle n'avait pas une seule fois prononcé les mots : « Il faut être visionnaire. » Elle me laissait les lieux se révéler eux-mêmes.

Je me suis tournée vers elle.

Elle a haussé les sourcils et brisé le silence.

— Vous êtes amoureuse, Voula ?

J'étais sciée.

— De l'appartement ?

— Oui… et en général. Vous avez quelque chose de différent.

— Eh bien oui, je suis amoureuse d'un garçon… d'un homme, un pompier.

Elle a ri.

— Et de cet endroit ?

— Eh bien…

C'était étrange. Je m'y voyais installée. J'achèterais un bureau plus petit. Il s'adapterait à la perfection. Sincèrement. La tête me tournait. J'avais besoin de revenir au réel.

— A combien se montent les frais de copropriété ?

J'avais au moins appris quelles questions poser.

— Dans les six cents.

Bien, pas extraordinaire.

— Taux d'occupation par les propriétaires ?

— Quatre-vingts pour cent.

Cela plairait à la banque.

— La copropriété ? Ils doivent être durs, non ?

— Deux de mes collègues ont vendu des appartements dans cet immeuble et les acheteurs ont reçu l'autorisation sans problème. Dans un des cas, la situation bancaire de l'acheteur était bien moins bonne que la vôtre.

Elle eut un petit sourire.

— … j'ai oublié d'ajouter que le bâtiment de devant comporte un espace rangement et laverie.

J'achetais rarement quoi que ce soit sur un coup de tête – pas même des chaussures. Mais l'endroit me plaisait vraiment beaucoup.

— Il faut que je réfléchisse.

— Combien de temps avez-vous réfléchi au garçon, à l'homme, au pompier ?

Elle ne m'avait pas vue depuis des mois, mais cela ne la gênait pas pour se moquer de moi. Peut-être la panne d'électricité avait-elle créé un lien entre nous.

— Longtemps, au moins trois semaines.

J'étais contente de lui clouer le bec.

— Mais combien de temps vous a-t-il fallu pour *savoir ?*

Touché.

— Je sais que vous ne me répondrez pas maintenant, mais ce week-end se tiennent des journées portes ouvertes. Vous voyez l'effet produit par cet endroit.

— Je vous appelle lundi.

— Il sera peut-être trop tard.

— Je vais tenter ma chance.

Le lendemain, je tartinais de vaseline le ventre nu de Jamie. Jamie était superstitieuse. Au lieu de la traditionnelle fête pour la future maman, elle avait exigé un moulage de son ventre. Jusqu'à ce qu'elle me transmette un lien Internet, je n'avais aucune idée de quoi il s'agissait. Le but était de mouler le ventre de Jamie dans le plâtre avant de le décorer pour la postérité. Paul trouvait l'idée curieuse, mais ne cessait de me demander si l'une d'entre nous allait se mettre nue. Je n'avais aucune idée du déroulement des opérations.

Une fois de plus, j'avais échappé à la présence de Joseph. Je continuais de frémir chaque fois que Paul sortait des préservatifs.

Jamie, Maura, Morgan, Crystal, Ana et moi avons commencé par nous servir du vin et du fromage. Raj manipulait l'appareil photo numérique et je me suis demandé s'il était d'usage d'inonder l'entourage de photos de ce genre. Comme d'habitude, Ana dirigeait les opérations tandis que Crystal nous régalait d'anecdotes concernant son quotidien dysfonctionnel. Je me suis vu attribuer la tâche de huiler Jamie.

— Voula a probablement davantage l'habitude de sa poitrine, a gloussé Maura.

Jamie a ôté son chemisier et son soutien-gorge et roulé son pantalon sous son ventre géant. Jamais je ne me serais sentie à l'aise nue devant tant de personnes, encore moins devant ma mère, mais Jamie semblait s'en moquer.

Le haut de son corps luisait de vaseline. Sparky s'obstinait à aboyer. Raj a fini par l'exiler dans la pièce voisine.

Jamie pouffait.

— J'ai l'impression de tourner un film pour adultes.

— Je vais chercher le caméscope, a dit Raj.

Le regard qu'elle lui a lancé m'a fait penser que ce ne devait pas être leur coup d'essai.

Ana a indiqué à Jamie quelle position prendre, assise sur le sol et adossée à l'angle du canapé. Crystal et moi avons trempé les bandes de plâtre dans l'eau chaude avant que Morgan et Maura ne les positionnent sur son buste. Ana continuait de diriger les opérations tout en remplissant les verres de vin.

— Faites bien attention à recouvrir tout son buste, a-t-elle crié.

Elle avait effectué des recherches poussées sur Internet.

— Qu'en fait-on après ?

— Quand le moulage a séché, on le peint, puis on le décore, a expliqué Morgan.

— C'est un genre de rituel tribal *new age*, a ajouté Crystal.

Les bandes de plâtre posées, nous avons papoté tandis que le plâtre durcissait autour de Jamie. Comme elle ne pouvait pas bouger, nous lui tendions de petits morceaux de fromage. Cette idée me plaisait. J'allais écrire un article dessus pour le magazine *On the Verge*. C'était un moyen super-sympa d'impliquer vos copines.

— Mon mec m'a harcelée de questions, a avoué Morgan.

— Le mien aussi, ai-je renchéri en souriant.

Je pouvais enfin contribuer aux discussions traitant des mecs.

Ana et Crystal ont secoué la tête, heureuses de ne pas avoir à gérer ce qu'elles considéraient comme un comportement immature.

— J'ai de la chance de ne pas m'être fait virer, a noté Raj de derrière la caméra.

Il avait l'habitude de filmer pour ses émissions de télé-réalité et savait s'y prendre. J'oubliais sa présence, éprouvant l'impression d'être en compagnie uniquement de femmes. Jamie a parlé du cours d'accouchement sans douleur qu'elle allait suivre et de la visite prévue de l'hôpital. L'allaitement est longuement revenu sur le tapis et Jamie a répété qu'il la terrorisait davantage que l'accouchement.

— Et que l'épisiotomie ? a demandé Raj, nous rappelant une fois de plus qu'un homme était présent qui en savait peut-être trop.

— Où est Alice ? a demandé Morgan.

— Elle devient vraiment folle avec son bébé, a répondu Jamie.

— Oui, a renchéri Morgan. Sa belle-mère devait garder la petite, mais a laissé échapper en passant que le beau-père avait mal à la gorge. Alice est devenue parano.

La dissension s'était installée chez les jumelles Olsen.

J'allais parler du dernier appartement que j'avais visité, quand Ana a déclaré le moment venu d'ôter le plâtre. Elle n'avait confiance en personne pour cette tâche. Je craignais qu'elle ne brise le plâtre et que l'opération soit à recommencer de zéro, mais il s'est décollé rapidement. Nous étions en possession d'un gros moulage du ventre de Jamie. Drôle d'idée !

— La vaseline s'est révélée efficace. Heureusement que j'avais fait des recherches, a dit Ana.

— Je vais enfiler un pull, a dit Jamie.

— Crystal, tu vas le peindre ? a demandé Ana.

C'était plutôt une injonction.

— Oui. Jamie, tu es toujours décidée pour le tournesol ? a crié Crystal en direction de l'autre pièce.

— Oui, a répondu Jamie en revenant dans la pièce. Un tournesol sur un fond vert clair, tu peux ?

Elle frottait la zone luisante sous son cou.

— En fait, je crois que je vais prendre une douche.

Tandis que Crystal peignait, nous nous sommes

toutes détendues en buvant du vin, grignotant du fromage et écoutant Maura expliquer comment elle avait vécu ses grossesses. J'ai été surprise de découvrir que ce qu'elle avait à dire m'intéressait. Avec elle, la grossesse semblait passionnante, à la fois mystérieuse et émouvante. Ma mère avait vécu le même nombre de grossesses. Avait-elle ressenti la même chose ?

Crystal a écarté le gros ventre vert géant le temps de laisser sécher la couche de peinture verte. Nous avons entamé les pizzas et Raj s'est fait discret. J'ai noté une fois de plus combien Jamie avait changé – pas seulement à cause de son énorme ventre. Quelque chose dans son comportement m'échappait. Elle semblait apaisée.

Le temps que la peinture sèche, nous étions pompettes. Crystal a suggéré qu'avant de peindre le tournesol, nous écrivions nos messages à l'intérieur du plâtre. Elle craignait que ce ne soit plus difficile ensuite, si la peinture coulait.

— Ecrire quoi ? ai-je demandé à Jamie.

— Je voudrais que chacune de vous écrive un message au bébé, afin qu'il les lise plus tard.

— Quel genre de message ?

J'étais vraiment perdue.

— Je ne sais pas. Dis-lui à quoi je ressemble. Ou parle-lui de tes espoirs.

Elle n'avait pas vraiment répondu à ma question.

— Dis à ce petit de respecter les femmes, a dit Ana.

— Dis à cette petite d'aimer les femmes, a ajouté Crystal.

— Comme tu es écrivain, je te laisse le sein gauche, a dit Jamie. Ne me dis pas que tu as besoin de réfléchir.

— Peut-être un peu.

Le vin avait-il affecté mes facultés mentales ? Cet enfant se demanderait-il un jour pourquoi les amies de sa mère étaient des poivrotes ? J'ai laissé tout le monde écrire avant moi. Heureusement, quand mon tour est arrivé, elles écoutaient toutes l'histoire interminable de Crystal avec l'une de ses ex.

J'ai jeté un coup d'œil à l'intérieur du sein gauche. Un jour, un adulte, ou du moins un ado, allait lire les mots que j'étais sur le point d'écrire. Jamie n'avait pas seulement un sacré gros ventre. Un petit être grandissait là-dedans. Un jour, cette personne refuserait de croire que sa mère avait été aussi jeune. La vie qu'avait menée Jamie n'existerait plus. Elle changeait déjà. Zut ! C'était délirant de tenter d'imaginer ce que l'existence réservait à cette toute nouvelle vie. La vie fuyait en avant et bientôt le gamin serait là. Merde, pourquoi avais-je tant bu ? Je ne me sentais pas moi-même. Il y avait trop de possibilités. J'avais peur.

— Et c'est alors que j'ai pris la décision de ne plus jamais sortir avec quelqu'un dont le cerveau avait été endommagé, a déclaré Crystal.

C'était bien la chute d'une histoire d'ex !

J'ai ramassé le feutre et écrit :

« Bonjour, petit bébé. J'espère que tout va comme tu veux. Dis-moi si tu as besoin de quelque chose.
Tante Voula. »

Jamie avait dit qu'elle ne lirait rien avant que le bébé ne soit assez grand. Peut-être aurais-je le temps de corriger le texte en douce.

Mais je ne voyais rien de mieux à écrire.

Le lundi, j'ai appelé Maureen pour lui demander comment s'étaient déroulées les portes ouvertes. Durant le week-end, je m'étais plusieurs fois surprise à penser combien j'aimerais vivre dans une de ces anciennes remises. J'aimais qu'elle soit un peu en retrait. La cour me plaisait.

— Comme tu le sais, Voula, cette maison a beaucoup de charme. Elle a beaucoup plu.

— Mais pas d'acheteurs, c'est ça ?

— Non, Voula, mais…

Je l'ai entendue soupirer. J'avais épuisé sa bonne volonté.

— N'attendez pas. Plongez. Désirez-vous réellement acheter un appartement ou est-ce que je perds mon temps ?

Je ne m'attendais pas à ce qu'elle mette ainsi cartes sur table. J'ai de nouveau pensé à la vie qui s'écoulait à toute vitesse. Je pouvais enfouir ma tête dans le sable mais je n'interromprais pas le cours des choses. Il était temps de passer à l'action.

— Proposez le prix demandé.

— Voula…

— D'accord, d'accord. Puisque vous me prenez à la gorge, montez de dix mille.

Pourquoi ne pas aller de l'avant ?

— Super. Je vous rappelle mercredi.

Comme j'allais de l'avant (et étais vraiment anxieuse), la première chose que j'ai faite mercredi a été de l'appeler.

— Voula, savez-vous ce que vous avez envie d'entendre ?

— Que *pensez*-vous que j'ai envie d'entendre ?

De quoi parlions-nous ?

— Eh bien, j'espère que vous voulez entendre que l'appartement est à vous.

— Oui.

Il fallait avouer que mon cœur s'était emballé.

— Eh bien, il est à vous.

— Il est à moi ?

— Oui. Il ne vous reste qu'à trouver un avocat et…

Elle s'est lancée dans les explications concernant les étapes suivantes, mais je ne l'écoutais plus. J'allais devenir propriétaire. C'était un engagement comme je n'en avais jamais connu. C'était *réel*.

J'ai raccroché, bien décidée à appeler un avocat spécialisé dans l'immobilier.

Mais j'ai d'abord laissé un message à Paul sur son

portable. Chaque fois que je ne le joignais pas du premier coup, je craignais qu'il ne soit sur le lieu d'un incendie. J'essayais de toutes mes forces d'ignorer la voix dans ma tête qui répétait qu'il exerçait un métier dangereux, parce que cette voix me rappelait que, comme d'autres, il pouvait m'être enlevé.

Mon portable a vibré et le nom de Jamie est apparu. Surprise, j'ai réalisé que j'avais désiré apprendre la nouvelle à Paul avant même de penser à appeler Jamie.

J'ai décroché.

— Salut, Jamie.

— C'est Raj, Voula. Je voulais te prévenir que Jamie est en train d'accoucher.

Poussez, poussez, respirez

19

J'ai attendu toute la journée que Raj rappelle, en vain. Impossible de me concentrer. Je ne voulais pas appeler l'avocat au cas où j'aurais à foncer aux urgences. Le bébé n'était pas censé arriver maintenant, car c'était un mois avant terme. J'avais demandé à Paul de passer chez moi en sortant de son boulot. Au lieu de m'enchaîner à mon ordinateur, j'ai attendu assise sur le canapé.

Kelly est rentrée et m'a trouvée là, angoissée à mort. Elle a froncé les sourcils.

— Ça va, Voula ?

— Oui. J'attends Paul. Jamie est en train d'accoucher.

— C'est génial. Tu vas à l'hôpital ?

— Je ne sais pas. Je voudrais bien, mais j'attends l'appel de Raj. J'ignore à quel stade elle se trouve, si je dois me rendre là-bas ou pas. Personne ne m'a rien dit.

— Tout va très bien se passer.

Elle m'a regardée à la dérobée.

— … mais toi ça va aller ?

— Je ne sais pas, je… m'inquiète.

— Des bébés naissent tous les jours.

— Mais en avance ? Un mois en avance ?

— Une décoratrice de ma connaissance a accouché deux mois en avance.

— Le bébé a survécu ?

— Oui, il a été dirigé aux soins intensifs, mais maintenant il va très bien. Il pleure tout le temps. Elle est de nouveau enceinte.

J'ai hoché la tête. Elle avait raison. Mais je ne savais pas quoi faire. Tout ce que je voulais, c'était que Raj m'appelle pour me donner un nom et un poids. Je voulais des photos de la créature dans son berceau.

— Est-ce qu'Armando aurait du vin dans son repaire ?

— Je vais te concocter un truc plus fort.

Elle s'est engouffrée dans la cuisine.

— Je suis contente de te trouver à la maison. Les rendez-vous à quatre nous ont manqué. J'imagine que nous sommes toutes les deux encore dans la période lune de miel, hein ?

— Oui.

Elle m'a tendu une vodka tonic. Exactement l'amertume dont j'avais besoin.

— Alors, tu connais la dernière nouvelle d'Armando ?

— Non.

— Il a rencontré quelqu'un. Une femme.

— Quoi de neuf là-dedans ?

— Mais non, pas une petite amie. Une restauratrice britannique. Elle voudrait qu'il ouvre un restaurant de cuisine italienne du sud à Londres.

— Tu parles sérieusement ?

— Oui.

— Il va le faire ?

— Je ne sais pas. Il déteste ses horaires. Comment l'économie peut-elle aller si mal alors que des gens commandent en permanence des bouteilles de vin à six cents dollars ?

— Bonne question. Peut-être même le sujet d'un bon article.

— Le boulot toujours. Alors tu crois qu'il va accepter ?

— Je ne sais pas, après le mal qu'il s'est donné pour obtenir sa carte verte, j'en doute.

— Tu vas peut-être devoir rependre le processus recherche de coloc de zéro. Cette fois, je t'aiderai.

Sympa d'essayer de me faire penser à autre chose. Mais tandis que je parlais, la moitié de mon cerveau ne cessait de se demander quand Raj allait appeler. L'autre moitié pensait à l'appartement. J'ai décidé de ne rien cacher à Kelly.

— Kelly, j'ai fait une offre pour un appartement et elle a été acceptée.

— Un appartement ? Tu as acheté un appartement ? C'est super ! s'est-elle exclamée en se levant de sa chaise.

Arrivée à la table basse, elle s'est figée.

— Attends ! Cela signifie que tu déménages toi aussi ? Quand ?

— Je ne sais pas s'il faut dire « aussi ». Armando ne partira peut-être pas. Mais normalement il faut environ deux mois pour boucler l'affaire. Le 1er mai, peut-être.

— Ouah ! Le 1er mai. Incroyable ! Je suis heureuse pour toi. Mais tu vas me manquer.

Elle s'est approchée pour m'étreindre.

— Merci. Mais je ne déménage pas demain.

— Je sais, mais je regretterai ta présence. Dans cette ville, trouver un mec n'est pas facile, mais ça l'est encore plus de se faire de nouvelles copines.

— Je sais. Tu vas me manquer aussi, mais je n'habiterai qu'à quelques rues d'ici. Tu viendras me faire des vodka tonics. Il y a même une cour pour les boire tranquillement.

— Arrête de frimer. Je vais pleurer.

Le téléphone nous a interrompues. J'ai bondi. C'était Paul.

— Allô !

— Tu n'as pas l'air ravie de m'entendre. Pas de nouvelles de Jamie, c'est ça ?

— Non. Tu as déjà vécu ça. C'est normal ?

— Certains accouchements prennent jusqu'à vingt-quatre heures.

— C'est ce qui est arrivé à Angela ? ai-je demandé sur la défensive.

Paul ne cessait de me répéter qu'il n'y avait plus

rien entre eux, mais je ne pouvais m'empêcher d'être jalouse de la mère de son fils.

— Non, elle a accouché par césarienne.

— Oh, ai-je dit, comme si cela voulait tout dire.

Il a ri à l'autre bout du fil. Ma jalousie le faisait mourir de rire.

— Pense à autre chose et détends-toi.

— Tu essaies de coucher avec moi, n'est-ce pas ?

— Absolument.

— Combien de temps te faut-il pour arriver ici ?

Raj n'a appelé que le lendemain matin.

— Ananda Maura Jacobs-Sarakanti. 2, 250 kilos. Elle est en NICU.

— Qu'est-ce que c'est que ça ?

— Soins intensifs pédiatriques. J'espère qu'ils savent ce qu'ils font.

— Le bébé va bien ?

— Oui, ils la gardent en observation uniquement parce qu'elle est arrivée très en avance. L'accouchement a été affreux. Je crois que les médecins ont laissé traîner trop longtemps. Connards. Ils l'ont laissée pousser des heures, parce qu'elle voulait à tout prix accoucher par les voies naturelles.

Raj paraissait épuisé.

Je me suis demandé comment il avait tenu le coup en salle d'accouchement. Il avait l'habitude de contrôler la situation. Je l'imaginais très bien devenir arrogant avec les médecins.

— Elle a poussé toute la nuit, puis ils ont décidé de faire une césarienne. Je leur ai dit le fond de ma pensée quant à leur façon de traiter ma femme.

— Jamie va bien ?

Je savais qu'elle ne voulait surtout pas de césarienne.

— Oui. Mais elle est fatiguée et ne veut voir personne. Maura passera ce soir. A part elle, Jamie n'est pas prête à recevoir des visites. Nous ne pouvons même pas prendre le bébé dans nos bras. Quand elle va découvrir qu'elle ne peut pas tenir sa petite-fille, Maura va péter un plomb.

— Oui, mais elle se réjouira que la mère et la fille se portent bien. Elles se portent bien ?

— Oui. Jamie sera prête à recevoir la famille demain.

— Je peux venir quand ?

— Demain, a répondu Raj.

— Jamais je ne l'ai tant aimée.

Le lendemain, les Jacobs au complet, Crystal, Paul et moi nous entassions dans la chambre d'hôpital de Jamie. Je traquais sur son visage des signes de changement, mais elle paraissait juste épuisée. Elle était censée jouir d'une chambre individuelle, mais une autre patiente partageait son espace. Sa compagne de chambre, nous a murmuré Jamie, avait ronflé toute la nuit. Impossible de dormir. Elle nous a également susurré, faisant taire Raj quand il avait voulu intervenir, que Raj avait fait un scandale avant notre arrivée. Scandale un peu embarrassant mais efficace. Jamie déménagerait dans une chambre individuelle d'ici une heure.

— Vous pouvez aller voir Ananda, si vous voulez. J'ai entendu pleurer toute la nuit. J'espère que ce n'était pas elle.

— Elle est belle, a dit Maura. Si belle.

— Comme sa mère et sa grand-mère, a ajouté M. Jacobs.

— Et sa tante, est intervenue Crystal.

Elle voulait ménager Ana. Toutes deux n'avaient pas l'habitude de ne pas être le centre de l'attention.

Mike restait dans un coin de la chambre, mal à l'aise. M. Jacobs l'avait déjà réprimandé pour ne pas avoir éteint son portable.

— Comment te sens-tu ? ai-je demandé à Jamie.

— Ça va.

Elle paraissait en état de choc.

— Et tes hémorroïdes ? s'est enquise Ana.

J'ai failli lui envoyer un coup de coude. Paul m'a pressé la main et j'ai pressé la sienne en retour.

— Ça va, a répondu Jamie, embarrassée.

— Euh, j'aimerais bien voir le bébé…

C'étaient les premiers mots prononcés par Mike de toute l'après-midi.

Les Jacobs et Raj se sont éloignés pour voir le bébé. J'ai hésité une minute. Comprenant que j'avais envie de m'attarder, Paul a lâché ma main et a suivi les autres.

— Ça va vraiment ? ai-je demandé quand nous nous sommes enfin trouvées seules.

— Eh bien, je doute qu'il était nécessaire d'informer Paul de mes problèmes d'hémorroïdes. Ma famille est incroyable.

Elle a jeté un coup d'œil vers la porte.

— Merci pour les fleurs et le body. Il est vraiment mignon.

— De rien.

— C'est sympa de la part de Paul d'être venu, même si du coup il a obtenu des détails sur mes fesses.

— Je crois qu'il était curieux à ce sujet depuis un moment.

Elle a souri un peu avant de détourner le regard.

— C'est douloureux ? ai-je demandé après quelques secondes de silence.

— Un peu. Mais le pire est passé. Je ne suis quand même pas sûre de pouvoir me lever.

Malgré moi, j'ai fait une drôle de tête. Jamie semblait s'amuser de mon effroi.

Elle a continué.

— Pourquoi ? ai-je demandé, réellement inquiète.

— Je ne sais pas. Les suites de l'accouchement.

Elle a fermé les yeux, s'affaissant sur les oreillers.

— Je ne voulais vraiment pas d'une césarienne.

— Tu n'avais pas le choix.

— Je ne sais pas. Tout est allé si vite. Raj paniquait parce que le bébé arrivait trop tôt. Je crois qu'ils ont insisté pour la césarienne pour que le bébé naisse le plus vite possible.

Raj avait paniqué ?

— L'essentiel, c'était que le bébé naisse en bonne santé.

J'avais peur qu'elle ne me croie pas de son côté à elle.

— Oui, je sais.

— Au moins tu n'as pas eu d'épisiotomie.

J'attendais un petit rire, du style : « Si seulement tu savais combien j'aurais préféré un accouchement par les voies naturelles, mais comment pourrais-tu le savoir puisque tu n'es même pas certaine de vouloir des enfants ? »

Elle s'est contentée de hocher la tête.

— A la place, on m'a opérée. Heureusement que je n'ai pas été obligée de voir ça.

Malheureusement, *moi,* je visualisais la chose. Et je ne me sentais pas très bien. Je me suis assise sur la chaise près des fleurs. Leur odeur a fait empirer ma nausée. J'ai préféré m'asseoir sur le lit.

— Je crois que l'idée d'être clouée sur une table d'opération ne m'emballait pas. Après on tremble, je ne sais pas pourquoi… Tout le monde dit qu'elle est belle. C'est vrai, non ?

— Je ne l'ai pas encore vue. Mais je suis certaine qu'elle l'est. Comme sa mère.

— D'accord. Merci d'être venue me voir.

— Tout le monde ici est venu pour te voir.

Elle a pincé les lèvres.

— Dis-moi quelque chose de normal. Dis-moi un truc idiot qu'a fait Paul. Un truc que tu me dirais si je ne venais pas d'accoucher.

— Eh bien, j'ai passé une soirée torride hier.

Soudain j'ai craint que la ronfleuse derrière le paravent ne puisse m'entendre.

— Frimeuse, a dit Jamie.

— Et…

— Seigneur qu'ai-je fait en posant cette question ? a gloussé Jamie.

— Mon offre pour un appartement de Chelsea a été acceptée.

— Tu vas déménager ?

— Je crois.

— Tu as averti Armando ?

— Pas encore. Mais on lui a proposé un job à Londres.

— Tout le monde déménage ou quoi ?

Là-dessus, Jamie s'est mise à pleurer. Comme un bébé qui n'a pas fait la sieste.

Je lui ai tendu un Kleenex.

— Je ne veux pas qu'ils me voient dans cet état, a-t-elle reniflé. Que vont-ils penser ?

— Fais ce que tu veux. Tu viens d'avoir un bébé. Tu as le droit de te laisser aller.

— Seigneur. Morgan et Alice doivent passer demain. Je ne sais pas si je vais pouvoir le supporter. Après son accouchement, Alice disait être prête à avoir dix enfants de plus.

Elle s'est remise à pleurer.

Je ne l'avais jamais vue pleurer autant. C'était effrayant. Sa présence me convenait davantage quand elle se montrait vaguement condescendante que lorsqu'elle s'apitoyait sur elle-même.

— Désolée, Voula.

Elle s'est reprise.

— Je vais aller aux toilettes avant leur retour. S'ils se rendent compte que j'ai pleuré, ils ne me laisseront pas tranquille.

Elle s'est courageusement levée et s'est enfermée dans la salle de bains.

A sa démarche, j'ai compris qu'elle souffrait.

Elle a réapparu maquillée. Si habilement qu'on n'aurait jamais soupçonné qu'elle avait pleuré.

— Tes yeux sont super bien faits.

— Heureusement, je suis allée chez Diane juste avant.

Je me suis écartée pour la laisser grimper dans le lit. Elle s'est installée sur l'oreiller plastifié et a remonté les couvertures.

— Tu devrais aller voir le bébé.

— J'irai. En sortant. Pour l'instant, c'est toi que je veux voir.

— Merci, a-t-elle dit en me prenant la main.

Ses paupières tremblaient.

— Ne recommence pas.

J'essayais de jouer les dures, mais si elle avait envie de pleurer, je la laisserais faire. Mais j'avais du mal à la regarder se traîner jusqu'à la salle de bains et imaginer qu'elle souffrait.

— Je sais, je sais.

Elle a soulevé nos mains mêlées et a mordu la sienne pour étouffer ses larmes.

La famille a refait son apparition.

— C'est le plus beau bébé que j'ai jamais vu, a déclaré Ana.

Impossible de déceler si elle était admirative ou jalouse.

— Ils ont fait un beau bébé, c'est certain, a dit M. Jacobs.

Jamie a souri. Deux personnes avaient deviné qu'elle avait pleuré. Paul, parce qu'il lisait dans les gens. Quand j'ai croisé son regard, il m'a fait un clin d'œil.

Et Maura parce qu'elle connaissait Jamie. Elle a tapoté les cheveux de Jamie, comme si c'était elle le bébé. Tout le monde les fixait.

Pour détourner l'attention, Jamie a lancé :

— Voula a quelque chose à vous annoncer.

Tout le monde s'est tourné vers moi d'un air interrogateur.

— C'est merveilleux ! s'est exclamée Maura.

Et elle a étreint Paul.

Elle croyait que nous étions fiancés. J'ai voulu expliquer, mais Jamie m'a devancée.

— Maman, calme-toi. Elle achète un appart.

— Oh, j'ai cru que...

— Nous savons tous ce que tu as cru, a relevé Ana d'un air agacé.

Jamie a ri, heureuse d'avoir détourné l'attention d'elle-même.

J'ai expliqué aux Jacobs que j'avais fait une offre. J'ai décrit les lieux avec force détails, répétant à plus soif les mots « ancienne remise de voitures à chevaux ». Moi non plus, je n'aimais pas faire l'objet d'une attention excessive, mais on ne m'écoutait pas vraiment. Mike avait hâte de retourner au boulot et angoissait de se trouver en présence de tant de personnes. M. et Mme Jacobs avaient envie d'en apprendre davantage au sujet de leur petite-fille. Ana était amère parce qu'elle ne se sentait jamais assez aimée. Crystal n'aimait pas partager les projecteurs. Plus tard, Paul me dirait qu'il repensait à la façon torride dont nous avions fait l'amour le matin même.

En sortant, nous sommes passés par l'unité de soins intensifs. Paul m'a désigné Ananda. Elle ressemblait à Jamie, mais avec le teint de Raj. Elle dormait. J'ai pressé mon visage contre la vitre, bouche bée.

Difficile d'imaginer qu'hier encore, cette créature était à l'intérieur de Jamie.

Maintenant, elle était sur notre planète.

— C'est fou.

Au même moment, sans ouvrir les yeux, Ananda Maura Jacobs-Sarakanti a ouvert la bouche et laissé échapper le plus troublant sanglot que j'aie jamais entendu.

Elle manifestait sa présence. Elle avait fait irruption dans notre monde et nous ferions bien de nous y faire.

20

La première semaine, j'ai appelé Jamie tous les jours. Elle semblait épuisée. Parfois Raj – qui avait pris un congé de paternité – prenait mes appels et me disait qu'elle était endormie. Je voulais lui assurer que j'accourrais au moindre claquement de doigts, parce que mon bouquin sur la grossesse disait que les nouvelles mères vivaient des montagnes russes émotionnelles. J'étais rassurée à l'idée que sa mère passait un jour sur deux.

La veille de ma première visite chez la toute nouvelle famille, j'avais rendez-vous chez Diane. Je lui ai appris l'accouchement de Jamie, ainsi que mon offre immobilière. Au début de mes recherches, Diane m'avait indiqué le nom de son avocat, aussi quand Maureen m'avait posé la question, j'avais donné son nom. Diane semblait un peu moins obsédée par la religion, mais elle a quand même laissé échapper qu'elle avait vu quatre fois *La Passion du Christ*. J'ai renoncé à l'épilation du maillot.

Je quittais le salon quand Maureen a appelé. J'avais

cessé depuis longtemps d'espérer ses appels. En général ils signifiaient mauvaises nouvelles ou dépenses supplémentaires.

— Quoi encore ?

— J'ai appelé Rob Agranoff. Il n'a pas eu de vos nouvelles.

Maureen commençait à ressembler à ma mère. Rob Agranoff était l'avocat. Jamais de ma vie je n'avais eu besoin d'un avocat, mais toutes mes lectures me confirmaient que c'était une nécessité.

— J'ai été débordée. De plus, mon offre vient à peine d'être acceptée.

— Voula, jusqu'à la première signature, quelque chose peut coincer. Appelez-le et faites bouger les choses avant que les propriétaires ne se lassent d'attendre.

— D'accord, je ne peux pas appeler aujourd'hui, mais j'appellerai demain.

Dans ma tête, je commençais un article. *Comment mon agent immobilier, après avoir réussi à me vendre un appart, avouait qu'elle ne pensait qu'à empocher sa commission.* Bien que nous n'en ayons jamais parlé, j'étais pratiquement certaine que Maureen lisait ma rubrique dans *Financial Woman.* J'ai préféré ne pas imaginer ce qu'elle penserait de celle-ci.

J'ai appelé Rob Agranoff et ai pris rendez-vous pour le jour suivant. Je ne devais pas me rendre chez Jamie avant 13 heures, c'est-à-dire « l'heure où elle devrait dormir ». J'ai achevé mon article traitant de l'acceptation de votre offre avant d'écrire en vitesse les grandes lignes du suivant, « Le parcours juridique », qui couvrirait les aspects légaux de la transaction.

J'étais sur le point de signer l'acte de vente, ainsi que le plus gros chèque de ma vie.

J'ajoutais quatre zéros au chiffre 22 quand l'idée m'a frappée que je n'étais pas certaine de désirer le faire. Je n'avais vu l'endroit qu'une seule fois. D'accord, je connaissais bien le quartier, mais je n'y étais pas retournée à différents moments de la journée. Et si d'immenses et bruyants entrepôts dont j'ignorais la présence entraient en action à 2 heures du matin ? Et si les voisins étaient atroces ? Il y avait aussi ce règlement inhabituel concernant la sous-location : vous deviez avoir habité l'appartement un an avant d'être autorisé à le sous-louer trois ans sur cinq. Qu'est-ce que ça voulait dire ? Dans quoi m'étais-je fourrée ?

Mais j'avais rendez-vous à 11 heures. Alors je me suis rendue dans les bureaux de Rob Agranoff, situés près de la mairie.

Rob Agranoff était un homme grand et mince, nanti d'un nez d'oiseau de proie et d'un fort accent new-yorkais. Il dégageait une aura d'assurance et a annoncé qu'il me facturerait sept cents dollars aujourd'hui et sept cents à la signature.

Ce qui, ajouté à la somme réclamée par la banque pour m'avoir accordé un méga-emprunt couvrant ce qui manquait des vingt pour cent, représentait plus d'argent que prévu. Où cela s'arrêterait-il ? La seule bonne nouvelle était que mon taux d'intérêt était bloqué pour soixante jours.

Après l'annonce de ses tarifs, Rob a détaillé l'acte de vente. Mon esprit a commencé à vagabonder. Il aurait aussi bien pu parler javanais. Je savais que j'aurais dû suivre ses explications. Il s'était même donné la peine de me faire une copie.

— L'affaire devrait être conclue début mai.

Là, j'ai prêté l'oreille.

— Comment ?

— C'est le temps nécessaire pour tout régler. Vous savez que vous devez obtenir l'accord de la copropriété ?

— C'est si tôt.

Arrête tout. Arrête tout !

Je n'avais pas prévenu Armando que je prévoyais de déménager en mai. Je m'étais laissée porter par les flots. Peut-être était-ce un signe que j'avais besoin de davantage de temps. Merde. J'avais tant dépensé, et je voulais un appartement.

— D'ordinaire, les gens sont heureux que les choses aillent si vite.

— Je crois que je le suis.

— D'accord. Tout ce dont j'ai besoin aujourd'hui, c'est que vous signiez ceci et me donniez le chèque. Puis ce sera le tour des vendeurs et l'affaire sera conclue.

— Quand ce sera fait, je ne pourrai plus rompre la promesse de vente ?

— Vous hésitez à faire machine arrière ? Cet appartement me semble une bonne affaire pour la taille et pour le quartier. Quelque chose vous tracasse ?

— Non.

Pas vraiment. Evidemment, j'ignorais certaines choses, mais combien de temps allais-je ergoter ?

— … Non, je vais signer.

Et j'ai signé. J'ai signé mon nom au bas de l'acte. Ça allait encore. Ce n'est qu'en tendant le méga-chèque que je me suis sentie piégée pour de bon. Qu'est-ce qui ne tournait pas rond chez moi ? Je l'avais voulu. Il était temps que je grandisse.

— Donc, c'est réglé. Quand la signature de l'acte de vente approchera, je vous ferai signe et vous ferai la liste des documents nécessaires.

C'était terminé. De retour dans la rue, je me suis dit n'avoir jamais dépensé autant d'argent aussi vite. Mais cela n'était pas allé si vite. C'était venu petit à petit. La vie suivait son cours. Je ne pouvais pas aller à contre-courant, seulement dans le sens du courant. Un an plus tôt, Jamie m'avait annoncé qu'elle essayait de faire un bébé. Les événements se passaient sans moi. Peut-être, pour une fois, pouvais-je en faire partie.

Jamie m'a ouvert la porte, l'air épuisé. La partie supérieure de son corps restait imposante et elle portait la même tenue qu'à l'hôpital. Mon coup de sonnette avait déclenché les aboiements de Sparky qui avaient eux-mêmes provoqué les pleurs du bébé.

— Bienvenue chez les dingues, a-t-elle dit avant de crier : la ferme, Sparky !

J'ai pensé à la mère de famille, chez Alice, qui avait prédit que bientôt Sparky jouerait les seconds violons. Peut-être était-ce déjà le cas.

Raj est apparu avec le bébé dans les bras. Elle était encore si petite. Quand j'ai tendu la main vers le bébé, Raj a fait un bond en arrière. Etrange réaction. J'ai fait mine de ne rien remarquer et me suis installée sur leur canapé, dans l'espoir que Sparky lui au moins me témoignerait un peu d'affection. Il a sauté partout sur moi, refusant de se calmer et de se laisser câliner.

— Comment vas-tu ? ai-je demandé à Jamie.

Elle ne quittait pas des yeux la cuisine où Raj s'occupait d'Ananda.

— Bien, a-t-elle dit avec distraction, trop occupée par les faits et gestes de Raj dans la cuisine.

Une barre s'était formée entre ses sourcils. Elle a crié :

— Raj ! Ne lui donne pas de lait. J'arrive.

J'ignorais si j'étais prête à voir les seins que j'avais toujours admirés aspirés par une minuscule créature, mais je n'avais pas le choix. Raj, encore plus tendu que Jamie, a ramené Ananda afin qu'elle tète. Tous deux semblaient très nerveux.

— Je ne sais toujours pas si je m'y prends correctement, a dit Jamie, presque sur un ton d'excuse.

Des hoquets bizarres s'échappaient d'Ananda. Elle donnait l'impression d'être capable de cesser de respirer à tout moment, nourrie ou non. Le processus se révélait vaguement effrayant. Aucun signe particulier chez Raj et Jamie n'indiquait qu'ils étaient particulièrement aptes à prendre soin de cette créature minuscule. Mais ils s'activaient, la berçaient, tentaient de la comprendre. C'était surréaliste.

— Comment ça se passe ? a demandé Raj.

— Je crois qu'elle ne veut rien, a dit Jamie, hésitante.

— Elle donnait pourtant tous les signes de la faim, a dit Raj, sur la défensive.

Cette petite boule ne semblait pas capable de donner quoi que ce soit. Comment espérait-il déchiffrer le moindre indice chez cette énigme ambulante ?

— Quand a-t-elle mangé pour la dernière fois ?

Tout le temps de ma visite, ils n'ont pas cessé : tenter de jauger la dernière fois que le bébé avait mangé, dormi, fait caca. Les actes de ce bébé étaient dictés par une pendule imprévisible.

Après la tentative de tétée, Raj a remis Ananda au lit. Le berceau était dans leur chambre, où il devait demeurer six semaines (du moins était-ce le plan initial). J'étais contente que Raj se fasse discret. J'avais envie que Jamie m'explique ce qui se passait réellement, mais j'ai compris que je devais agir avec prudence. D'une seconde à l'autre, elle pouvait craquer, je le sentais.

— Alors comment vas-tu ?

— J'ignore comment je suis censée aller.

— Mais comment te sens-tu ?

— J'ai l'impression d'habiter en dehors de moi-même. Comme si j'avais perdu tout contrôle. Raj s'est montré merveilleux. A part le fait qu'il soit obsédé par les microbes. Comme elle est prématurée, il est devenu parano.

D'où le bond en arrière.

— Tu angoisses ?

— Voula, j'angoisse à propos de tant d'autres trucs idiots que les microbes sont le dernier de mes soucis. Sans compter l'allaitement. Je crois que Raj doute que j'y arrive. Mince, moi-même je doute d'y parvenir.

— Tu vas y arriver.

Je n'avais aucune idée de ce qu'impliquait « y arriver » mais je sonnais le rappel des troupes.

— Je ne sais pas.

Elle a grimacé, s'est mise à pleurer, puis a cessé ses pleurs avant même que je ne puisse la consoler, tout en jetant des coups d'œil dans la chambre voisine afin de s'assurer que Raj ne voyait rien.

— Parfois c'est douloureux, a-t-elle repris. Et je ne suis pas sûre qu'elle absorbe la quantité dont elle a besoin. Je ne sais pas si je peux lui donner ce dont elle a besoin.

— Bien sûr que si. Tu es sa mère.

Jamie a secoué la tête.

— Raj pense qu'elle ne tète pas assez. Ça se passait mieux quand ma mère était là. Elle le forçait à relativiser. Maintenant il veut acheter une balance afin de calculer combien de grammes elle prend à chaque tétée.

Ne sachant pas quoi dire, je ne l'ai pas interrompue.

— Ce n'est plus mon corps.

Elle a désigné son chemisier taché de lait.

— Je ne sais pas ce que c'est. Une machine à donner la vie, un distributeur de nourriture, mais qui ne fonctionne pas très bien.

— Tu te débrouilles très bien.

— Pas vraiment. Le premier jour où je me suis trouvée seule avec Ananda, j'ai appelé Alice. Ananda avait pleuré toute la journée. Sur vingt-quatre heures, elle en avait dormi… peut-être trois.

— Waouh !

— Waouh est le mot juste. Mais tu sais quoi ? Alice a parlé des toutes premières semaines comme de moments si géniaux que je n'ai rien voulu dire. Je me suis contentée de prier pour qu'elle n'entende pas pleurer Ananda.

— Tu aurais pu m'appeler.

Elle m'a regardée. J'ai compris qu'elle pensait la même chose que moi. Qu'est-ce que je savais des enfants ? Je me donnais même un mal de chien pour éviter celui de mon petit ami.

— D'accord, je ne suis pas Dolto. Mais j'ai lu un livre.

— Oui. Un livre. Je sais. Merci. J'apprécie que tu aies lu ce livre.

— Je veux simplement dire que si tu as envie de te lamenter, tu peux m'appeler.

J'étais sincère. Qu'elle ait donné naissance à cette créature quasi extraterrestre m'émerveillait tant que j'étais prête à tout pour prouver mon respect.

— Méfie-toi de tes souhaits, a-t-elle dit.

— Je parle sérieusement.

Jamie m'a regardée et a hoché la tête. Elle a longtemps hoché la tête, et j'ai compris qu'elle allait de nouveau pleurer. Cette fois, je me suis approchée pour la prendre dans mes bras avant qu'elle ne retienne ses larmes. Si le bébé pleurait tout le temps, elle en avait le droit elle aussi.

— Je ne sais pas ce dont elle a besoin.

— Ne t'inquiète pas. Tu t'y prends très bien. Et puis je suis là. Je n'ai pas de conseils à te donner concernant les bébés, mais je suis là pour les moments comme celui-ci, ou, disons, si tu as envie de prendre un bain ou autre chose.

Mon livre disait que les jeunes mamans n'avaient même pas le temps de prendre un bain.

— Je sens si mauvais que ça ? s'est-elle exclamée en se reculant.

Des larmes coulaient toujours sur ses joues mais elle souriait.

— C'est sûr que tu as connu des jours meilleurs.

Je l'ai laissée pleurer un moment, puis elle m'a fait parler de ce nouveau restau péruvien sur Smith Street où Paul et moi avions dîné.

— J'aime qu'on me parle de ce genre de choses. J'aime me sentir normale et ça me fait plaisir que ça marche si bien entre Paul et toi. Cela te ressemble si peu de ne pas saboter la relation.

— Mes problèmes précédents n'étaient pas ma faute. Je n'avais jamais rencontré quelqu'un qui en vaille la peine, c'est tout.

— A part Warren Tucker.

— A part Warren Tucker, mais il était hors de portée. Mon histoire avec Paul appartient à la réalité.

— A propos de Warren Tucker…

— Et voilà, juste quand je file le parfait amour avec Paul.

— Tu n'as jamais visionné la cassette, n'est-ce pas ?

— J'en ai visionné une partie, mais je ne me crois pas capable de regarder le reste. Je ne veux pas. Je suis heureuse avec Paul, je refuse d'évoquer Warren.

Dans un sens, c'était vrai. J'étais heureuse avec Paul. Mais je n'avais pas oublié Warren.

Jamie a paru déçue.

— Quoi ?

— J'allais te demander un service.

— Tout ce que tu veux.

— C'est à propos de l'émission de Raj.

— Tout ce que tu veux qui n'a aucun rapport avec les émissions de Raj. Je refuse de devenir une star de télé-réalité.

— Pas une star. Le premier épisode de *Un mari… qui se marie* sera diffusé cette semaine. Raj est vraiment stressé, pas seulement à cause du bébé mais parce que l'émission sera diffusée à la même heure que celle de Donald Trump.

— Tu plaisantes ?

Très mauvaise idée.

— Non. La réception pour fêter la première diffusion a lieu cette semaine au W, dans l'immense appartement du dernier étage.

— Super.

— Oui. Sauf si tu dégoulines de lait partout. Raj tient à ce que je l'accompagne.

— Pas de problème, je garderai Ananda.

— Non, je voudrais que *tu* y ailles.

— Tu viendras aussi ?

Avec Jamie à mes côtés, j'y parviendrais peut-être. Ce n'était pas une mauvaise idée. Je me sortirais Warren de la tête une bonne fois pour toutes. Peut-être.

— Non. Je ne suis pas prête. Je n'ai aucune envie de dégouliner de lait sur une jolie robe qui ne m'ira pas de toute façon. Ni de me sentir jugée par les femmes fines et musclées avec qui Raj travaille. Il va en être contrarié, mais je ne veux pas y aller.

— Ces femmes, tout comme Raj, savent que tu viens d'avoir un bébé.

— Si Raj était marié à Alice, elle l'accompagnerait. Même si l'accouchement venait de se déclencher. Il est marié avec moi et j'aimerais que ma meilleure amie l'accompagne. C'est-à-dire toi, d'accord ?

— Je ne sais pas.

— Rencontre Warren, tu en es capable. En plus,

ce sera une superbe fête, en l'honneur de tous les participants. Et il t'est interdit de révéler à quiconque que Warren fait partie des deux finalistes en lice pour le titre.

— Il a gagné ?

— Je ne sais pas, la finale aura lieu en direct. Mais tu le devineras peut-être à son comportement durant la fête.

— D'accord. J'irai.

Soudain mon estomac s'est contracté. J'avais du mal à croire que j'allais revoir Warren Tucker… bientôt.

— Quand ?

— Samedi soir.

Samedi avait lieu l'enterrement de vie de jeune fille de ma cousine Georgia. J'essayais de ne pas stresser, mais Helen avait prévu de venir. Nous ne nous étions vues que peu de fois depuis Noël, mais elle éprouvait le sentiment que maintenant elle et moi étions réconciliées, elle avait le droit de reprendre sa place dans la famille. Je supposais que oui.

J'ai appris à Jamie les derniers rebondissements familiaux. Comme dans sa chambre d'hôpital, je sentais qu'il fallait que je l'aide à renouer avec le monde extérieur. Je commençais à craindre qu'elle ne parvienne pas à voir plus loin que son appartement, peuplé d'un chien excité et d'un bébé pleureur. Je craignais de la retrouver ensevelie sous les couches sales.

***

Je suis rentrée chez moi en début de soirée. Kelly téléphonait à son mec, Joël, et dans la cuisine Armando concoctait je ne sais quel plat exotique et délicieux. Une opportunité parfaite d'annoncer mon déménagement. J'ai préféré courir me cacher dans mon bureau.

Ma mère et moi nous sommes rendues au Crystal Palace d'Astoria pour l'enterrement de vie de jeune fille de Georgia. Je ne fréquentais cette salle que pour des occasions de ce genre, que je détestais. Les fêtes pour les futures mariées grecques ont été conçues pour torturer les célibataires. On ne le montre pas dans *Un mariage grec*, mais les femmes célibataires sont accueillies par les mots « *Kai sta dika sou* » ce qui signifie « et à la tienne » et on vous enjoint grosso modo de vous mettre au boulot pour trouver un mec (grec, bien sûr) afin qu'elles puissent se rendre à *votre* fête, et que le dieu grec vous permette de tomber enceinte avant que vos ovaires ne se dessèchent, sinon vous finirez en vieille fille cuisinant le *melomakarona* pour personne d'autre que vous-même.

Quand on me saluait de ces mots, je remerciais et souriais, au contraire de ma cousine Toula qui répondait avec l'accent grec : « Je croise les doigts. » Mon sourire cachait un secret. Aucune fête de ce genre n'était prévue pour moi dans un avenir proche, mais mon *melomakarona* pourrait être dégusté par mon petit ami – si je parvenais un jour à en extorquer la recette à ma mère.

A notre arrivée, Helen était déjà là. Ma tante Effie l'avait placée avec des copines de fac de Georgia. Je lui ai adressé un signe de la main. Ma mère s'est tendue.

— Que fait-elle ici ? a-t-elle sifflé.

— Elle est peut-être venue voir sa cousine ?

— Tu savais qu'elle serait présente ?

— Oui, maman.

J'essayais de me comporter comme s'il s'agissait d'un détail anodin.

— Je vais te chercher un verre de vin.

J'ai pris mon temps, mettant un point d'honneur à remercier toutes les personnes désireuses de se rendre à la fête de future mariée que je n'aurais peut-être jamais. J'ai embrassé Helen, ce qui signifiait beaucoup pour elle.

— Je croyais que tu viendrais avec Cristina. Elle se serait amusée.

— J'avais peur de maman. Je ne voulais pas que Cristina sache combien elle peut se montrer méchante. Les sœurs d'André l'ont persuadée que sa grand-mère était une sorcière.

J'ai regardé en direction de ma mère. Tante Effie faisait le nécessaire pour la contenir, mais le visage de ma mère faisait peur à voir.

— Elle n'est peut-être pas loin d'en être une.

A son tour, Helen a regardé dans sa direction.

— Je ne veux pas provoquer de scène.

J'ai parcouru la pièce du regard. Impossible que ma mère fasse une scène devant toutes les femmes de sa famille. En général sa colère avait une cible unique : moi.

— Ne t'inquiète pas. Tu n'es plus une ado.

— Je sais, a répondu ma sœur en me regardant dans les yeux. Toi non plus.

Elle avait raison. Je me suis dirigée vers ma mère. Ma tante Effie m'a interceptée et embrassée sur les deux joues.

— Ta mère, a-t-elle soupiré.

Mais elle n'a rien ajouté.

Tout le temps du déjeuner et de l'ouverture des cadeaux, ma mère m'a ignorée. Tout le monde s'est extasié sur les photos des meubles offerts au couple. Et les sous-vêtements féminins, beaucoup de sous-vêtements. En temps normal, j'aurais été embarrassée d'admirer ce genre d'articles en compagnie de ma mère, mais comme elle m'ignorait, j'ai ri et applaudi en chœur avec les autres. Libérée.

J'avais à peine avalé ma dernière bouchée de dessert que ma mère a exigé de partir. J'ai pris mon manteau et lui ai demandé de m'attendre tandis que je prenais congé d'Helen.

— Dépêche-toi, m'a-t-elle répondu avec froideur.

— J'espère que tu as passé un bon moment, ai-je dit à Helen en désignant la table des psys en pleine conversation.

— J'ai beaucoup appris sur les avancées actuelles en matière de santé mentale.

Je me suis tournée vers le visage fermé de ma mère.

— J'aurais préféré être à votre table. Maman ne m'a pas adressé la parole. Tu assisteras au mariage ? Je crois que papa viendra.

— Oui. André m'accompagnera, ce sera plus facile.

C'était drôle qu'elle parle ainsi. Moi je craignais que venir avec Paul, idée qui m'avait souvent traversé l'esprit ces derniers jours, ne fasse qu'empirer les choses.

J'ai appelé un taxi et raccompagné ma mère chez elle. Elle n'a pas prononcé un mot de tout le trajet. Recroquevillée au fond de la voiture, elle demeurait implacable. J'aurais pu en rester là et me contenter de rentrer chez moi, mais non.

— Ta fille et son mari viendront au mariage, que cela te plaise ou non, lui ai-je lancé tandis qu'elle montait les marches du perron.

Elle s'est immobilisée.

— Oui, ce garçon que tu ne trouvais pas assez bien est son mari depuis des années. Ils ont deux enfants. Tu es prévenue. Et tu ferais mieux de prévenir Babba.

Elle s'est tournée vers moi.

— *Tu* lui diras, toi qui es si douée pour tout dire aux gens.

Pourquoi me parlait-elle en anglais ? J'étais surprise qu'elle réagisse. D'habitude, elle ignorait les choses qui la dérangeaient, espérant qu'elles disparaîtraient.

J'avais envie qu'elle réagisse, mais je craignais les conséquences.

— Je te le dis, afin que tu préviennes ton mari, qu'il ne fasse pas une scène et que je ne sois pas obligée une fois de plus d'appeler la police. Tu as oublié qu'il a failli la tuer ?

— Tu as appelé la police. Tu as appelé la police ?

Elle a fondu sur moi sans se soucier de son voisin du dessous qui sortait sa poubelle.

— Tu n'as pas appelé la police. C'est moi qui l'ai fait.

Puis ma mère a tourné les talons et monté l'escalier menant chez elle. Et une fois de plus, mon univers m'est apparu sous un angle différent.

21

Au mois de mars, toutes les femmes se posent une question cruciale : comment s'habiller ? Je portais le pantalon de lainage noir que j'arborais pour la fête de Georgia, mais avais troqué le twin-set de cachemire emprunté à Jamie (« Tu peux le garder ») contre un haut de soie aux allures de kimono (« Ça, je veux le récupérer ! »). Un haut sexy dans lequel je me sentais pâle et boudinée. Pourquoi mes kilos de l'hiver persistaient-ils au printemps ?

Je m'apprêtais à revoir Warren Tucker. Je n'avais rien dit à Paul, me contentant d'expliquer que j'assistais à une fête pour rendre service à Jamie. Ce n'était pas comme si je risquais de m'enfuir avec lui. Mais l'événement me troublait. J'avais passé tant de temps à imaginer nos retrouvailles. Dans mes fantasmes, il n'avait pas changé du tout. Il ressemblait au garçon de la jetée, pas à l'homme de la vidéo. Il me regarderait comme il l'avait fait alors, la nuit où nous étions enfin sortis ensemble, et il dirait un truc du genre : « C'est toi, Voula, il n'y a jamais eu que toi. » Bon d'accord, ce sont les mots que Ross dit à Rachel, à la fin de *Friends*, mais moi je les ai imaginés en 1995.

Donc, dans un sens, je ne voulais pas le voir. J'avais fait exprès d'éviter la chaîne qui diffusait l'émission parce que je ne voulais pas voir les bandes-annonces, et je n'avais regardé aucun talk-show la semaine précédant la première. Je refusais même de l'entrevoir avant nos retrouvailles.

Paul était l'homme qu'il me fallait. Rationnellement, je le savais. Mais je me disais que si Warren prononçait ces mots-là et me regardait d'une certaine façon... Oh, qui sait ce que je me disais ! C'était idiot, puisque c'était Jamie qui lui plaisait. Mais Warren occupait mes pensées depuis si longtemps qu'elles revenaient toujours à lui. Le problème, c'était que chaque fois que je tentais d'imaginer ces retrouvailles avec Warren, Paul faisait irruption dans mon fantasme. La seule façon de poursuivre la rêverie plus loin aurait été d'imaginer Paul mort, ce dont j'étais totalement incapable.

— Ça va ? m'a demandé Raj en me tendant un verre.

Nous nous trouvions au W., un endroit chic, envahi d'une foule qui sirotait ses boissons en se déhanchant sur DJ Stinky.

— C'est un peu snob.

— Non, c'est génial, ai-je assuré en engouffrant un canapé. Ne te crois pas obligé de me tenir compagnie. Je sais qu'il s'agit pour toi d'une obligation professionnelle.

— Merci, Voula. J'aurais dû te dire d'inviter Paul.

— Ce n'est pas grave.

Raj m'a regardée d'un drôle d'air.

— Vraiment, il passe la soirée avec son fils.

— O.K. Comment trouves-tu Jamie ?

— Je crois qu'elle va bien. Elle va s'adapter. Pourquoi ?

Mais avant que Raj ne se soit expliqué, le président de la chaîne a surgi et a entamé l'éloge de son travail. A peine avais-je été présentée qu'ils disparaissaient ensemble rejoindre un autre VIP. J'ai attrapé une crevette à la noix de coco sur un plateau qui passait.

C'est alors j'ai aperçu Warren Tucker à l'autre bout de la terrasse, New York se découpant en toile de fond derrière lui.

J'ai dégluti et j'ai même cru que j'allais cesser de respirer. J'ai forcé mes poumons à absorber de l'oxygène et me suis avancée.

Quand je me suis approchée, il a levé la tête. Ses yeux ont parcouru la salle, m'ont d'abord survolée du regard, puis sont revenus brusquement sur mon visage. Dans mon fantasme, il ne me reconnaissait jamais au premier coup d'œil. Dans mon fantasme, j'étais belle (évidemment !) au point d'en être méconnaissable. Dans la réalité, il m'a reconnue tout de suite.

— Voula ?

J'étais sous son nez.

— C'est toi ?

— Bonjour, Warren.

La dernière fois que je l'avais vu, Warren était un jeune homme au visage étroit parsemé de poils. Je ne croyais pas l'avoir jamais vu autrement que coiffé d'une casquette de base-ball et vêtu d'un T-shirt. Aujourd'hui, debout sur la terrasse, il arborait un costume coûteux, un visage plus rond et rasé de près et ses cheveux étaient légèrement clairsemés.

— Je n'arrive pas à croire que tu sois là. C'est formidable !

Il m'a embrassée sur la joue, comme on embrasse une connaissance dans la rue. Mais je ne le connaissais pas. Plus maintenant.

Dès que Warren a entamé la conversation, j'ai compris qu'il avait changé. Il a commencé par me parler de son job, comme s'il était indispensable que je connaisse le nom de sa boîte. Il était devenu un homme. Sa vie s'était transformée, et se transformerait de nouveau quand on le reconnaîtrait dans la rue. Mais Warren n'avait pas fantasmé sur moi comme moi sur lui. Pour lui, je n'étais qu'une fille de plus sur la jetée.

Ce qu'il a clairement exprimé en disant :

— Oui, de temps à autre, je me demande ce que vous êtes devenues, vous, les filles.

Par « vous, les filles », il entendait la bande de filles qui habitaient chez les Jacobs cet été-là. Il voulait dire Jamie. Si je laissais s'installer ce genre de pensées, j'allais souffrir. J'ai préféré demander à Warren s'il pensait remporter la finale de *Un mari… qui se marie.*

Il a ri.

— On ne sait jamais ce que ça va donner. On dit que tout est une question de montage.

— Tu as dû voir pas mal d'émissions de ce genre.

— Oui. Mes copains m'ont lancé un défi, mais maintenant, je ne sais plus trop ce que je veux.

— J'imagine que si on gagne, ça vaut le coup. On part avec la fille et un million de dollars.

— Un demi-million seulement. Pour la fille, je ne sais pas, elle est difficile à cerner.

Il faisait allusion à Belinda, la candidate. Je ne savais pas trop quel était le but de cette émission de téléréalité (ni d'aucune autre d'ailleurs), mais je préférais ne pas demander.

Il a regardé autour de lui.

— Je crois qu'elle va choisir Rod.

— Rod ?

Sans savoir pourquoi, nous avons éclaté de rire ensemble. C'était étrange d'avoir une conversation normale avec lui. Mais comme dans la plupart des conversations avec les gens qu'on ne connaît pas très bien, un vide s'est vite installé.

— Warren, j'ai été ravie de te revoir.

— Moi aussi, Voula. Tu es superbe.

— Merci.

Il s'est penché pour m'embrasser de nouveau sur la joue.

— Dis bonjour à Jamie.

Ces paroles n'auraient pas dû me surprendre, pourtant

elles m'ont blessée. Jamie était-elle si difficile à oublier et notre nuit ensemble si facile à oublier ?

J'ai cherché Raj du regard mais il était toujours en grande conversation avec des personnes importantes. Ne voulant pas le déranger, je me suis éloignée pour admirer la vue sur New York. Le panorama était magnifique, mais j'éprouvais la sensation d'être engloutie. J'avais encore tant à apprendre sur moi-même. J'avais soupiré après Warren alors qu'il avait toujours désiré Jamie. Si je ne l'avais pas revu, j'aurais éternellement soupiré après lui, même en étant avec Paul.

— Non, ne saute pas, a lancé la voix de Raj tout près de moi.

— D'accord.

— Je suis désolé si tu t'ennuies. J'avais dit à Jamie que je m'en sortirais très bien tout seul.

— Tu avais vraiment envie qu'elle vienne, n'est-ce pas ?

Il a acquiescé.

J'ai de nouveau regardé la vue.

— La vue est à couper le souffle, vraiment.

Il s'est tourné pour l'admirer avec moi.

— Oui, mais je préférerais me trouver avec Jamie en ce moment.

J'ai posé la main sur son épaule. Il était peut-être maniaque à propos des microbes, mais avais-je le droit de le juger ? J'étais maniaque avec tant de choses.

— Elle s'en sortira très bien.

— C'est vrai, n'est-ce pas ?

— Oui, c'est vrai.

J'ai fixé son profil. *Moi* je n'étais pas certaine que j'allais m'en sortir.

— Ça t'ennuie si je me tire d'ici ?

— Pas du tout.

Chez moi j'ai écouté mes messages. Un était de Paul, qui téléphonait pendant que Joey regardait *Le monde de Nemo* pour la quatre-vingtième fois. Le bruit résonnait chez lui. Je n'avais pas envie de rappeler tout de suite. J'avais envie de disposer d'un moment à moi dans l'appartement vide.

Je ne savais trop que penser de ma rencontre avec Warren Tucker. Dans un sens, c'était positif. Je n'avais pas été submergée par une passion soudaine. Tant mieux parce que j'éprouvais une passion certaine pour Paul. Mais Warren m'avait manqué si longtemps, je m'étais tant interrogée à son sujet, j'avais comparé tant d'hommes à lui. Mon univers regorgeait de millions de craintes irrationnelles mais le seul espoir irrationnel que j'avais jamais entretenu concernait Warren Tucker. A chaque déprime, je me réconfortais à l'idée que, quelque part, quelqu'un avait le pouvoir de me consoler sans même le savoir. Idée ridicule, à laquelle je m'étais accrochée. Je savais bien que nous ne formerions jamais un couple, enfin je crois. Mais après si longtemps, cette rencontre confirmait cet état de fait et me faisait l'effet d'une rupture.

Je suis allée chercher la cassette dans ma chambre.

J'allais bientôt déménager, alors autant en regarder la fin, découvrir ce qu'il disait sur Jamie et s'il parlait de moi. Je l'ai glissée dans le magnétoscope du salon. Si mes colocs me surprenaient, je prétendrais effectuer des recherches. J'ai rembobiné un peu la cassette et enclenché le bouton.

— Durant les années de fac, je travaillais comme barman l'été. La dernière année, j'ai travaillé dans un pub de Block Island. Une fille me plaisait beaucoup. Elle travaillait comme serveuse.

Il allait dire qu'il craquait pour Jamie.

— Elle avait des yeux… des yeux sombres, presque noirs. Elle n'était même pas mon genre, mais quand elle me regardait…

Oh, panayia mou! Je me suis levée d'un bond. Il parlait de *moi*, pas de Jamie! Soudain j'ai eu peur. Mais il fallait que j'écoute le reste. Je me suis rassise.

— Je l'ai draguée tout l'été, mais je ne semblais pas lui plaire.

Il était fou ou quoi?

— Je faisais exprès de me tromper dans les commandes pour qu'elle soit obligée de revenir au bar.

J'avais toujours cru qu'il était défoncé.

— Puis un soir, tout le monde a décidé d'aller escalader des rochers sur la plage. Elle n'a pas voulu. Je crois qu'elle avait peur. Alors je suis resté avec elle. Un feu brûlait sur la plage. Elle m'a parlé de…

J'ai appuyé sur Pause. Des larmes perlaient à mes paupières. Je ne sais pourquoi, ce soir-là, je lui avais tout raconté au sujet de ma sœur. Je refusais de l'entendre le répéter à la télévision. Je refusais qu'il utilise mes mots, qu'il m'utilise moi, Cristina, afin de prouver je ne sais quoi aux juges.

Mais il le fallait. Je n'avais que trop repoussé ce moment. J'ai appuyé sur Play.

— Elle m'a parlé de… d'un tas de choses. C'était une nuit de rêve… Nous parlions, c'est tout. Puis j'ai enfin réuni assez de courage pour l'embrasser. Nous… nous avons passé la nuit ensemble, mais je me souviens surtout de ce baiser et du vent. C'est tout.

Les juges sont restés silencieux une minute.

— Merci, Warren, a dit la voix de Raj. Nous vous tiendrons au courant.

Merci, Warren Tucker, merci de ne pas m'avoir oubliée et de ne pas m'avoir vendue. Cette découverte aurait dû ranimer mon désir pour Warren, mais non. Je me sentais… heureuse. Quelque part dans sa tête, il se souvenait de moi. Cette nuit sur la jetée avait été importante pour lui aussi. Mais elle appartenait au passé. Moi j'avais Paul, et Warren avait le titre de mari idéal à portée de main.

Je suis allée me coucher et j'ai dormi comme un bébé.

Je lisais les faire-part de mariage dans le journal du dimanche avant de retrouver Paul chez lui, quand Maureen a appelé. Je n'avais pas reconnu son numéro. Quand j'ai entendu pleurer les bébés, j'en ai conclu qu'elle m'appelait de son téléphone fixe. Apparemment nos liens se resserraient.

— Bonjour, Voula. Désolée de vous déranger durant le week-end. Je voulais vous appeler vendredi, mais les trois enfants sont malades, et même avec l'aide de Leona, c'est du sport. Je sais que vous êtes censée signer le 1er mai, mais l'assemblée des copropriétaires refuse de vous rencontrer si vous ne leur communiquez pas davantage d'informations sur vos finances.

— Quoi ?

J'avais espéré que l'assemblée me recevrait juste avant la signature définitive.

— Ils prétendent que vous leur avez fourni un dossier incomplet quant à vos revenus.

— Ils sont fous ou quoi ?

J'avais bousculé mon comptable afin de pouvoir présenter ma déclaration de revenus 2003 en même temps que ma déclaration 2002. J'avais fourni deux lettres de références. Une personnelle et une professionnelle, et ils en savaient plus que moi-même sur mon passé bancaire (excellent).

— Ils ne cernent pas votre profession. Les assemblées de copropriétaires se méfient des travailleurs indépendants. En achetant cet endroit, vous vous démunissez de vos économies. Je crois qu'ils veulent vérifier que vous serez employée le reste de l'année.

— Je vais évidemment travailler cette année, mais je ne sais pas encore sur quoi.

— Les propriétaires ont déjà déménagé à Londres.

Ils n'habitent plus l'immeuble et ne sont plus là pour activer les choses. Si vous voulez cet appartement, il faut en passer par leur règlement.

Je pourrais tout arrêter, ai-je pensé. Etendue sur mon canapé, je me sentais particulièrement paresseuse.

— Alors qu'est-ce qui leur ferait plaisir ? Est-ce même possible de leur plaire ?

— A votre place, je réunirais mes fiches de paie de l'année passée. Ils veulent du tangible.

— Je n'ai pas de fiches de paie. J'envoie des factures, mais pas toutes les semaines. C'est assez compliqué et cela dépend de la date à laquelle je remets un article. Je ne suis pas fonctionnaire.

Maureen a soupiré.

— Pouvez-vous demander à un employeur de vous faire une lettre stipulant que vous allez travailler pour lui ?

— Je ne vois pas qui accepterait. Je ne peux le demander qu'en proposant un article. Et même ainsi, c'est gênant.

— Je ne sais quoi vous dire, Voula. Ils ne vous recevront que si vous leur présentez ces documents. S'ils ne vous reçoivent pas, vous ne pouvez pas conclure la vente. Essayez d'obtenir au moins une lettre assurant que vous avez plusieurs boulots prévus et expliquez-vous lors de l'entrevue.

Un gémissement bruyant a retenti et j'ai entendu jurer Leona.

— Je vous laisse. Appelez-moi demain et je vous guiderai.

J'ai raccroché, ignorant ce que j'allais faire. Il me restait deux articles de ma série sur l'immobilier à rédiger, concernant d'ailleurs l'entrevue avec les copropriétaires et la conclusion de la vente. Le rédacteur en chef de *Financial Woman* avait évoqué la possibilité d'un article supplémentaire. Impossible de lui forcer la main pour qu'il mente par écrit en assurant qu'il m'offrait du travail pour un an. Je ne désirais même pas travailler pour *Financial Woman* pendant un an. J'étais coincée ! Qui pouvait prédire les articles que je serais amenée à rédiger ? Cela ne fonctionnait pas ainsi. Je devais rencontrer Eve Vitali de *On the Verge*. J'avais enfin assez peaufiné mon argumentaire sur l'article concernant les bébés pour le lui proposer. Si elle l'acceptait, elle ne me le dirait pas forcément tout de suite. Je ne pouvais pas la forcer à s'engager sur toute une série, encore moins par écrit. Qui étaient ces gens ? Et pourquoi avaient-ils le droit de me juger ?

— C'est l'assemblée des copropriétaires. Ils ont tout pouvoir, m'avait expliqué Maureen d'un air sinistre.

Aucune loi ne protégeait les gens contre ces pratiques ? Dans mon carnet j'ai noté : « L'assemblée des copropriétaires a tout pouvoir. » Un bon titre pour mon article sur l'entrevue avec l'assemblée. Avec un peu de chance, j'aurais effectivement une entrevue à décrire.

J'ai appelé Paul pour lui demander à quelle heure il m'attendait.

— En fait, je pensais venir en ville ce soir.

— Pourquoi ? Tu travailles ?

— Non, je pensais inviter la dame de mes pensées à un vrai rendez-vous.

— Tu veux dire au lieu de se contenter de faire l'amour par terre devant la cheminée ?

— Oui, j'ai pensé que nous pourrions retourner chez Esme. Qu'en penses-tu ?

— Super. J'essaierai de ne pas rabâcher que l'assemblée de copropriétaires se prend pour Big Brother.

— Vraiment ?

Il semblait sincèrement intéressé.

— … Tu me raconteras tout pendant le dîner. Mais je tiens à ce que ce soit une belle soirée.

— D'accord. Attends, j'ai oublié un anniversaire ?

— Oui. C'est l'anniversaire de nos six mois ensemble.

— Vraiment ?

— Oui.

— Je sors avec un mec depuis six mois ?

— Non. Tu sors avec *moi* depuis six mois.

— Super.

J'étais vraiment fière de moi-même.

— Je passe te prendre à 20 heures.

— Ce ne serait pas plus simple que je te retrouve là-bas ?

— Voula, c'est une soirée romantique. D'accord ?

— D'accord. A ce soir 20 heures.

J'ai raccroché.

Serait-ce mal de porter de nouveau le haut style kimono de Jamie ? Non, et je n'avais pas le choix. Je n'avais rien de plus joli. Je l'avais à peine porté hier soir et comme fumer n'était autorisé qu'à l'extérieur, il sentait encore bon. Même les lois anti-tabac étaient de mon côté. L'assemblée tyrannique des copropriétaires n'avait qu'à bien se tenir. Je sortais avec un homme depuis six mois.

Je me suis renfoncée dans mon fauteuil. J'avais tout le temps de me préparer *et* de lire le journal.

Je ne me doutais pas que Paul allait me poser LA question.

22

Non ! Pas cette question-là !

Paul voulait que je vive avec lui. A Brooklyn.

Il a attendu le dessert pour me le demander. Juste avant qu'il ne prononce les mots, je venais de goûter une délicieuse bouchée de son moelleux gâteau au chocolat et je nageais dans le bonheur.

— Tu devrais envoyer promener tous ces copropriétaires et vivre avec moi.

— Quoi ?

J'avais presque aboyé.

— Je veux que tu vives avec moi.

— A... Brooklyn ?

— Oui. Je pense que nous nous connaissons assez. Tu sembles avoir envie de quitter ton appart. Ainsi nous nous retrouverions même quand je rentre tard.

— Dans mon nouvel appart aussi. Tu pourras passer à la fin de ton service.

— Mais pourquoi avoir deux appartements ? Pourquoi chercher partout mon déodorant quand je l'ai oublié chez toi ? Souviens-toi quand tu as oublié ton nouveau

CD de Tori Amos chez moi. Cela t'empêchait d'écrire parce que tu ne l'avais pas encore transféré dans ton Ipod.

— C'est arrivé une fois.

— Voula, je ne sais pas ce que tu en penses, mais cette relation me semble sérieuse.

— Elle l'est.

— Alors pourquoi ne pas passer à l'étape suivante ?

— L'étape suivante, c'est Brooklyn ?

— Voula.

Il avait pris un drôle de ton.

— Tu as été élevée dans Queens. Ne commence pas à jouer les snobs qui rechignent dès qu'il s'agit de sortir de Manhattan.

— J'aime vivre à Manhattan.

— Je croyais que tu aimais mon quartier. Tu m'as dit que tu voulais proposer un article expliquant que Brooklyn surpassait Manhattan.

— C'est vrai. D'ailleurs je l'ai proposé, mais il a déjà été fait.

— Tu vois. C'est ce que dit le panneau.

— Quel panneau ?

— Un des panneaux de bienvenue à Brooklyn. « Brooklyn. Suivez le mouvement », a-t-il dit, heureux d'avoir marqué un point.

Ma stratégie de défense axée sur Brooklyn ne menait nulle part. J'ai tenté une autre tactique.

— J'ai déjà signé une promesse de vente.

— Mais pas l'acte définitif. Tu peux annuler. Dis que nous nous sommes fiancés.

— C'est la suite? Nous allons nous marier? ai-je demandé sans réfléchir.

C'est *moi* qui posais la question finalement.

— Nous n'en sommes pas là.

— Nous ne sommes ensemble que depuis six mois.

— Voula, je sais que c'est tôt, mais je t'aime. Je crois que nous nous aimons. J'aimerais que nous vivions un peu ensemble avant de nous fiancer. Si tu as besoin d'un ordre d'idées, je dirais six mois.

Il allait trop vite, je peinais à suivre.

— Je ne te donne pas un ultimatum, j'essaie de ralentir les choses.

Il a baissé le nez dans son gâteau au chocolat. J'ai compris que je l'avais blessé. Je ne souhaitais pas vraiment ralentir les choses, mais je voulais l'empêcher de les accélérer. Je n'avais pas encore trouvé mes repères. D'ailleurs je savais que Jamie ne considérait pas une relation comme sérieuse avant d'être sortie plus de six mois avec un homme.

— Voula, tu me tiens toujours à distance.

— Que veux-tu dire? Juste parce que je ne veux pas vivre avec toi, je te tiens à distance?

— Tu ne viens jamais quand Joey est présent.

— C'est pour ça que tu me demandes de vivre avec toi?

— Je te le demande parce que c'est logique.

— A ton sens. Je viens juste de me décider à acheter un appartement.

— Tu n'en es pas certaine. Pas à cent pour cent.

— Il n'y a rien dans la vie dont on puisse être certain à cent pour cent.

Cette fois, il a paru profondément blessé. J'ai baissé le nez dans ma crème brûlée à la citrouille.

— Je ne vais pas mourir, a-t-il déclaré d'un ton neutre. Je ne suis pas ta sœur.

— Tu es un putain de pompier ! me suis-je exclamée, un peu trop fort pour ce restaurant aux lumières tamisées. Donne-moi une raison de te croire.

Il secouait la tête.

— C'est un métier dangereux, d'accord, mais ça ne veut pas dire qu'on ne peut pas vivre.

— Je ne sais pas si je suis capable de vivre avec cette idée.

— Alors tu me tiens à distance respectable.

J'ai eu un petit rire.

— Tu n'as pas idée de combien tu m'es proche.

— C'est tout ? Je ne peux pas approcher plus près ?

— Si, mais je préfère ne pas précipiter les choses.

— Et te montrer la championne du pessimisme ?

— Je suis comme ça.

Je l'ai regardé dans les yeux.

— Je crois que je ne sais pas trop comment me placer par rapport à Joey. Je ne veux pas devenir un obstacle entre vous. Je sais qu'il passe en premier et sa présence me déstabilise. S'il ne m'aimait pas, et si du coup toi non plus ?

— Rien ne m'empêchera de t'aimer. La question ne se pose pas. Je voudrais que tu aies confiance en moi.

— J'ai confiance en toi.

— Si tu avais confiance en moi, tu parlerais de ta sœur, de ta famille.

— Je n'en parle à personne.

— Peut-être que tu devrais.

J'ai secoué la tête.

— Toi tu ne parles jamais du 11 septembre... Ça signifie que tu n'as pas confiance en moi ?

— Je n'en parle pas parce que...

Il s'est interrompu.

J'avais presque envie qu'il se taise. Parce que s'il me montrait son jeu, je serais obligée de dévoiler le mien.

— Je n'en parle pas, parce que ça me paraît nul d'en discuter. Un tas de gens qui ne savent rien en parlent. Tout le monde. Moi, je n'en parle pas parce que je me sens lâche.

— Pourquoi ?

— Parce que je n'étais pas là.

— Quoi ?

— J'avais emmené Joey à Disneyworld. J'aurais pu l'emmener durant l'été, mais il n'allait pas encore à l'école et j'avais trouvé des prix intéressants pour début septembre.

— Mais tu ne...

— Bien sûr que non. Ce n'était pas ma faute. D'accord ? Pas vraiment. Je suis tout de suite revenu en voiture. Tu te souviens que les aéroports étaient fermés. Je suis arrivé après et j'ai donné un coup de main, mais je n'étais pas là quand c'est arrivé. Je n'étais pas avec mes potes.

— Personne ne savait ce qui allait arriver. Comment aurais-tu pu deviner ?

A son regard, j'ai compris que cela importait peu. Rien de rationnel n'expliquait ce genre de culpabilité. Il n'y avait rien à dire, je ne pouvais qu'écouter.

— Sans Joey, je ne crois pas que j'aurais réussi. Ce long trajet sur l'autoroute 95, j'en ai fait un jeu. On chantait des chansons. Et après, si Joey n'avait pas existé, je ne crois pas que j'aurais pu supporter tout ça. Sans lui, j'aurais pu commettre un geste désespéré. Tu as déjà connu cette sensation ?

— Oui.

— Je le savais. Je l'ai lu dans tes yeux, ce soir-là, quand je t'ai vue debout dans la rue. J'ai discerné une frayeur en toi, une douleur. Je veux savoir de quoi il s'agit, Voula. Je veux comprendre.

— Ce n'est pas si simple.

Il m'a glissé un regard de biais.

J'ai pris une profonde inspiration.

— C'est comme si ma famille avait accumulé les mauvais choix, sans jamais rien faire correctement. J'essaie de n'en vouloir à personne, de ne pas m'en vouloir à moi.

J'avais commencé et j'ai su que je ne pourrais plus m'arrêter. Je lui ai expliqué que j'avais eu du mal à me détacher de ma famille.

— Mes parents se montraient sévères avec nous. Cristina réussissait si bien, elle était si belle… Mais peu importait tant ils étaient stricts. Et tout d'un coup, ils ont cessé de l'être, durant l'été qu'elle a passé à Chypre, alors que le reste de la famille était ici. Elle avait dit vouloir y aller avant de commencer la fac à New York. Elle voulait voir un garçon. J'ignore depuis combien de temps elle correspondait avec lui. Quand ma tante à Chypre a vendu la mèche, Helen et moi avons eu peur pour Cristina. Mais pour une fois mes parents se sont montrés cool. Ils ont même parlé aux parents du garçon. Soudain, ils déclaraient forfait. Quand Cristina a demandé à rester une semaine de plus, ils auraient pu la forcer à rentrer. D'habitude, c'est ce qu'ils faisaient. Cette fois, ils lui ont donné l'autorisation. Elle devait prendre l'avion deux jours plus tard.

Tout sortait en vrac, mon récit, mes larmes, tout.

— … Ils roulaient à mobylette. En rangeant la chambre de Cristina, j'ai trouvé une photo de lui. Helen et moi avons rangé sa chambre parce que mes parents n'étaient pas en état de le faire. Nous l'aurions fait de toute façon, au cas où il y aurait eu des choses à dissimuler. Elle l'avait cachée dans un de ses livres de classe sur l'étagère. Sur la photo, il chevauche sa mobylette. Un jeune homme trop maigre fier de son engin de mort.

— Et ?

— Et quoi ? Il était mignon. Il avait écrit « Je t'aime » au dos de la photo.

— Elle se trouvait là où elle désirait se trouver.

J'ai acquiescé.

— Apparemment, au moment de sa mort, elle était heureuse.

— Je crois…

Une image de ma sœur s'est imposée à moi. Je l'ai vue avec le jeune homme sur la mobylette, riant, cheveux au vent au moment du choc. Elle n'aurait évidemment jamais accepté d'abîmer ses cheveux en portant un casque. Je n'avais jamais réfléchi à ce qu'elle a pu éprouver – pas une fois durant toutes ces années. Je n'avais pensé qu'à ce que nous éprouvions nous, *moi.* J'ai éclaté en sanglots. Paul m'a serrée dans ses bras avant de régler l'addition. Dans le taxi pour Brooklyn, j'ai continué de pleurer sur son épaule sans bruit. J'ai cessé une minute quand il a désigné le panneau sur le pont de Brooklyn : « Bienvenue à Brooklyn ! »

Chez lui, il m'a aidée à me déshabiller et m'a bordée. Puis il s'est couché et a continué de me serrer contre lui.

— Je me sens tellement en sécurité avec toi. C'en est terrifiant.

Le lendemain matin, je me suis réveillée en pleine forme. Paul me regardait.

— Hello.

— Bonjour, a-t-il répondu.

Je me suis assise dans le lit.

— Désolée de m'être donnée en spectacle hier soir.

Il m'a serrée contre lui.

— Tu ne t'es pas donnée en spectacle. Je suis heureux que tu aies eu assez confiance en moi pour te confier.

— Je suis heureuse que nous ayons parlé du 11 septembre.

— Tu sais, je crois que la vie change si on l'autorise à changer. Je ne peux pas te promettre qu'il ne t'arrivera rien de mal. Longtemps, j'ai guetté un autre attentat, un autre malheur. Ça m'a fichu en l'air. Quand nous répondions à des alertes, je n'étais pas concentré. Or il faut l'être. Il faut admettre que ce genre de choses arrive et nous comporter correctement, nous aider les uns les autres. Nous n'obtiendrons jamais aucune garantie, mais nous devons tenir le coup.

— Je t'aime.

Et il a tiré les couvertures au-dessus de nos têtes.

L'assemblée des copropriétaires a décidé de reporter la réunion sans m'accorder davantage de temps pour réunir les documents. Jamais je ne signerais la semaine du 3 mai. Ils refusaient de fixer une nouvelle date jusqu'à ce que je leur fournisse ce qu'ils voulaient.

— Ce sont des imbéciles, ai-je déclaré à Maureen.

— Je sais, mon petit.

Elle se plaisait à m'appeler ainsi.

— Donnez-leur ce qu'ils demandent et tout le monde sera heureux.

Et vous toucherez votre commission, ai-je pensé. Je me rendais chez Jamie. Le bébé avait presque un mois maintenant. Les visites avaient diminué et Jamie passait davantage de temps en tête à tête avec sa fille. D'après elle, chaque jour était une nouvelle aventure.

A mon arrivée, j'ai découvert l'aventure du jour. Le bébé l'avait inondée de ses vomissements et Jamie n'avait rien avalé de la journée. Elle traînait en peignoir mal fermé et pantalon de jogging.

— Je vais te faire un truc à manger, ai-je décrété.

J'ai allumé le gaz en retenant mon souffle, comme toujours depuis l'incendie, et j'ai entrepris de concocter des sandwichs grillés au fromage. Quand j'ai levé la tête pour lui donner le choix entre gruyère, cheddar ou provolone, elle paraissait bouleversée.

— Je ne vais pas tenir le coup.

J'ai abandonné le fromage grillé et lui ai pris le bébé des bras. Elle a immédiatement fui la pièce.

J'ai regardé le bébé.

— Tu vas rendre ta mère folle.

Le bébé m'a regardée et s'est mis à pleurer. Le bébé me voyait. Il ressemblait moins à un extraterrestre et davantage à un humain. Je me suis surprise à le bercer. A *la* bercer.

Elle pesait lourd. Je me suis installée dans le fauteuil

à bascule et nous ai bercées toutes les deux. Une demi-heure plus tard, Jamie a refait son apparition. Elle s'était douchée et avait enfilé un pantalon de sport et un pull en cachemire.

— Merci.

— Tu sais, si tu as besoin que je vienne pour que tu prennes une douche, ou autre chose, passe-moi un coup de fil.

— C'est une journée difficile, c'est tout.

— Le bébé... Ananda... paraît plus éveillée.

Pour l'instant, le bébé paraissait content de son sort.

— Oui, elle commence à suivre les objets du regard. Regarde ça, Ananda...

Elle a claqué des doigts pour attirer son attention. Le bébé l'a regardée et Jamie a avancé, puis reculé. Le bébé la suivait des yeux.

— Nous avons de la chance. Elle semble évoluer au rythme normal alors qu'elle est prématurée d'un mois.

— Super.

Jamie s'est mise à la préparation des sandwichs grillés.

— ... Laisse, je vais faire.

— Non. Je vais le faire, si ça ne te dérange pas de la porter. C'est tellement agréable d'avoir de l'aide.

— Ta mère et Ana viennent beaucoup ?

— Oui, il me suffit de leur passer un coup de fil.

Mais je déteste demander. Je dois apprendre à me débrouiller seule.

— Tu vas y arriver.

Elle a hoché la tête d'un air de doute.

— Personne ne parvient à me rassurer sur le sujet.

Dans mes bras, Ananda s'était endormie.

— Elle dort.

— Ooooh, a murmuré Jamie.

Sans le moindre bruit, elle est entrée en action.

— O.K., nous allons essayer de la déposer dans son berceau sans la réveiller. Nous avons une chance de dîner en paix.

Jamie m'a guidée dans la nursery où, avec toutes les précautions du monde, j'ai déposé Ananda dans son berceau. Quand le plancher a craqué, nous avons retenu notre souffle, mais Ananda ne s'est pas réveillée. Nous avons échangé un sourire.

Plus tard, nous avons dîné de sandwichs au fromage brûlés et de soupe. Au moindre bruit, le regard de Jamie se fixait sur l'Interphone branché dans la chambre du bébé.

— Tout va bien ?

— Je regrette que personne ne m'ait expliqué à quel point ce serait difficile. On dirait que personne n'ose en parler. Ou alors je suis anormale… Pourtant je l'ai réellement désirée. Mais tous ces hauts et ces bas. Alice a vécu les choses différemment.

— Pour Alice, seules comptent les apparences. Ne

la crois pas quand elle s'extasie sur le comportement angélique de son bébé.

— Je sais. Mais personne ne dit rien. Pourquoi ? Je ne dois pas être la seule à rencontrer des difficultés.

— Non, je ne crois pas. C'est une conspiration du silence.

Elle a ri.

— Je sens se profiler un article.

— J'ai rendez-vous avec Eve Vitali, de *On the Verge,* la semaine prochaine pour lui proposer un truc de ce genre.

D'habitude, j'hésitais à parler à Jamie de mes articles avant qu'ils ne soient publiés. Souvent elle croyait en être l'inspiratrice, habilement déguisée. Parfois c'était vrai. Cette fois, elle a souri.

— Ce serait génial que tu écrives un article sur ces sentiments tordus, une véritable œuvre d'utilité publique.

— Je fais ce que je peux.

— Tu sais…

Sa voix n'était plus qu'un murmure.

— … parfois je crois que je la déteste.

Je l'ai regardée. Elle avait l'air penaud.

— Vraiment ?

— Non, je l'aime. Je sais que je l'aime. Seulement à ce stade nos échanges sont limités, et je ne suis pas certaine qu'elle me plaise. Tu écriras là-dessus ?

— Oui.

Je contrarie rarement les gens quand ils me suggèrent d'écrire sur tel ou tel sujet. Mais cette fois je ne mentais pas.

Ananda a émis un ou deux hoquets. Jamie s'est interrompue au milieu d'une bouchée et a fixé de nouveau l'Interphone. Les bruits ont cessé. J'aurais juré avoir entendu Jamie pousser un soupir de soulagement. C'est alors qu'Ananda a laissé échapper un vrai sanglot.

— Je vais y aller, ai-je dit.

— Non, si ce n'est pas moi, elle ne se calmera pas.

Jamie s'est précipitée dans la chambre voisine, abandonnant son sandwich entamé.

Pâques et la Pâques grecque tombaient le même jour. D'habitude ma mère et moi nous rendions chez tante Effie, mais depuis la fête de Georgia, ma mère ne m'avait pas adressé la parole. J'avais tenté de l'appeler afin de savoir ce qu'elle désirait faire à Pâques. C'est Georgia qui m'avait appris que ma mère irait chez tante Effie. J'ai décidé de ne pas m'y rendre. Puisque ma mère ne me retournait pas mes coups de fil, je n'allais pas endurer son regard glacial et réprobateur en présence de la famille. A elle d'expliquer mon absence. Je comptais passer la journée seule, puis peut-être commander un plat indien. Ainsi je consommerais tout de même de l'agneau.

Mais Paul a insisté pour que je passe Pâques chez sa mère. Je l'avais croisée un jour dans Carroll Gardens. Le genre de femme qui vous prenait tout de suite dans ses bras. La perspective des *ziti* maison de sa mère (que j'avais déjà goûtés froids dans le frigo de Paul) m'attirait davantage que les maux d'estomac provoqués par le curry. J'ai accompagné Paul.

En ce jour de fête, Paul avait la garde de Joey qui, comme d'habitude, se montrait hyperactif – cette fois il faisait éclater ses œufs Cadbury en sautant dessus. De toute évidence, les parents de Paul le gâtaient. L'accent italien du père de Paul, Gino – version plus petite et plus trapue de Paul – me rappelait Armando.

J'ai fait la connaissance du frère aîné de Paul, Frank, et de sa femme, Clara. Leurs trois enfants couraient partout avec Joey et réclamaient de jouer à « la bagarre », jeu dont j'ignorais les règles. Cela consistait en fait à se bagarrer sur les divans recouverts de plastique de Mme Torrisi.

Etaient également présents la tante de Paul, Sadie, accompagnée de sa fille divorcée, Teresa, et du fils adolescent de Teresa, Owen. Owen a boudé la totalité du temps, levant les yeux au ciel quand sa grand-mère a déclaré que ce repas aurait été impossible à réaliser en Floride.

— Rien ne vaut le pain de Brooklyn, a-t-elle déclaré.

Elle a assuré la même chose en ce qui concernait les pâtisseries, la mozzarella et les poivrons rôtis.

Chaque fois qu'elle chantait les louanges de Brooklyn, Paul renchérissait avec vigueur à mon intention. Il n'avait pas renoncé à faire campagne.

Nous n'avons pas consommé d'agneau mais du jambon, vraiment délicieux, comme le reste. J'ai imaginé que les exquises lasagnes remplaçaient le *pastitsio* confectionné chaque année par ma mère. Au dessert, Paul a déposé au milieu des pâtisseries un pain couronné d'œufs teints en rouge.

— Ça ne vient pas de Brooklyn, a noté la tante de Paul.

— Non, c'est du *sreki*.

J'étais ébahie.

— Un *tsoureki*. Où l'as-tu trouvé ?

— Un ami à la caserne m'en a parlé. Il m'a donné la recette de sa mère. Je l'ai préparée et Joey a teint les œufs.

— Tu l'as fait toi-même ?

— Oui. Trouver le truc aux cerises s'est révélé infernal. Goûte.

J'ai pris un morceau et l'ai goûté. Délicieux.

— Paul, c'est génial. Merci.

Il a appelé Joey, rivé à sa PlayStation dans le salon.

— Joey, que nous a appris d'autre mon ami ? Tu te souviens du jeu ?

— Oh, oui.

Joey a couru et a arraché une partie des œufs posés sur le pain pour me les tendre.

J'ai enseigné à toute la famille le jeu grec, où on doit taper chacun son tour le dessus et le dessous de ses œufs. Celui dont l'œuf résiste le plus longtemps gagne. Joey a joué avec enthousiasme. Les autres s'amusaient bien aussi. Je leur apprenais les mots traditionnels. « *Christos anesti* » et « *alithos anesti* » quand j'ai réalisé que Joey avait quitté la salle à manger. Il est revenu avec une boîte d'œufs frais.

— Je crois que nous avons assez joué, a dit Paul tandis que le reste de la table s'esclaffait.

— C'était vraiment gentil de votre part. Merci, tout le monde. Merci, Paul.

— Rien ne vaut les hommes de Brooklyn, a déclaré tante Sadie, entamant un deuxième *cannoli*.

Cette fois, ce fut mon tour de renchérir de tout mon cœur.

J'ai dû patienter vingt minutes dans le bureau d'Eve Vitali à Chelsea avant qu'elle ne me reçoive. Elle est venue me chercher en personne et n'a cessé de s'excuser.

— Ce n'est pas grave, ai-je assuré.

Je m'interrogeais sur le moment propice pour lui demander une lettre à présenter aux copropriétaires. Cette démarche semblait déplacée. Peut-être valait-il mieux m'abstenir. Ou bien était-ce un signe que je devais déménager à Brooklyn ?

— C'est la fête du personnel, a-t-elle expliqué en souriant, vous savez, un peu comme la fête des secrétaires ?

J'ai acquiescé.

— Mes collègues et moi déjeunons toujours au restaurant à cette occasion. C'est un jour important. Nous le fêterons encore davantage ce soir. Bref, nous sommes allées déjeuner chez Chanterelle. Tabitha a commandé dessert *et* fromage. Puis Roseanne s'est renseignée en détail sur la préparation du poisson… Je suis vraiment désolée de ce retard.

— Ce n'est pas grave.

Nous avons bavardé un moment. Je lui avais déjà fait part de quelques-unes de mes idées et en ai proposé de nouvelles concernant l'*après*-bébé. J'ai parlé de Jamie et de son sentiment de totale solitude.

— J'ai enfin trouvé le temps d'étudier votre idée de parcours du combattant de la femme enceinte. Ça me plaît.

Inutile de tout gâcher en demandant une lettre.

— Merci.

— Vous avez assuré jusqu'au bout avec cette série pour *Financial Woman*. Parfois, les auteurs se révèlent incapables de tenir leurs promesses mirobolantes, mais pas vous. Vos articles m'ont poussée à envisager d'acheter un appartement. C'est une démarche adulte. Nous en reparlerons.

C'était le moment idéal pour demander la lettre.

— *Financial Woman* devrait proposer davantage de séries de ce genre. Ils ont besoin de séduire un lectorat plus jeune.

— Je suis d'accord.

Elle m'a adressé un petit sourire. Elle me jaugeait.

— Je connais leur rédacteur en chef. Il aurait été facile de lui jeter de la poudre aux yeux, mais vous lui avez livré du solide jusqu'au bout.

— C'est son magazine, mais c'est moi qui signe.

— C'est vrai.

Elle a parcouru mon projet.

— Combien d'articles pourriez-vous en tirer ?

— Vos pigistes semblent publier un mois sur deux. J'aurais d'abord dit six mois, mais maintenant que mon amie a son bébé, l'aventure ne fait que commencer. J'envisagerais plutôt un an. D'abord la phase de conception, puis la grossesse, mois par mois jusqu'aux deux premiers mois après la naissance.

Eve acquiesçait, pensive. Elle approuvait. Qui savait ce qu'elle pourrait encore approuver ?

— Très intéressant. Ma seule inquiétude réside dans ma réticence à suggérer aux lectrices qu'elles devraient se trouver à un stade donné. C'est une chose que nous nous sommes promis de ne jamais faire. Comme vous le savez, *On the Verge* se destine à un public qui suit son propre rythme. Votre humour désabusé nous plaît et le ton doit rester distancié. Les faits scientifiques m'intéressent, mais je souhaiterais entendre votre voix. La grossesse de votre amie a suscité votre intérêt pour le sujet. Faites-nous participer. Montrez-nous l'amie qui s'interroge sur la conduite à tenir. Chacun son truc. Faites-nous vivre l'événement à travers vos yeux.

— D'accord.

— Super.

— Je suis engagée ?

— Oui, mais je ne suis pas aussi bonne pâte que le rédacteur en chef de *Financial Woman*. En fait si. Ce sont mes deux collègues les dures à cuire. Moi je suis plutôt le bon flic. Le succès de notre magazine nous a prises par surprise. Nous ne voulons pas prendre de risques.

— Je comprends. Merci.

— Merci à vous. Votre ton me plaît beaucoup. J'en profite pour vous dire que nous sommes ouverts à toutes vos propositions. Vous allez nous prendre pour des babas attardées, ou penser que nous avons assisté à trop de séminaires de ressources humaines, mais le thème de cet été est le défi qu'on se lance à soi-même. Pour la première fois, le magazine lance un concours de remise en forme, incluant tous les types physiques sans focaliser sur la minceur. Le défi concerne aussi nos auteurs. S'il existe un sujet sur lequel vous n'avez jamais écrit, qui représente un défi pour vous…

— Je ne suis pas sûre de comprendre.

— Par exemple, vous allez offrir à de nombreuses femmes l'opportunité de se reconnaître dans les problèmes de votre amie jeune maman. C'est un sujet qui invite à la controverse. Réfléchissez sur vous-même. Nous allons publier des textes personnels sur les problèmes affrontés par chacune d'entre nous. Nous ne visons pas la psy de bazar mais un ton qui approfondit les choses tout en restant personnel. Et ça paie. Pensez-y.

— J'y penserai.

— Super. Je vous envoie un email avec le calendrier

des dates de remise pour votre série d'articles. Vous avez une question ?

C'était maintenant ou jamais. J'avais besoin de la lettre.

— En fait, oui.

23

L'idée qu'un groupe de treize individus se soit réuni pour me juger me mettait plus que mal à l'aise. Qui étaient ces gens d'ailleurs ? J'avais produit une lettre d'Eve Vitali. Elle avait éclaté de rire quand je lui en avais fait la demande, me racontant qu'elle avait établi une fausse lettre de recommandation pour louer son premier appartement à New York.

Puis j'avais imaginé une manœuvre sophistiquée. Jamie avait rédigé une autre lettre prétendant que je travaillerais pour le catalogue de son entreprise. Ne me restait plus à trouver que deux lettres personnelles de recommandation. Jamie avait insisté pour que j'en demande une à Raj. Selon elle, les gens seraient impressionnés par le fait qu'il réalise des émissions de télé-réalité, mais je n'en étais pas si sûre. Impossible de demander à Paul, qui aurait probablement tenté de saboter mon projet. Il n'avait pas abandonné l'idée de me convaincre de déménager à Brooklyn. Pour dire la vérité, j'y pensais moi aussi. Ses arguments se tenaient. J'essayais de laisser le destin prendre la décision à ma place. Si l'assemblée des copropriétaires ne me donnait pas son accord, par exemple. Dans ce cas, je ne pourrais rien y faire. Mais ce petit jeu m'interdisait de me saborder. J'avais demandé à Georgia, qui portait un nom de famille différent du mien, de rédiger l'autre lettre personnelle de recommandation.

L'assemblée se composait des propriétaires des dix appartements du bâtiment principal et des trois de ceux situés dans l'ancienne remise où j'allais habiter. Chacun d'eux m'a suivie des yeux tandis que je prenais place au bout d'une table presque plus grande que l'appartement concerné. Il était 8 heures du matin.

— Nous vous avons invitée afin de vous expliquer le fonctionnement de la copropriété, a déclaré un homme à la calvitie naissante.

Invitée ? J'avais cru comprendre que ma présence était exigée. Je l'ai écouté détailler divers règlements concernant les ordures et le recyclage.

Une femme qui s'est présentée comme la trésorière de l'assemblée a expliqué quand les frais de maintenance étaient dus.

Un homme plus âgé, le président de l'assemblée, m'a indiqué les postes vacants pour lesquels ils devraient bientôt voter.

La plus jeune personne de la pièce devait compter dix ans de plus que moi. Avaient-ils déjà décidé que j'étais trop jeune ? Je n'ai pas souri une seule fois, dans l'espoir de passer pour un individu mûr et sérieux. J'avais même emprunté un tailleur à Jamie. Peut-être considéraient-ils la procédure comme une simple formalité. Finalement, Brooklyn n'était pas si mal. Comme le rappelait Paul, un panneau clamait que Brooklyn était : « Plus qu'un quartier, une expérience. »

— Et si on ne vous commande pas d'autres articles ? a demandé la femme qui m'avait signalé que les animaux de compagnie devaient recevoir l'approbation de l'assemblée.

Difficile d'imaginer un interrogatoire concernant un furet plus pénible que celui-ci.

— Comme vous pouvez le voir d'après mes références professionnelles, j'ai déjà deux commandes pour cette année.

Même si l'une des offres était falsifiée.

— Oui, mais deux seulement, dont le salaire couvrira à peine le remboursement de l'emprunt, a remarqué le président de l'assemblée.

— Et je ne parle pas des frais de copropriété, a ajouté la trésorière.

— J'obtiens toujours plusieurs commandes dans l'année. Comme vous pouvez le voir d'après mes deux dernières déclarations d'impôts, je me débrouille plutôt bien professionnellement.

Et pan dans les dents, vieux chnoques !

— Mais la situation économique est mauvaise.

— Elle l'était aussi ces deux dernières années, je pense qu'elle s'améliore.

Je pouvais prétendre lire la rubrique Affaires du *New York Times.*

L'assemblée a paru agréer. Deux de ses membres ont hoché la tête.

— J'habite le bâtiment où se trouve cet appartement, avec mes deux enfants, a dit un homme assis en bout de table. Nous faisons attention à ce qu'ils ne fassent pas trop de bruit et ne gênent personne. Nous espérons que si vous organisez des réceptions dans la cour ou dans votre appartement, il en sera de même. Enfin, si vous emménagez.

— Absolument, ai-je dit en le regardant dans les yeux.

Avais-je l'allure d'une fêtarde ? L'idée de fêtes l'été dans la cour me séduisait. Pourquoi m'emballais-je ? Ils ne m'accepteraient jamais.

— Je crois que c'est tout, a déclaré le président, parcourant la table du regard pour s'en assurer. Vous avez une question ?

Mince ! J'aurais dû préparer une question. Mon avocat, Rob, m'avait communiqué les comptes rendus de toutes les réunions de la copropriété. Maureen m'avait conseillé de les étudier et de poser une question pour prouver que je les avais lus. Mais je ne les avais pas lus. Et je n'avais aucune question à poser.

— Non.

— Très bien, nous vous tiendrons au courant, a dit l'homme à la calvitie naissante.

La femme chez qui se tenait la réunion, qui n'avait pas dit grand-chose d'autre que son nom, et que je m'étais empressée d'oublier, s'est levée et a ouvert la porte d'entrée. J'en ai déduit que la réunion était terminée et que je devais partir. Ce que j'ai fait.

— Ils se sont contentés d'ouvrir la porte pour te signaler de partir ? s'est récriée Jamie.

Dès que j'étais sortie, je l'avais appelée. Je ne passais plus chez elle à l'improviste. Je planifiais bien à l'avance.

— Crois-moi, le signal était clair, je ne pense pas qu'ils m'accepteront, ces imbéciles.

— Alors tu vas aller vivre avec Paul ? Je ne comprends pas pourquoi tu hésites.

— Je sais que ça paraît insensé. Peut-être vais-je accepter sa proposition.

— Pourquoi résistes-tu autant à cette idée ? Ça se passe bien entre vous.

— Bonne raison pour ne pas vivre avec lui. Une autre raison est que je n'ai jamais vécu seule de ma vie.

— J'ai vécu seule un an. Ce n'est pas si génial. Tu travailles seule, ça ne te suffit pas ?

— J'ai envie de disposer de mon propre espace. En totalité. Sans le partager avec personne. Juste un petit moment, afin de me prouver que j'en suis capable. Si les vieux chnoques m'acceptent, cet appartement constituera un super investissement. Le règlement concernant la location est très flexible.

— Bon. J'imagine que tu sais ce que tu fais.

Je n'ai rien répondu. Je savais que je pouvais être un

peu déroutante parfois, même pour moi-même, mais j'avais besoin d'encouragements.

— Ma mère me tanne pour savoir si tu amènes Paul à Block Island pour Memorial Day.

— Il est invité ?

— Bien sûr. Je ne peux pas te dire à quel point ma mère est ravie que tu aies un mec.

— Je suppose que je vais venir avec lui, encore que j'avais envisagé de déménager ce jour-là.

— Et manquer le week-end de Memorial Day ?

— Je l'envisageais uniquement au cas où je serais acceptée. Ce serait sympa d'emménager bientôt. Mais même si l'assemblée me donne son aval, la signature n'aura pas lieu avant la semaine du 24 mai. Donc c'est raté pour déménager avant le 1er mai.

— Mais ils ne vont pas t'accepter !

— S'il te plaît, ne prie pas pour qu'ils me refusent.

— As-tu au moins prévenu Armando que tu pensais à partir ?

— Je ne l'ai pas vu depuis des semaines. Kelly le sait, elle a dû lui en glisser un mot. Quand je le verrai, je le lui dirai moi-même.

— Dommage que tu n'aies jamais couché avec lui.

— Je dois être la seule dans tout New York à qui ce n'est pas arrivé.

Jamie n'a rien répondu et je me suis demandé une fois encore s'ils avaient couché ensemble. Quelle importance finalement ? C'est alors qu'une idée géniale m'a traversé l'esprit.

— Ça ennuierait quelqu'un si Paul venait avec Joey ?

— Pas du tout. Tu deviens popote. Incroyable !

— Ce serait sympa.

Je devais faire des efforts avec Joey. Paul comptait pour moi, et je voulais le lui prouver. Il aimait Joey, alors je l'aimerais moi aussi.

En rentrant, j'ai croisé Armando qui partait pour le restaurant. Il m'a étreinte et embrassée sur les deux joues comme chaque fois que nous ne nous étions pas vus depuis longtemps.

— Voula, Kelly a dit tu partais. Pourquoi ne pas me dire ?

Il paraissait blessé.

— Je n'en suis pas encore sûre. C'est pour ça que je ne te l'ai pas dit. Ce ne serait pas avant le 1er juin. Kelly raconte pas mal d'histoires, elle m'a dit que tu allais peut-être déménager à Londres.

— Bon job. Mais je reste ici. Ma maison ici maintenant. Je suis new-yorkais.

— C'est certain.

— Voula.

Il avait prononcé mon nom avec détermination.

— Tu dois me dire quand tu sais.

— Ne t'inquiète pas. Je trouverai un nouveau

locataire. Dès que je serai acceptée, je mettrai une annonce sur Internet.

— Non, Voula. Tu me dis parce que tu me manques.

— Oh, Armando, merci.

C'était tellement gentil. Il m'a étreinte de toutes ses forces. Peut-être que, malgré lui, il avait réussi à être ami avec une femme.

— Je dois aller au restaurant. *Ciao, bella.*

— *Ciao*, ai-je répondu avec un signe de la main.

Peut-être avais-je toujours un petit coup de cœur pour lui. Ce qui n'était pas grave. C'était sans conséquence.

Dans mon bureau, j'ai allumé mon ordinateur. J'avais accroché les dates de remise pour Eve au mur. Et si les copropriétaires m'acceptaient mais qu'il s'avérait qu'ils avaient raison ? Si je ne gagnais pas assez et que l'appartement était saisi ? C'était possible. C'était terrifiant. La décision sensée, raisonnable, était d'emménager avec Paul. Pourquoi me montrais-je si entêtée ?

Comme d'habitude, le curseur se moquait de moi. Si je voulais assurer le paiement de mes factures, je devais battre le curseur. Lui montrer qui commandait. J'ai programmé toutes les chansons de Prince sur mon iPod et respiré à fond.

— Laisse-toi aller…, me suis-je dit.

Et j'ai compris à quoi je pensais – Cristina. Cette fois, je n'ai pas reculé.

— Essaie, me suis-je exhortée.

> *Ma sœur avait créé pour nous une chorégraphie sur* Baby I'm a Star *de Prince. Elle nous faisait répéter avec acharnement, mais quand nous l'avons exécutée à la perfection, elle s'est écroulée sur le lit en riant. Ma sœur nous racontait ses fantaisies. Ma sœur était une princesse et nous ses dames d'honneur.*

Je ne pouvais plus m'arrêter. J'ai écrit deux heures d'affilée. Puis je me suis arrêtée. Je savais que c'était fini pour la journée, mais que je reprendrais plus tard. Jamais auparavant je n'avais écrit au sujet de ma sœur, même dans mon journal. J'étais vidée. En deux heures, j'avais beaucoup donné de moi. J'avais l'impression d'avoir été passée à la moulinette, mais dans le bon sens du terme. C'était stupéfiant.

Ce texte était-il un défi lancé à moi-même pour *On the Verge* ? J'avais écrit pour moi et pour Helen. Je l'avais écrit pour me sentir mieux et ça marchait.

J'ai appelé Paul.

— On pourrait se voir ce soir ? Il fait beau dehors. J'ai envie de me promener.

— Bien sûr. Je te rejoins après le boulot.

Quatre jours plus tard, j'ai reçu un mail de l'assemblée des copropriétaires me souhaitant la bienvenue dans l'immeuble. J'avais du mal à y croire. Ma candidature était acceptée ! Je me sentais un peu coupable, comme si je leur avais joué un bon tour. Et j'avais un peu peur.

Suivant de près le mail, Maureen a téléphoné. Elle accélérait le processus, espérant parvenir enfin à la signature et toucher ses six pour cent.

— Félicitations, Voula, vous les avez réellement impressionnés.

Répétait-elle leurs propres paroles ou bien les inventait-elle ? Elle a repris avant que je ne lui pose la question :

— Rob vous a contactée au sujet de la date de la signature définitive ?

— Elle est supposée se dérouler la semaine du 24.

— Assurez-vous que c'est toujours le cas. Vous voulez que je le contacte ?

— Non, je vais le faire.

— Donnez-moi un coup de fil dès que vous le saurez.

Après avoir raccroché, au lieu d'appeler Paul ou Jamie, j'ai appelé Rob. Il avait de mauvaises nouvelles.

— L'avocat des propriétaires part en vacances toute la semaine, puis c'est celui des copropriétaires qui s'absente la semaine suivante. Ce jour férié bousille tout.

— Plutôt oui.

— Je vous appelle dès que j'ai une date. Félicitations pour l'approbation de l'assemblée.

La traversée en ferry s'est déroulée plus calmement que les années précédentes. Paul et Raj ont passé une bonne partie du trajet à discuter, accoudés à la rambarde. Jamie et moi sommes restées assises tandis que Jamie berçait Ananda et lui donnait de temps en temps la tétée. Allaiter devenait beaucoup plus facile, même si ça ne l'était pas autant qu'Alice en avait donné l'impression.

J'essayais de distraire Jamie en l'interrogeant sur sa grossesse pour mon article. Le projet l'emballait. Je crois qu'elle s'émerveillait d'avoir survécu à l'épreuve de la grossesse.

Ses sentiments au sujet d'Ananda s'étaient améliorés. Elle disait être récemment tombée amoureuse de sa fille et être heureuse, comme on l'attendait d'elle. Elle s'habituait. Ananda aussi. Elle souriait et riait même un peu.

Par contre Raj, lui, ne se sentait *pas* aimé. Le bébé était né depuis trois mois et ils n'avaient fait l'amour que deux fois. Chaque fois, Jamie n'avait accepté que pour le rendre heureux, sans y prendre le moindre plaisir.

— C'est affreux, mais je n'en ai pas envie, m'a avoué Jamie en contemplant le visage endormi d'Ananda.

Entendre ces mots dans la bouche de la fille qui, en fac, m'envoyait des mails pour s'excuser de son absence quand elle venait de passer quatre jours à faire l'amour avec le mec du bout du couloir. Quel choc ! J'étais bouleversée. Mais Jamie était déjà revenue à Ananda.

— Elle est trop mignonne, non ?

— Oui.

Pour une fois, je ne tenais pas à admirer Ananda mais à creuser ce sujet.

— Comment Raj le prend-il ?

— Il s'est montré attentionné, et évite de me mettre la pression. Nous étions censés attendre six semaines et il en a patiemment attendu dix. Mais je me sentais vraiment mal. Tu sais qu'à peine sortie de l'hôpital, Alice a comblé Peter. Elle m'a dit qu'elle n'avait pas pu attendre six semaines et avait fait l'amour au bout de cinq.

J'ai explosé :

— Je ne veux plus jamais entendre une nouvelle histoire concernant Alice.

La dernière fois, Jamie m'avait raconté qu'Alice montrait chaque soir à son enfant de onze mois les lettres de l'alphabet afin d'en faire un génie.

— Arrête avec ça ! S'il te plaît, répète-moi ce que raconte Alice, j'adore, mais pour l'amour du ciel, cesse de te comparer à elle. Je crois qu'elle ment.

— Oh, Voula, a ri Jamie, parfois moi aussi je le crois. Mais j'aimerais bien retrouver ma libido. C'est important. Mais l'idée qu'on me touche les seins me révolte.

— Il n'est pas obligé de les toucher.

— Non, je sais.

Elle a glissé un œil sur Ananda.

Jamie regardait constamment Ananda. Ce qui, à mon

avis, trahissait le poids de la responsabilité qu'elle avait endossée et l'ampleur du changement opéré en elle.

— Mon corps refuse de s'y prêter.

— Crois-tu qu'être mère exclut toute vie sexuelle ?

Jamie a réfléchi une minute.

— Non. Je sais que non. Mon cerveau le sait. Mais je n'ai pas l'énergie, je suis fatiguée, c'est tout.

Joey a couru vers nous et a grimpé sur mes genoux. Paul l'a appelé, mais je lui ai fait signe que ce n'était pas la peine. Je n'étais pas ravie d'avoir un gosse de plus de vingt kilos sur les genoux mais j'aimais l'idée que Joey et moi devenions copains.

— Doucement, Joey, a crié Paul.

Quelques minutes plus tard, Joey avait déjà glissé de mes genoux et courait sur le pont glissant. Paul s'est lancé à ses trousses en criant.

— Un jour, ce sera ton tour, ai-je dit à Jamie.

— Toi, ton tour est venu, a-t-elle répondu en souriant.

Le reste de la famille Jacobs se trouvait déjà sur l'île. Dès que Maura est venue nous chercher, nous nous sommes tous assis sous la véranda pour boire des margaritas. Maura m'a murmuré que les petits-enfants des voisins, environ du même âge que Joey, viendraient lui rendre visite le lendemain afin de le distraire.

Tout excité de se trouver sur l'île, il a fait le tour de la maison en courant jusqu'à ce que le soleil faiblisse et qu'il soit épuisé. Il a alors échoué sur les genoux de son père et M. Jacobs lui a donné un soda.

Mike avait fait mariner des cailles. Les autres en plaisanteraient plus tard, mais personne ne s'est moqué de lui quand il a allumé le barbecue. Nous mourions tous de faim. M. Jacobs a apporté des hot dogs et Maura est allée chercher sa salade de pommes de terre. J'étais heureuse de me retrouver ici. D'abord, j'avais évité la balade à vélo, et puis c'était sympa de venir enfin avec un homme. Joey faisait même l'effort de bien se tenir.

Pendant le dîner, Joey n'a pas dit grand-chose. De temps en temps, quelqu'un s'adressait à lui et s'extasiait de ses moindres paroles. Au moment d'aller se coucher, il a regardé Crystal. Elle avait eu le bon goût de s'abstenir de tout sujet de conversation non approprié aux enfants. Pour une fois, elle nous avait épargné les récits de ses problèmes digestifs ou mentaux. Elle s'était même abstenue de mentionner ses ex.

— T'es un garçon ou une fille ? a demandé Joey tout à trac.

— Joey ! a grondé Paul.

— Ce n'est pas grave, Joey, a répondu Crystal. Je suis une femme, Joey. Et je suis lesbienne.

Oh, *panayia mou.*

— Crystal, est intervenue Jamie, choquée.

Elle venait de coucher Ananda et paraissait prête à se détendre.

— Chérie, je ne suis pas la dernière qu'il va rencontrer.

— C'est O.K., a dit Paul. Mais, Joey, ce n'est pas très poli de poser cette question aux gens.

— Cela ne me dérange pas, Joey, a repris Crystal. Parfois nous avons besoin de réponses. J'admire que tu aies eu le courage de me poser la question.

Un silence a suivi cette déclaration. M. Jacobs et Mike se sont activés autour du grill et Paul s'est joint à eux.

— Tu sais ce que c'est, une lesbienne ? a demandé Ana.

— Ana ! a crié Jamie.

Il était plus facile pour elle de réprimander sa sœur.

— Oui, a déclaré Joey avec fierté.

— Vraiment ? a lancé Paul depuis le barbecue.

Il suivait tout de même la conversation.

— Oui, a dit Joey en hochant la tête avec gravité.

— Où as-tu appris ça ?

Joey a haussé les épaules.

— Tu l'as appris à l'école ? a demandé Crystal.

Joey a paru un peu perdu, puis a haussé les épaules.

— Qu'est-ce que c'est, une lesbienne ? a demandé Paul.

Joey a réfléchi une minute.

— C'est quand on touche des fesses, a-t-il déclaré.

Que serait notre vie sans les enfants ?

Le lendemain, comme on pouvait s'y attendre, les Jacobs ont décidé de faire une balade à vélo. Sachant que Jamie ne voudrait pas laisser Ananda, j'ai pensé pouvoir y échapper. Mais elle m'a poussée à y aller pendant qu'elle se reposait et gardait un œil sur Joey et les gosses du voisinage qui se baignaient dans la piscine des voisins.

— Je devrais rester avec elle, ai-je glissé à Paul.

— Allez, tu ne vas pas me laisser seul avec des gens que je connais à peine, n'est-ce pas ?

— Tu t'entends très bien avec eux.

— Voula, je suis venu pour être avec toi. Et puis, je veux te voir avec ton casque.

— Je hais le vélo.

— Mme Jacobs m'a dit que c'était la seule activité possible dans le secteur.

— Ça et boire et nager. Je préfère boire et nager.

Il m'a regardée de biais.

— … Bon, d'accord, j'y vais.

Je pédalais alors que je détestais ça. Je détestais haleter dans les côtes et serrais les freins comme une folle dans les descentes. Les Jacobs se défiaient à la course. Paul décrivait des cercles devant moi et zigzaguait en effectuant des roues arrière, puis m'attendait en traversant la route en long et en large.

— J'espère que tu fais attention aux voitures, ai-je dit quand j'ai fini par le rattraper.

— J'espère que tu fais attention à ne pas aller trop vite, s'est-il moqué.

— C'est toi qui as voulu faire du vélo.

— Peut-être pour me trouver seul avec toi.

Je lui ai jeté un bref regard et il m'a adressé un clin d'œil. Il me fixait. Comment réussissait-il à ne pas fixer la route s'étendant devant lui ?

— Je vais te dire un truc…

— Quoi ?

Me voir me débattre avec mon vélo l'amusait vraiment.

— Cette bicyclette me fait mal à l'aine. Je vais probablement avoir des courbatures.

— Vraiment ? J'ai exactement le remède qu'il te faut.

A ce moment, j'ai compris Jamie. Le visage sale, le corps en sueur, le sexe était bien la dernière chose que j'avais en tête. Nous avons de nouveau attaqué la colline. Il était en grande forme et continuait de décrire des cercles autour de moi. J'aurais voulu descendre de vélo et marcher, mais en sa présence, je n'osais pas.

— Alors c'est cette semaine que tu signes, hein ?

Je l'ai regardé.

— J'espère que tu fais attention aux voitures, et oui, je signe cette semaine.

Nous avons continué de grimper. Je me suis mise en danseuse – une danseuse peu gracieuse. Il a monté la colline à toute vitesse puis l'a dévalée à toute allure avant de reprendre son ascension à mes côtés.

— Ça ne te dérange pas ? ai-je fini par demander.

— Si c'est ce que tu désires.

— Tu es d'accord ?

— Oui. Je respecte ton besoin d'avoir du temps pour toi. Mais si je perds mon temps, dis-le-moi franchement.

— Tu ne perds pas ton temps.

J'avais voulu répondre avec emphase, mais je peinais à respirer. Quand le terrain s'est un peu aplani, j'ai pu me concentrer sur mon discours.

— Un an.

— Quoi un an ?

— Donne-moi un an pour vivre seule. Après on verra.

— Beaucoup de choses peuvent changer en un an.

Il avait raison et nous le savions tous les deux. Lui aussi me testait.

— Je suis prête à parier que mes sentiments n'auront pas changé.

Il souriait, mais je ne le regardais pas parce qu'une descente assez raide approchait, annoncée par un panneau triangulaire affichant un camion à l'allure menaçante. Ne pas paniquer.

— Tu crois que dans un an tu m'aimeras toujours ?

— Je crois que dans un an je t'aimerai toujours

et que tu me convaincras de t'accompagner à vélo et que je chevaucherai une fois de plus cette maudite bicyclette.

— Waouh ! a-t-il lancé en dévalant la colline à toute vitesse.

— Sois prudent ! ai-je crié.

Il était déjà loin devant moi. Mon cœur battait à tout rompre et la sueur perlait à ma lèvre supérieure. Paul est devenu un point minuscule. Les Jacobs étaient encore bien plus loin. J'étais seule. J'ai commencé à prendre de la vitesse et j'ai serré les freins. J'essayais de m'en empêcher, mais je ne pouvais me résoudre à aller trop vite. Je pensais à Cristina. Je pensais à elle en train de rire et à ce qu'avait dit Paul. Elle s'était accrochée fermement à son fiancé qui accélérait dans la lumière du soleil. Elle n'avait jamais été si heureuse. Elle avait pensé : « Je pourrais mourir maintenant, ça me serait égal. »

Je ne voulais pas suivre ses pas, mais moi aussi j'étais heureuse. Pour la première fois depuis très longtemps. C'était presque douloureux. Je connaissais assez Paul pour savoir qu'il était patient et qu'il attendrait.

Tant d'événements – la majorité des événements – échappaient à mon contrôle. Mais parfois, il suffisait de suivre le courant. Juste après le virage, un stand proposait de la citronnade. Les étés précédents, nous nous y retrouvions pour boire une citronnade bien sucrée. J'étais certaine que Paul m'y attendrait. J'avais hâte de le retrouver.

Je n'ai pas accéléré. Je n'ai pas essayé d'aller plus vite que d'habitude, mais j'ai cessé d'écraser les freins. Et je me suis laissée aller en douceur. Tout le long de la descente, le long du virage, jusqu'à ce que j'aperçoive Paul qui me souriait, deux verres de citronnade à la main, je me suis laissée aller.

24

La signature finale avait été fixée à 15 heures, le premier mercredi de juin. Dès que ce serait terminé, j'entrerais en possession des clés. Puis, petit à petit, je commencerais à emménager. Je disposais de deux semaines avant que le collègue d'Armando, Pasquale, n'emménage. Armando avait également prévu d'attribuer mon bureau à un autre habitant de son *paese* qui venait vivre aux Etats-Unis. J'étais plutôt contente de ne pas avoir à me soucier de trouver des successeurs. J'avais menti à l'assemblée des copropriétaires, mais finalement j'avais vraiment décroché plusieurs articles sur les thèmes habituels de l'été et je planchais dur sur le premier article de la série de la femme enceinte afin qu'il soit génial.

La réunion pour la signature se tenait dans les bureaux de l'avocate des copropriétaires. Je suis arrivée la première. A 15 h 15, Rob a fait irruption en se confondant en excuses. La signature précédente avait dépassé le temps imparti. A son arrivée, on nous a installés dans la salle de conférences. Maureen est arrivée peu après et m'a serrée dans ses bras. Pouvait-elle sentir que je tremblais ? La situation semblait tellement mature.

Comme on me l'avait demandé, j'avais transféré tous mes titres sur mon compte courant et je savais que quand je sortirais de la pièce, mes économies auraient disparu. Rob m'a gratifiée d'un petit discours encourageant. J'ai essayé de suivre ses propos mais c'était bien trop compliqué. Il n'a cessé de mentionner des lettres et des chiffres. M'asperger d'eau sur la figure et me masser les épaules se serait révélé plus efficace. Je savais que cette étape pouvait durer jusqu'à deux heures – si jamais les participants faisaient leur apparition.

— Vous savez que vous n'achetez pas le lieu en lui-même, n'est-ce pas ? m'a dit Rob comme si nous avions déjà évoqué le sujet.

Nous l'avions probablement évoqué, mais je ne m'en souvenais pas. Je l'ai regardé, le regard vide.

— Non ?

— Non. Dans une copropriété, c'est l'une des bizarreries de New York, vous achetez des parts d'une compagnie, la copropriété. Même si vous payez des centaines de milliers de dollars, vous ne possédez pas le sol proprement dit.

— Non ?

— Non.

Oh.

Puis un homme qui s'est présenté comme « l'avoué » a fait son entrée. Je n'avais aucune idée de sa fonction. Rob m'a expliqué qu'il était chargé d'apporter les documents autres que les titres, un truc concernant la propriété personnelle et non du sol. Il était 15 h 30. Je me sentais mal.

— Qui attendons-nous ? a demandé l'avocate de la copropriété quand elle est revenue dans la pièce.

Je croyais qu'elle s'appelait Lena, mais elle a ajouté :

— Je suis l'intermédiaire chargé du transfert.

— L'avoué, a lâché le nouveau venu en faisant claquer son chewing-gum.

— Nous attendons la banque et l'avocat des propriétaires, a dit Rob.

Les propriétaires, qui vivaient à Londres, n'assisteraient pas à la signature. J'étais médusée que deux personnes aient réellement vécu dans cet espace réduit.

— Vous ai-je prévenus que l'avocate avait appelé pour prévenir qu'elle aurait trois quarts d'heure de retard ?

— Elle a déjà plus que ça, a dit Rob en consultant sa montre. Voula, si je descendais vous chercher un café ?

— D'accord.

J'ai commencé à m'inquiéter. Pourquoi mon avocat m'offrait-il quelque chose ?

En l'absence de Rob, une jeune femme qui arborait un pantalon étroit et une chevelure volumineuse est arrivée, s'annonçant comme le courtier. Elle m'a adressé un sourire éclatant que je lui ai rendu, bien que je n'aie aucune idée de son rôle.

Quand Rob a réapparu, il m'a expliqué qu'il s'agissait de la personne qui contrôlait mon emprunt. J'allais devoir lui signer plusieurs chèques. J'ai avalé une gorgée de café qui m'a brûlé la langue. Rob a de nouveau consulté sa montre et secoué la tête. Je commençais à voir en lui mon seul allié. Sans lui, la noyade me guettait.

— Bon, il est 16 h 30, vous pouvez commencer à signer, je suppose. Elle peut, non ?

Il regardait la courtière qui a acquiescé.

L'avoué fixait le vide.

— C'est bon, a dit Rob.

Il a sorti un bloc et a commencé à y jeter des chiffres, expliquant quels chèques j'allais devoir signer et dans quel ordre. La seule chose claire pour moi, c'était celui que je devais lui remettre. Je ne comprenais rien au reste, mais à ce moment-là, j'aurais signé ou fait tout ce qu'il me demandait.

S'est alors déversé sur moi un flot ininterrompu de papiers, à signer et à dater à des endroits variés. Rob supervisait toutes les opérations. Je crois que je commençais à tomber amoureuse. Peut-être avais-je un faible pour les hommes qui volaient à mon secours ? A 17 h 20, l'avocate des propriétaires est arrivée en s'excusant. J'ai levé les yeux de la feuille concernant la teneur en plomb de la peinture pour la fusiller du regard.

— Bon, a répondu Rob avec froideur. Nous avons déjà commencé. Elle en est environ au tiers.

Au tiers ? Ma main était déjà douloureuse.

Tout le monde s'est mis à évoquer divers formulaires. J'ai continué de signer. L'avoué a alors signalé qu'un formulaire n'était pas en règle. Je prêtais à peine attention à ce qu'il disait, mais le numéro en question ressemblait à celui du formulaire concernant le règlement de l'hypothèque que Rob m'avait signalé comme important.

— Je ne suis pas au courant, a répondu l'avocate des propriétaires.

— Il manque au dossier, a dit Rob.

Une nuance dans sa voix m'a poussée à relever la tête. Non. Il allait débrouiller la situation. J'ai replongé dans mes papiers.

— Ce n'est pas en règle, a dit l'avoué.

Il parlait enfin, mais pour nous mettre des bâtons dans les roues.

— Je vais tenter de joindre les vendeurs à Londres. Il est plus tard là-bas, a expliqué l'avocate, comme si nous ignorions l'existence du décalage horaire.

Elle a réussi à les joindre et les a questionnés au sujet de ce formulaire. Puis elle a fouillé son dossier et en a sorti une feuille.

— Oh, a-t-elle fait.

Il était évident qu'elle aurait dû le savoir depuis le début.

J'ai interrompu mes signatures pour regarder Rob. Le moment était venu de me tendre un gilet de sauvetage.

— Une minute, Voula.

J'ai glissé un coup d'œil vers Maureen. Elle aussi paraissait énervée. Sa commission fondait à toute vitesse, pour des raisons que je ne comprenais pas. Tout le monde parlait d'appeler un type, le boss de l'avoué apparemment. Ils ont tenté de joindre ce type, mais comme tout le monde s'en doutait, il était déjà parti. Il faut dire qu'il était 18 heures passées.

— Voula, nous allons devoir ajourner.

J'ai noté que le courtier et l'avoué remballaient leurs dossiers dans leurs sacs.

— Oh. Je vais avoir les clés ?

— Non, on ne peut pas continuer.

— Mais j'ai tout signé, non ?

Impossible que je n'aie pas tout signé.

— Vous m'appellerez quand tout sera réglé ?

— Non, Voula, nous allons convenir d'un autre rendez-vous et reprendre de zéro.

— Vous plaisantez ?

— J'aimerais bien. Mais ne vous inquiétez pas, je ne vous facturerai plus rien.

— Je ne peux pas emménager ?

— Malheureusement non.

— Je suis sincèrement désolée, a dit l'avocate des propriétaires.

Je lui ai décoché un regard noir qui n'a pas paru la troubler et elle est partie.

— Mon petit, il faut que je me sauve, à cause de la nounou, a dit Maureen. Je vous appelle.

— Au revoir, a dit l'avoué.

Ce n'était pas sa faute mais je le détestais quand même.

— Bonne chance, m'a dit la courtière en me serrant la main.

Elle paraissait sincère.

— J'espère que ça va marcher.

— Moi aussi.

— Je suis désolé, ont répété plusieurs fois Rob et l'avocate de la copropriété.

Le moment était venu de vider les lieux. Rob m'a expliqué qu'une hypothèque contractée par les vendeurs n'avait pas été soldée. Elle était due à un emprunt immobilier et, pour des raisons qui m'échappaient, j'étais battue par K.O.

Peu importait que ma main me fasse mal ou que ma langue brûle, je n'avais pas les clés.

Dès que je suis sortie de là, j'ai appelé Paul. Il était plus de 18 h 30. Il a répondu immédiatement.

— Hé, j'attendais ton appel il y a une heure. Comment ça s'est passé ?

— Ça ne s'est pas passé.

J'avais la sensation d'avoir perdu un temps infini.

— J'ai attendu deux heures avant de commencer à signer un tas de trucs, puis la signature a été ajournée parce que quelqu'un avait omis de vérifier je ne sais quel document idiot.

— Ça va ?

— Non, pas vraiment.

J'avais envie de tout laisser tomber mais je n'avais pas envie de le lui dire.

— Tu veux toujours aller prendre un verre ? Je crois que j'en ai vraiment besoin.

Il a semblé hésiter. C'est lui qui avait insisté pour qu'on se retrouve ce soir pour fêter la signature.

— Bien sûr, si on allait chez Tier Na Nog ?

— Tu veux vraiment aller là-bas ?

J'aimais bien ce bar, mais j'aurais choisi un endroit moins banal.

— Oui.

— Bon, je vais d'abord passer chez moi.

— Non ! s'est-il exclamé.

Puis son ton s'est radouci.

— Je suis tout à côté du bar, retrouvons-nous maintenant. Je crains de recevoir un appel du boulot.

— Je croyais que tu avais fini.

— Oui, mais on ne sait jamais.

J'avais très envie de me détendre. Boire un verre, peut-être partager un petit dîner. Je n'aurais pas refusé un *body massage* intégral.

— D'accord. J'y vais directement.

Quand je suis arrivée, Paul m'attendait. Il m'a tendu un Bloody Mary et m'a embrassée sur la joue. Dans le métro, mon agacement envers Paul, quant au choix de l'endroit et au fait qu'il ait peut-être à travailler, avait grandi. Cette journée m'avait vraiment abattue.

— Hello, a-t-il dit en m'attirant tout contre lui.

Nous nous sommes installés à une table près de la fenêtre et je lui ai raconté toute l'histoire, enfin ce que j'en avais compris. Je lui ai été reconnaissante de ne pas une seule fois renouveler sa proposition d'emménager à Brooklyn.

— Le pire, c'est le taux d'intérêt. Il n'était bloqué que pour soixante jours, ensuite on va me facturer des pénalités. Mon avocat dit que si le courtier de la banque accepte de le prolonger, les vendeurs devront payer les pénalités, mais si la banque refuse ?

J'éprouvais la sensation de parler de choses auxquelles je ne comprenais rien.

— La banque acceptera, l'avocat semble le penser.

Il me répondait mais semblait distrait.

— Je meurs de faim. Tu veux un hamburger ou quelque chose ?

— Non, je n'ai pas faim, a-t-il répondu avec un détachement inhabituel.

— Bon.

Mais moi je pouvais dîner, non ?

Le téléphone de Paul a bipé. Il l'a consulté immédiatement et a envoyé un SMS.

Mon humeur s'est de nouveau aigrie.

Quand il a enfin levé les yeux de son portable, j'avais fini mon verre. Il a commencé à dire quelque chose, mais son portable a bipé de nouveau. Il a jeté un coup d'œil dessus avant de me demander :

— Tu n'as pas envie d'un autre verre, n'est-ce pas ?

— Si.

— Bon…

Il a regardé autour de lui.

— … mais allons ailleurs. Ça t'ennuie si on passe chez toi ? J'ai besoin de changer de T-shirt, j'ai transpiré. Je sais que j'en ai laissé quelques-uns chez toi.

— Bien.

Non seulement mon petit ami ne se montrait pas particulièrement compatissant après cette horrible journée, mais il m'abreuvait de détails superflus sur son hygiène. Peut-être est-ce ce que Jamie entendait par la fin de la lune de miel.

Nous sommes allés chez moi à pied. Il m'a pris la main. Je la lui ai donnée mollement, mais il n'a pas semblé remarquer mon comportement. Que nous arrivait-il ? En montant l'escalier, il a martelé la rampe de façon agaçante. En temps normal, je n'y aurais pas prêté attention. Mais après la signature ajournée, c'était la goutte d'eau. Sur le palier, il a continué de taper. Je lui ai décoché un regard noir. Il m'a souri. J'ai ouvert la porte et…

Surprise !

J'ai failli tomber à la renverse. Entassés dans mon salon se trouvaient non seulement Kelly et Armando accompagnés de leurs chers et tendres, mais aussi quelques-uns de mes voisins, Helen et sa famille, Diane,

Joey, Georgia et Victor. Même Andrew Libman, le rédacteur en chef de *Financial Woman,* était présent. Je le voyais pour la première fois en jean. Il paraissait plus jeune que je ne l'avais cru.

— Que se passe-t-il ? leur ai-je demandé.

— Une fête ! a répondu Armando.

Il s'est approché et m'a embrassée sur les deux joues.

— On voulait faire une fête pour ton départ et pour la signature de l'achat de ton appart, m'a dit Kelly en m'étreignant.

— C'est trop gentil.

Peu importait que je n'aie pas signé. Personne ne m'avait jamais organisé de fête surprise, ni de fête tout court. Mes parents n'avaient jamais fait livrer de gâteau à la fac pour mon anniversaire. Ce que j'avais vécu de plus ressemblant, c'était une fête à base de gâteaux industriels quand je travaillais pour l'association à but non lucratif.

— Vous auriez dû voir sa tête, a dit Paul. Je l'énervais tellement… J'ai cru qu'elle allait me flanquer une gifle.

— J'ai failli, ai-je avoué en riant. J'avais du mal à croire que tu te montres aussi peu délicat.

J'ai fait face à tout le monde.

— La signature pour l'appartement a été ajournée. Elle n'aura lieu que dans deux semaines.

— On fête ça quand même, non ? a demandé Diane.

— Absolument, ai-je dit en soulevant Joey.

Kelly a mis de la musique et tout en dansant avec Joey, je me suis approchée d'Helen qui tenait ma nièce Cristina. Je les ai embrassées toutes les deux, ainsi qu'André et Spiro. J'ai désigné Joey et Cristina, presque du même âge.

— Ils ont fait connaissance ?

— Oui, a répondu Helen. Et nous avons eu un mal de chien à les faire taire avant ton entrée. Jamie et Raj ne vont pas tarder.

— Super.

J'ai circulé parmi tout le monde. On a sonné à la porte et Jamie et Ananda sont apparues. J'ai accouru les embrasser.

— Où est Raj ?

— Il apporte tout ce qui reste dans le taxi.

— Tout ?

Avant qu'elle ne s'explique, Raj est apparu les mains pleines, effectuant le premier de plusieurs voyages. Il m'a embrassée à la hâte en disant qu'il revenait. Quatre allers-retours plus tard, il était prêt à boire un verre. Paul l'a aidé à transporter tout l'attirail dans ma chambre.

Raj et Jamie avaient déménagé la nursery. Ils avaient apporté le parc pliant, le siège bébé, une petite table à langer, un rehausseur, divers sacs de jouets et de couches et même une baignoire « au cas où elle donnerait l'impression de vouloir dormir pour la nuit ». Waouh !

Des plats ont commencé à émerger de la cuisine :

des lamelles de pain enroulées de *prosciutto*, des *bruschetta*, des coquilles Saint-Jacques dans du bacon, crevettes et polenta gratinées au roquefort. En allant dans la cuisine me procurer une autre bière, j'ai trouvé Armando dirigeant deux des employés du restaurant, occupés à découper des pizzas à pâte fine.

— Armando, merci. Ce que tu fais est incroyable.

— Tu me manques beaucoup. Tu es une très bonne coloc.

— Toi aussi.

Je l'ai embrassé. Je savais qu'il était encore gêné à propos de l'incendie.

— Tu as été le meilleur des colocs.

— Nous nous voyons encore après ?

— Bien sûr, Armando. Nous sommes amis.

Jamie est entrée pour mettre des biberons au frigo. Je leur ai expliqué l'ajournement de la signature. J'ai suggéré à Armando que je pourrais m'installer dans mon bureau si la signature n'était pas reprogrammée avant que son ami n'emménage. Il m'a assuré que si c'était nécessaire, son ami partagerait sa chambre. Mais il s'était déjà montré si accommodant que je ne voulais pas abuser. C'est alors que Jamie a eu une idée de génie.

— Je dois reprendre le travail le 14. La nounou ne peut commencer que deux semaines plus tard. J'avais pensé demander à ma mère de venir, mais ces temps-ci elle souffre de méchantes migraines. Tu pourrais peut-être t'installer chez nous et rester avec Ananda pour la semaine ?

Tant qu'à emménager avec quelqu'un pour une durée quelconque, j'aurais préféré que ce soit avec Paul et non avec un bébé pleurnichard. Mais j'étais tellement heureuse qu'on m'ait offert une fête surprise que j'aurais dit oui à n'importe quoi.

— Oui, ça pourrait marcher, cela dépend de la nouvelle date de la signature. Ce serait pour une semaine environ.

— Parfait.

Elle semblait tellement soulagée que ça en valait presque la peine. Ce serait peut-être plus facile pour tout le monde.

La fête s'est prolongée tard dans la soirée. Nous avons dîné et même dansé. Je n'aurais pas cru connaître tant de monde. Je sais que les gens aiment faire la fête, mais là, ils s'étaient donné du mal pour moi. J'étais étonnée de prendre plaisir à me trouver au centre de l'attention. Jamais auparavant cela ne s'était produit. Ça ne me déplaisait pas, du moins pour une nuit.

Avant qu'Helen ne parte, je lui ai donné le texte que j'avais écrit sur Cristina. L'alcool ingéré m'avait donné un étrange courage. Je ne désirais pas le publier, aussi ne serait-il peut-être jamais revu et corrigé, mais je voulais l'avis d'Helen. J'avais envie que nous parlions davantage de Cristina, de nos vies, de tout.

— Lis-le quand tu le pourras, ai-je murmuré en l'étreignant pour lui dire au revoir.

Elle portait sa fille épuisée dans ses bras.

— Je le lirai ce soir.

Elle m'a souri et je l'ai embrassée de nouveau.

— Je suis heureuse que tu aies réapparu dans ma vie.

Je le pensais vraiment.

Les invités ont pris congé et Paul a aidé Raj et Jamie à sortir tout leur équipement de l'appartement. Kelly et Armando ont alors insisté pour que je ne touche pas au ménage. Je me suis inclinée, mais j'ai exigé que nous prenions tous un dernier verre.

— Je vais coucher Joey dans ta chambre, Voula, a dit Paul. Il a son sac de couchage.

Pourchasser ma nièce toute la soirée l'avait épuisé.

— D'accord.

Je l'ai observé soulever Joey dans ses bras.

— Merci pour cette soirée, ai-je dit avant qu'il ne quitte la pièce. Je ne devais pas être d'une humeur terrible.

— Tu en vaux la peine.

Il a regardé Kelly et Armando.

— Je vais certainement m'endormir moi aussi. Amusez-vous bien.

Mes colocs et moi avons échangé un sourire. Ce n'était pas ma dernière soirée dans l'appartement, mais cette soirée était spéciale. Nous sommes restés éveillés à bavarder jusqu'au lever du soleil. J'étais triste de ne plus vivre avec eux, de savoir que ce chapitre de ma vie touchait à sa fin, mais j'étais persuadée que chacun de nous avait sa place dans la vie des autres, même si nous n'avions plus la même adresse. Nous avions maintenant bien davantage en commun.

25

Je m'étais installée chez Jamie jusqu'à la date de la signature définitive, le 15 juin. Mais la signature a encore été repoussée. Les propriétaires, avec qui je communiquais par mails et que j'avais fini par haïr, avaient envisagé de changer d'avocat, pour finalement conserver celui d'origine, ce qui d'après mon propre avocat était préférable pour activer les choses. Le mot activer sonnait à mes oreilles comme un terme étranger. La signature avait été repoussée au vendredi 25 juin. J'ai engagé les déménageurs pour le samedi. J'emménagerais dans cet appartement, morte ou vive.

J'ai donc passé dix jours supplémentaires chez Jamie, munie de mon ordinateur portable et d'un sac à dos contenant des vêtements, une paire de sandales et des tennis. Le reste de mes affaires avait été transporté chez Paul, où les déménageurs passeraient (nouveau détour) les prendre.

Jamie et Raj n'avaient pas eu le temps de ranger la chambre qui m'était attribuée car il s'agissait de la nursery. Le berceau du bébé allait réintégrer leur chambre pour la durée de mon séjour. Mon livre sur les bébés considérait la chose comme une régression, mais je sentais que Jamie culpabilisait de retourner travailler. C'était une façon pour elle de rester proche d'Ananda.

La première soirée, j'ai pataugé au milieu de tout l'attirail de puériculture, amusant Ananda de mes mimiques tandis que Jamie se lamentait qu'aucun de ses anciens tailleurs de boulot ne convenait et que ceux qu'elle venait d'acheter n'étaient pas son style.

— Tout ira bien, tu le sais.

Je commençais à croire qu'elle regrettait de m'avoir confié Ananda. Elle s'était enquis un million de fois de si je le « sentais bien ». Et répété trois fois de vive voix le déroulement de la journée avant de me tendre une feuille imprimée. Des Post-it affichant les numéros d'urgence envahissaient l'appartement.

— C'est vraiment dommage que tu n'aies pas eu le temps de suivre le stage de secouriste.

Moi aussi ça m'inquiétait, encore que je n'y aurais même pas pensé si Jamie et Raj n'avaient pas rabâché ces mots. Raj s'était un peu calmé, mais il vérifiait que je me lavais les mains avant de prendre le bébé.

Le jour où elle reprenait son poste, Jamie luttait contre les larmes. Ananda parut se satisfaire de téter le lait de Jamie dans un biberon. Je savais que Jamie ne pouvait s'empêcher de souhaiter qu'Ananda fasse une scène.

Raj avait déjà rejoint la pré-production d'une nouvelle émission. *Un deuxième mari… qui se marie.* Le jury n'avait toujours pas statué si oui ou non Warren Tucker était le premier mari, mais les premiers épisodes avaient connu un tel succès que la chaîne avait commandé une nouvelle fournée.

— Tu es sûre que j'ai pris la bonne décision ? a demandé Jamie en s'immobilisant sur le seuil.

— Et toi, tu es sûre ?

— Non.

— Tu ferais mieux de l'être sinon tu vas arriver en retard.

— Je sais, a-t-elle dit, paniquée. Je sais.

— Ne t'inquiète pas. Nous nous en tirerons très bien, Ananda et moi. Dans le cas contraire, tu sauras tout grâce au moniteur vidéo caché pour surveiller la nounou.

Jamie n'a pas trouvé ça drôle. Elle est partie, non sans m'avoir répété plusieurs fois de l'appeler en cas de besoin.

Les premières heures se sont déroulées sans problème. Avant midi, Jamie avait déjà téléphoné quatre fois, mais je lui trouvais des excuses. Plus tard, Ananda s'est agitée. La bouche béante, elle repoussait son biberon. Elle se frottait les yeux, mais refusait de dormir. Elle recrachait sa tétine. Pour une fois, sa couche était propre. Etait-ce normal ? C'était le moment qu'avait choisi Jamie pour cesser d'appeler. J'ai préféré ne pas perturber son premier jour de boulot. Les caprices d'Ananda ont tourné à la colère et je me suis retrouvée avec un bébé hurlant dans les bras.

J'allais tuer ce bébé. Non, je n'envisageais pas de l'assassiner, mais la crainte m'a effleurée qu'elle ne meure sous ma responsabilité.

Elle pleurait depuis une heure quand le téléphone a sonné. J'ai hésité. Inutile que Jamie s'alarme en entendant sangloter sa fille. Si je laissais le répondeur prendre l'appel, je pourrais prétexter plus tard une promenade dans le parc. Sauf s'ils étaient vraiment équipés d'une caméra pour espionner la nounou et que ce ne soit la raison de l'appel de Jamie. L'identificateur d'appel se trouvait dans une autre pièce, à des kilomètres.

— Allô, ai-je répondu.

J'avoue que ma main couvrait légèrement la bouche du bébé.

— Tu es en plein *Trois hommes et un couffin ?* a demandé Paul.

— Elle ne cesse de pleurer. Où es-tu ?

— A la caserne, mais je peux passer.

Que Dieu bénisse cet homme qui me sauvait chaque fois la vie.

Vingt minutes plus tard, Paul débarquait chez Jamie. Epuisée par les larmes, Ananda s'était endormie. Elle s'est agitée un peu quand on a sonné à la porte, mais sans se réveiller. Quand Paul a passé la porte, je la tenais toujours fermement dans mes bras, terrorisée à l'idée de changer de position.

— La situation ne semble pas désespérée. Pourquoi ne pas la coucher dans son lit ?

— Je ne peux pas. Je refuse de bouger.

— Voula, tu ne peux pas la porter éternellement.

— Tu as tort, Torrisi. Je la porterai aussi longtemps qu'il le faudra pour ne plus jamais entendre ces pleurs.

Il a fait claquer sa langue, puis a soulevé avec précaution Ananda de mes bras.

Je l'avais tenue avec raideur, mais Paul l'a lovée entre ses bras. Il l'a portée dans la chambre de Jamie et de Raj en susurrant des mots apaisants. Je l'entendais murmurer dans l'Interphone de la chambre.

— Voilà, on y est. Fais-moi plaisir, bébé. Il faut convaincre tatie Voula d'avoir des enfants.

Quand il est revenu, je riais.

— Elle dort ?

— Oui.

— Tu crois qu'il n'y a rien à craindre ? On peut la laisser seule ?

Paul a secoué la tête.

— Ces jeunes mères. Tu as l'Interphone.

— O.K.

— Tu as écrit aujourd'hui ?

— C'est une question sérieuse ?

Il a eu un petit sourire.

— C'est une question de jours. Dès demain, j'aurai pris le coup.

Le téléphone a sonné. J'ai plongé dessus afin qu'il ne réveille pas Ananda.

— Allô.

— Voula, tu sembles paniquée. Tout va bien ? a demandé Jamie, semblant elle-même un peu sur la défensive.

— Oui, je voulais juste décrocher le téléphone avant qu'Ananda ne se réveille.

— Elle dort ?

Jamie paraissait surprise. Un bref instant j'ai craint d'avoir fait quelque chose de travers.

— Oui, et Paul est là.

— Paul ? Tout va bien ?

— Oui, il est juste venu nous rendre visite.

— Tu la surveilles, n'est-ce pas ?

— Non, nous faisons sauvagement l'amour. Tu verras tout sur la vidéo de surveillance.

Elle n'a rien répondu. Paul me faisait non de la tête.

— Je plaisante, évidemment. Il vient juste d'arriver. Ne t'inquiète pas.

— Elle a mangé ?

— J'ai suivi l'emploi du temps. Mais elle n'a bu que deux fois.

— C'est bien. Je quitte à 18 heures. J'espérais sortir plus tôt. Ça ira ?

— Oui, reste plus tard si tu en as besoin. Je maîtrise la situation.

J'ai adressé un clin d'œil à Paul.

— D'accord. Merci, Voula, je te suis vraiment reconnaissante.

Il y avait de quoi.

Quand j'ai raccroché, Paul souriait, de ce sourire que je ne connaissais que trop bien.

— Elle va dormir combien de temps ?

— Paul, je suis supposée veiller sur elle. Tes intentions ne me paraissent pas responsables.

— Je veux juste t'aider à te détendre.

J'ai jeté un œil à la pendule. Ananda était censée dormir au moins encore quarante-cinq minutes, plus probablement une heure si j'en croyais l'emploi du temps détaillé. Si nous restions dans le salon, notre comportement n'avait rien de répréhensible, n'est-ce pas ? J'ai monté le son de l'Interphone à fond.

— D'accord, mais faisons vite.

Quand Jamie est rentrée, Ananda dormait dans mes bras et moi sur le canapé. Le bruit de la porte m'a fait sursauter. A la vue d'Ananda, le visage de Jamie s'est éclairé. J'ai toujours trouvé Jamie jolie, mais elle n'a jamais été plus belle que lorsqu'elle souriait à sa fille.

— Alors c'était comment ? a-t-elle demandé en soulevant le bébé endormi.

— Elle a été mignonne. Je suis épuisée.

J'ai préparé le dîner pendant que Jamie jouait avec Ananda, puis lui donnait son bain et la couchait. Raj devait travailler tard. Il était environ 20 heures quand nous nous sommes assises devant des pâtes à l'ail et aux brocolis. Jamie a ouvert une bouteille de vin. Juste avant d'avaler sa première bouchée, elle a soupiré.

— Ça va aller ?

— Je crois. Mais c'est bizarre de ne la voir que deux heures après avoir passé mes journées avec elle durant quatre mois.

J'ai acquiescé.

— Que trouves-tu le plus épuisant ? Travailler ou rester à la maison.

— Je ne sais pas. Peut-être est-ce parce que c'était le premier jour, mais j'ignore si je pourrais me concentrer autant qu'avant sur mon travail.

— Tu voudrais cesser de travailler ? Je parie que le salaire de Raj te le permettrait.

— J'y ai beaucoup réfléchi. Mais j'aime trop mon métier. Je préfère que ma fille connaisse une maman épanouie. J'ai adoré que ma mère s'occupe de nous, mais j'ai parfois perçu une certaine insatisfaction chez elle.

Maura ne m'avait jamais paru malheureuse. C'était drôle comme on voyait chez les autres uniquement ce qu'on désirait voir.

— J'envisage de travailler à la maison un jour par semaine.

— Tu crois que tu travailleras beaucoup ?

— Je finirai par y parvenir. J'ai compris que les

choses deviennent de plus en plus faciles. On attrape le truc. Tu verras.

Jamie avait raison. Je me suis adaptée à Ananda. Deux jours plus tard, je la portais avec plus d'aisance et anticipais ses besoins. Au parc, les autres nounous pensaient qu'elle était ma fille. En l'observant, j'ai découvert que nous avions la même couleur de peau, d'où notre ressemblance. Je l'aimais de plus en plus.

Elle pleurnichait de temps en temps et tout n'était pas rose. Mais parfois elle acceptait de rester dans le sac kangourou et je travaillais un peu. J'aimais l'idée de la savoir là, nichée contre moi, paisiblement endormie. Je ne m'attendrissais pas – j'ignorais toujours si je désirais des enfants, malgré la campagne intensive de Paul –, mais m'en occuper me terrifiait moins. Comme l'avait prédit Jamie, j'avais pris le coup.

Mais j'étais épuisée. La tâche n'était pas facile. Les quelques nuits que j'ai passées chez Paul, je suis tombée endormie dans ses bras. En général le soir, Jamie et moi nous écroulions sur le canapé pour regarder des émissions de télé-réalité (elle avait menti à Raj en prétendant n'aimer que ses émissions) ou un DVD. Un peu comme à l'époque du lycée.

Raj avait recommencé à travailler tard. Il embrassait Ananda avant d'aller se coucher, toujours après s'être soigneusement lavé les mains et avoir utilisé un gel désinfectant. La seule fois où il est rentré avant Jamie, il a insisté pour qu'elle se change entièrement avant qu'il ne lui tende le bébé.

Passer tant de temps avec Jamie et m'occuper d'Ananda m'a obligée à penser à ma propre mère. Nous ne nous étions pas parlé depuis la fête de Georgia. Elle ne répondait pas aux messages que je m'obstinais à lui laisser. Que cela lui plaise ou non, elle me verrait bientôt au mariage de Georgia, mais elle ne me rappelait pas.

J'avais peine à croire que ma mère choisisse la solitude. Elle se montrait parfois méchante, mais je savais aussi qu'elle souffrait.

Quand j'ai reçu l'invitation au mariage, j'ai de nouveau appelé ma mère. Je voulais évaluer sa réaction avant de décider d'amener Paul ou pas. Me voir accompagnée d'un étrange garçon non grec la bouleverserait. J'allais peut-être causer l'irréparable. Je n'avais aucune intention de renoncer à Paul pour lui faire plaisir, mais si elle m'appelait, je ne lui demanderais peut-être pas de m'accompagner.

Elle ne m'a pas appelée. J'étais blessée de son rejet. Peut-être n'était-ce pas facile pour elle, mais apparemment ce n'était pas si difficile. Elle ignorait comment j'allais, mais s'en moquait. De longues périodes de silence s'étaient déjà produites entre nous, mais celle-ci durait depuis trois mois. Au bout de trois mois, normalement, elle craquait. La raison me soufflait qu'un jour elle me rappellerait, aigrie, mais tout de même, j'en souffrais.

Une partie de moi continuait d'espérer qu'un jour nous partagerions un grand moment de réconciliation. Comme dans l'émission d'Oprah. On croit les gens capables de changer, mais peut-être est-ce faux. Peut-être mon seul choix consistait-il à l'accepter et m'adapter.

Nous ne connaîtrions jamais un de ces moments, comme à la fin des films quand les parents se rendent à la raison, ou quand les enfants font machine arrière. Chez nous personne ne faisait le moindre effort. Il ne me restait qu'à vivre ma propre vie.

J'ai répondu à l'invitation pour deux personnes. J'irais au mariage avec Paul.

La veille de la signature définitive, Jamie s'est arrangée pour rentrer de bonne heure. La nuit suivante, je dormirais chez Paul afin d'être présente à l'arrivée des déménageurs. Jamie et moi ne passions pas beaucoup de temps ensemble. Quand Jamie rentrait, je préparais le dîner afin de la laisser en tête à tête avec sa fille. Ce soir-là nous avons emmené Ananda sur la pelouse le long de la jetée sur l'Hudson. L'air bourdonnait d'une brise fraîche et des conversations des gens profitant de cette soirée d'été.

Jamie avait emporté du vin blanc frais qu'elle a versé dans deux gobelets en plastique. Nous avons étendu une couverture et posé Ananada à plat ventre. Elle était adorable dans sa petite robe rose et jaune. Jamie a pris des tonnes de photos de nous deux. Et nous avons demandé à un couple de nous photographier toutes les trois.

— Ça ira demain pour la signature ? Tu veux que je te retrouve là-bas ? J'ai un vendredi de libre.

— Non, Paul m'a demandé la même chose. Il voulait prendre un jour de congé. Si la signature n'a pas lieu, je ne sais pas ce que je déciderai. Peut-être est-ce un signe que je devrais laisser tomber.

— Tu crois ?

— Non. J'en ai marre de croire aux signes. Les événements se produisent pour une raison certes, mais je pense qu'on contrôle davantage son existence qu'on ne le pense.

Jamie a souri.

— J'ai fait un test de grossesse ce matin.

— Quoi ? Déjà ?

C'était reparti pour « on essaie » ?

— Crois-moi, on ne l'a pas fait exprès. Et je ne suis pas enceinte. Dieu merci. Nous n'avons pas fait attention, nous nous sommes abandonnés au moment, c'était bien.

— Alors c'est reparti ?

— Cette nuit-là en tout cas.

Elle a jeté un œil sur Ananda.

— Ça m'a fait réfléchir. Je désire un autre enfant. Je sais maintenant que, même s'il y a des difficultés, elles s'améliorent. Il suffit de se montrer patient.

— Tu as raison. J'ai peine à croire que tu sois prête à une nouvelle grossesse.

— Pas encore. Mais bientôt.

Ananda se tenait tranquille. L'heure de son coucher

était passée depuis longtemps, mais elle ne pleurait pas. Comme si elle avait décidé d'offrir à sa mère une belle soirée. Nous l'avons adossée au sac contenant ses affaires et elle a ri. Jamie lui a donné le dernier biberon de la soirée, puis nous avons regardé le soleil sombrer dans le ciel. J'ai attrapé une des petites jambes potelées d'Ananda qui gigotait et me suis promis de l'aider à grandir, comme sa mère l'avait fait pour moi.

Le jour de la signature. L'avocate des propriétaires était à l'heure et prête à me baiser les pieds. Rob a clairement stipulé que ses clients et elle devraient payer les frais d'ajournements et le coût de l'extension de mes intérêts. Elle a tenté de protester, mais il a expliqué en quelques mots pourquoi il n'y avait pas matière à discussion. Maureen m'a adressé un signe de tête, comme pour m'indiquer que nous avions marqué un point. Je ne savais pas trop.

Réunis dans les bureaux de l'avocat de l'assemblée des copropriétaires, nous attendons cette fois-ci le représentant de la banque. Maureen a tenté de dissiper ma tension en exhibant des photos de ses triplés lors de leur premier séjour dans son chalet au bord du lac. J'appréciais ses efforts, mais mon corps était tendu. Je ne voulais pas perdre davantage de temps.

Le représentant de la banque a fini par arriver en s'excusant. Sa réunion précédente avait débordé d'une heure à cause du retard du propriétaire. L'effet domino m'épatait. Peu importait votre désir d'autonomie, les actions des autres vous affectaient de toute façon.

Rob a de nouveau jeté un tas de chiffres sur un bloc. J'ai essayé de suivre la conversation afin de saisir le montant la somme supplémentaire que j'allais devoir dépenser et que je n'avais pas prévue. A la fin, je n'y comprenais plus rien et j'ai signé tous les chèques qu'on me demandait.

Puis j'ai entamé le processus consistant à signer formulaire sur formulaire. Une fois de plus. Ma main me faisait mal. A un moment, j'ai levé les yeux sur le document suivant, mais il n'y en avait pas. L'avocate des propriétaires elle aussi était à court. Je me suis tournée vers Rob.

— C'est terminé, a-t-il dit en souriant.

— Vous êtes propriétaire, a ajouté Maureen en me tendant les clés. Maintenant, vous pouvez fêter ça.

A peine sortie du métro, j'ai appelé Paul.

— Je me trouve à une rue de distance de mon nouvel appartement.

— Félicitations, tu es propriétaire.

— Je sais. Je m'y rends tout de suite. Je serais capable de danser toute seule. J'ai du mal à y croire. Je suis la reine de l'immobilier.

Il a ri.

— Te lancer là-dedans toute seule ne te fait pas peur ?

— Je ne me suis jamais sentie mieux.

J'étais arrivée à la grille.

— J'y suis.

— Calme-toi, Miss magnat de l'immobilier.

— A ce soir.

J'ai traversé la cour, où quelqu'un avait installé une table de pique-nique et un barbecue. J'ai sorti mes clés, ouvert la porte de l'immeuble et pris une profonde inspiration avant d'ouvrir ma propre porte.

D'accord, c'était toujours aussi minuscule. Dans ma mémoire, c'était un peu plus grand. J'avais payé bien trop cher, mais c'était à moi. Tout à moi. Un appartement ensoleillé et chaleureux. C'était là que j'allais vivre. J'étais bouleversée. Je me suis avancée au centre de la pièce et j'ai tourbillonné dans la lumière du soleil. C'était irréel.

J'avais hâte de déballer mes cartons et d'entamer ma vie ici. Tout allait bien se passer. Pour la première fois de ma vie, j'ai ressenti un sentiment que je peinais à identifier. Moi, l'auteur, ne trouvais pas mes mots. C'était plus que de l'espoir, cela surpassait le bonheur.

Au centre de la petite pièce de l'ancienne remise à chevaux de Chelsea, j'ai éprouvé un sentiment étranger et merveilleux.

Pour la première fois de ma vie, je connaissais la joie.

REMERCIEMENTS

Un grand merci à Ellie pour m'avoir tant appris et pour avoir une maman aussi rigolote. Un merci tout particulier à Isabella, qui m'a fait redécouvrir la fondue et dont la mère répond toujours à mes questions. Merci à Jack et Maeve qui ont trouvé des mamans désireuses de partager leurs anecdotes les moins reluisantes. Et merci à Ryan Michael, notre bébé fondateur.

Merci également à Mme Orlando Bloom pour une nuit en compagnie de comédiens taxi ; à Mme McCann pour les pactes autorisés à être brisés et à Mme Dolvie Hackett pour les anecdotes concernant les enfants.

Merci aussi à Zoe Ragouzeos pour avoir écouté et traduit ; à Laura Corby pour savoir réagir en cas d'incendie ; à Kurt Roth, Esq., pour avoir rendu l'immobilier compréhensible ; et à Farrin Jacobs, éditeur fabuleux qui aime le fromage fondu.

DANS LA MÊME COLLECTION
par ordre alphabétique d'auteur

LAUREN BARATZ-LOGSTED	*Un très gros mensonge*
LAUREN BARATZ-LOGSTED	*Dans la peau d'une autre*
LAUREN BARATZ-LOGSTED	*Un très gros changement*
DEBORAH BLUMENTHAL	*Big Love*
DEBORAH BLUMENTHAL	*Mon meilleur ennemi*
BETSY BURKE	*Lucy, un peu... beaucoup... à la folie*
BETSY BURKE	*Journal d'une apprentie séductrice*
LAURA CALDWELL	*People attitude*
LAURA CALDWELL	*Méfiez-vous de vos vœux...*
YVONNE COLLINS & SANDY RIDEOUT	*Mariée, moi... jamais !*
YVONNE COLLINS & SANDY RIDEOUT	*Promotion canapé*
LYNDA CURNYN	*Confessions d'une ex*
LYNDA CURNYN	*Opération bague au doigt*
LYNDA CURNYN	*Cherche prince charmant désespérément*
LYNDA CURNYN	*Petits meurtres en Bikini*
LYNDA CURNYN	*Les petits secrets de Carly*******
KYRA DAVIS	*Sexe, Meurtres et Cappuccino*
KYRA DAVIS	*Crimes, passion et talons aiguilles*
KYRA DAVIS	*Séduction, meurtres et chocolat noir*
KYRA DAVIS	*Rupture et conséquences********
JODY GEHRMAN	*Vent de folie en Californie****
JODY GEHRMAN	*Bons baisers de Californie*****
KELLY HARTE	*Ma rivale et moi*
KELLY HARTE	*Coup de folie sur la City*
SUSAN HUBBARD	*Petites confidences entre amies*
SUSAN HUBBARD	*Miss London emménage***
HOLLY JACOBS	*Opération Cupidon****
HOLLY JACOBS	*Un scénario diabolique*****
BRENDA JANOWITZ	*Comment j'ai survécu au mariage de mon ex*

.../...

DANS LA MÊME COLLECTION
par ordre alphabétique d'auteur

BRENDA JANOWITZ	*Mon fiancé, sa mère et moi*
COURTNEY LITZ	*Ça n'arrive que dans les films !*
WENDY MARKHAM	*Vous avez dit célibataires ?*
WENDY MARKHAM	*Ex in the City*
WENDY MARKHAM	*A quand le grand saut ?*
WENDY MARKHAM	*Moi & mon secret*
WENDY MARKHAM	*Mon fiancé, mon ex et moi*
WENDY MARKHAM	*Talons aiguilles et peinture fraîche*
LYNN MESSINA	*Fashion Victim*
LYNN MESSINA	*Made in New York*
LYNN MESSINA	*Héritière malgré moi*
SARAH MLYNOWSKI	*City Girl*
SARAH MLYNOWSKI	*Trois filles en folie*
SARAH MLYNOWSKI	*Télémania*
SARAH MLYNOWSKI	*Hommes, femmes : mode d'emploi*
SARAH MLYNOWSKI	*Moi & Moi, Vice Versa*
MELANIE MURRAY	*Miss Bubbles vole la vedette*
MELANIE MURRAY	*Un Noël (presque) parfait !***
LEE NICHOLS	*Eleanor débarque !*
LEE NICHOLS	*Un fiancé qui a du chien*
LEE NICHOLS	*Eleanor s'en mêle*
LEE NICHOLS	*Drôle de tandem*
TYNE O'CONNELL	*Absolutely fantastic*
TYNE O'CONNELL	*Lola et ses ex*
ERICA ORLOFF	*Diva attitude**
ARIELLA PAPA	*Manhattan et moi*
ARIELLA PAPA	*Pas de répit pour Rebecca*******
ARIELLA PAPA	*Au secours, ma meilleure amie est enceinte !*
WENDY ROBERTS	*Crimes et cocktails en série*
JACKIE ROSE	*Au secours, il m'aime !*
ALLISON RUSHBY	*Apprentie fermière*
ALLISON RUSHBY	*Je hais la Saint-Valentin*

... / ...

DANS LA MÊME COLLECTION
par ordre alphabétique d'auteur

MELISSA SENATE	*Célibataire à New York*
MELISSA SENATE	*Trois sœurs à New York*
MELISSA SENATE	*J-30*
MELISSA SENATE	*4 amis à Manhattan*
MELISSA SENATE	*La revanche d'une brune*
MELISSA SENATE	*Quinze questions à se poser avant de l'épouser******
MELISSA SENATE	*Miss Yorkville*******
JANE SIGALOFF	*Lizzie dans tous ses états*
JANE SIGALOFF	*Personnel et Confidentiel*
JANE SIGALOFF	*Pour le meilleur et pour le pire !*
JANE SIGALOFF	*Telle mère, telle fille*
JANE SIGALOFF	*Chassé-croisé à Notting Hill*
JANE SIGALOFF	*Mister Mariage*******
JANE SIGALOFF	*Toute la vérité*******
P. JACQUELINE DE SOIGNÉE	*Princesse attitude**
JENNIFER STURMAN	*Le pacte*
JENNIFER STURMAN	*Miss Malchance mène l'enquête*
JENNIFER STURMAN	*Micmacs à Manhattan*
JENNIFER STURMAN	*Mystère à San Francisco*
CATHY YARDLEY	*Aller simple pour Los Angeles*

* titres réunis dans un volume double
** titres réunis dans un volume double
*** titres réunis dans un volume double
**** titres réunis dans un volume double
***** titres réunis dans un volume double
****** titres réunis dans un volume de cinq nouvelles : *Cinq citadines branchées*

RED DRESS INK®

La collection
des citadines branchées

---

2 titres
à paraître
le 1er octobre 2009
